Winning in FastTime

쾌속성공
프로메테우스
경영전략

John A. Warden III / Leland A. Russell
이은수 / 권영근

연경미디어

쾌속성공
프로메테우스 경영전략

초판1쇄 인쇄 / 2002년 7월 30일
초판1쇄 발행 / 2002년 8월 5일

저   자 / John A. Warden · Leland A. Russell
역   자 / 이은수 · 권영근
펴 낸 이 / 이정수
펴 낸 곳 / 연경미디어
등   록 / 1-1850호
주   소 / (110-450) 서울시 종로구 연지동 1-24
          원석빌딩(2F)
대표전화 / (02)3675-1471
팩시밀리 / (02)745-2494
이 메 일 / ykmedia@korea.com

ⓒ 2001 by John A. Warden · Leland A. Russell
값 9,000원
ISBN 89-89369-04-5   03320

1991 년, 걸프전에서의 항공전역(航空戰役: Air Campaign)은 초고속으로 진행되었다. 당시의 전역은 엄청날 정도의 승리를 염두에 둔 것이었다. 당시의 전역으로 인해 이라크의 수도 바그다드의 하늘이 불빛으로 가득 차게 되었으며, 전략적인 사고가 크게 변하게 되었다.

당시 항공전역을 기획한 사람은 와든(John Warden)이었다. 와든과 그의 동업자인 러셀(Leland Russell)은 이 같은 검증된 형태의 접근 방안을 또 다른 형태의 격렬한 경쟁, 즉 빠르게 변모하는 21세기의 기업 세계에 적용하고 있다.

'프로메테우스 과정(Prometheus Process)'은 신속하고도 결정적인 형태의 전략 행위를 염두에 둔 일종의 사고방식과 방법에 관한 것이나. 이깃의 헥심은 전략적으로 사고하고, 공략해야 할 대상인 표적(標的: Target)에 정확히 초점을 맞추어 빠르게 행동하라는 점으로 요약될 수 있다.

첨단산업 · 유흥산업 · 재정산업 · 보건산업 · 건설업 · 인터넷 및 식품관련 분야 등 다수의 산업과 수많은 조직들이 격렬한 형태의 경쟁에 대처할 목적에서 '프로메테우스 과정'을 적용해 나름의 성공을 거둔 바 있다.

'쾌속 성공 ; 프로메테우스 경영전략(원제: Winning in FastTime)'이란 제목의 이 책에서는 '프로메테우스 과정'을 소개하고 있다. 당신이 최고경영자(CEO) · 관리자 · 프로젝트리더 또는 헌신적인 회사원이든지에 무관하게 이 책은 다음의 경우에서 명쾌하고도 확실한 도움이 될 것이다. 단계적인 형태의 지시와 극적이면서도 개념을 분명히 해주는 사례들을 들어가면서 말이다.

- 여러분의 조직을 발빠르게 움직이며 시장을 주도하는 승리자로 전환시키고자 하는 경우
- 회사의 중역에서 일선 근무자에 이르는 모든 요원들이 공유할 수 있는 대전략(Grand Strategy)을 설계하고자 하는 경우
- 미래가 여러분을 주도하기 이전에 여러분이 미래를 주도하고자 하는 경우

'프로메테우스'는 강력한 형태의 메시지다. 기업의 전략과 조직에 관한 예전의 사고를 던져버리고, 신속하고도 결정적으로 움직이며, 뜻하는 바대로 미래를 창조해내고자 하는 열의가 있는 경우, 여러분은 미래를 원하는 바대로 통제할 수 있을 것이다. 여러분을 프로메테우스의 세계에 진심으로 초대하는 바이다.

프로메테우스의 경쟁 우위(優位)를 기업과
일상생활에서 적극 활용하라

Harness the Competitive Advantage of Prometheus
in Business and Life

John A. Warden III
Leland A. Russell

기업에 쉽게 적용 가능할 뿐 아니라 적용 당시 지대한 효과가 있는 '프로메테우스 과정(Prometheus Process)'은 이미 TV를 통해 전 세계에 소개된 바가 있다. 인류 최초의 '초고속의 전쟁(Hyper-War)'이 CNN을 통해 전 세계에 방영된 것은 1991년 1월 16일이었다.

1991년, 걸프전의 서막을 장식한 항공전역(航空戰役: Air Campaign)은 과학기술과 전략이 결집된 결과로 인해 매우 짧은 순간에 엄청날 정도의 사건이 벌어지는 형태로 진행되었다. 다시 말해 당시의 전쟁에서는 시간이 압축되는 현상이 발생하였다. 당시 지구촌 사람들은 석기시대가 청동기시대로 전환되는 것과 유사한 또는 고대시대의 종말과 함께 중세가 도래했던 것과 유사한 상황을 직접 목격하였다. 걸프전은 초고속의 변화가 진행되는 시대가 도래했음을 보여준 상징적인 사건이었다. 이 같은 변화는 기업의 경우도 예외가 아니다.

오늘날에는 기업의 경우 또한 상황이 초고속으로 변모하고 있다. 그 결과 지구촌 곳곳의 리더들은 이 같은 변화가 주는 엄청날 정도의 의미를 간파해내고자 각고의 노력을 경주하고 있다. 이처럼 짧은 순간에 변화가 유발될 수 있는 상황에서 어떻게 전략적인 기획이 가능할 것인지? 초고속으로 변모하고 있는 오늘날의 세상에서 성공하기 위한 비결은 무엇인지?

이 책에서 제시하고 있는 접근 방안인 '프로메테우스 과정'은 신속하고도 결정적인 형태의 전략 행위를 가능토록 하는 일종의 사고방식과 방법에 관한 것이다. 초고속으로 상황이 전개되는 오늘날의 기업에 걸프전에서의 항공전역이 참신한 해결책을 제시해줄 수 있을 것인데, 이처럼 생각했던 사람은 아마도 거의 없을 것이다. 그러나 당시 전쟁에서의 항공전역의 기획은 '쾌속 성공(Winning in Fast Time)'의 기준점이 되었다.

이 책은 현대전에 일대 획을 그은 사건인 1991년도 걸프전*의 항공전역
(航空戰役: Air Campaign)**을 기획한 퇴역 미 공군대령 와든(John A.
Warden)과 GEO 패러다임으로 세계적으로 널리 알려져 있는 저명한 경영
학자인 러셀(Leland Russell)이 함께 노력한 결과의 산물이다.

 '항공전역(航空戰役: The Air Campaign)'***이란 자신의 저서 뿐 아니라
다수의 논문을 통해 우리 시대의 가장 저명한 군사이론가로 부상한 와든
은 1995년도에 미 공군에서 전역하였다. 그 후 그는 2개의 회사를 설립해
성공적으로 운영하였을 뿐 아니라 군사전략에 관한 자신의 이론을 텍사스
인스트루먼트(Texas Instrument) 등과 같은 세계적인 회사들에 적용해 일대
성공을 거두도록 한 바 있다.

한편 전략배치 · 리더십개발 그리고 지식경영 분야의 권위자인 러셀의
경우는 미국 포춘(Fortune)의 500대 기업 다수에서 컨설턴트로 일하고 있
는데, 그가 고안해낸 GEO 패러다임의 경우는 천여 곳의 미국 회사에서 현
재 사용되고 있다.

대전략(Grand Strategy) 차원에서 보면 전쟁에서의 전략과 기업의 전략
간에 다수의 공통점이 있다고 주장하고 있는 와든은 이 책에서 신속하고
도 결정적인 형태의 전략 행위를 염두에 둔 사고 방식과 방법론을 제시 및
설명하고 있다.

---

*역자주: 걸프전은 43일의 기간 동안 진행되었는데, 그 중 지상작전이 수행된 기
간은 100시간이 채 되지 않는다. 소위 말해 걸프전 이후의 모든 주요 전쟁이 그
러하듯이 당시의 전쟁은 항공력 중심으로 진행되었다.

**역자주: 전역(戰役: Campaign)이란 목표 달성을 위해 주어진 자원을 어떻게 적
절히 배합해 사용할 것인지에 관한 것이다. 따라서 항공전역이란 항공력을 이용
해 달성하고자 하는 목표를 염두에 두고 가용 항공전력을 어떻게 사용할 것인
지에 관한 것이다.

***역자주: 미국 및 영국 등 전 세계 많은 국가에서 항공력에 관한 교과서로 사용
되고 있음.

걸프전 당시의 작전계획과 실행에 따른 사례 그리고 본 책에서 언급되고 있는 개념인 '프로메테우스 과정(Prometheus Process)'를 적용해본 회사들의 이야기를 사례로 들면서 와든과 러셀은 오늘날 세계의 기업 전략에 관한 새로운 형태의 접근 방안을 제시하고 있다.

이들의 경우는 모든 형태의 경쟁 환경에서 성공적으로 운용하고자 할 때 핵심이라고 생각되는 원칙 및 개념들을 논의하고 있다. 그 과정에서 이들이 가정하고 있는 기본 사항이 있는데, 이는 변화에 점증적으로 반응 및 적응해서는 성공할 수 없다는 점이다. 경쟁 상대와 비교해 보다 빠르게 그리고 보다 심도 있게 사고해 미래를 창조하는 방식으로 공세적이고도 결정적으로 행동할 필요가 있다고 와든은 주장하고 있다.

'즉각적인 천둥(Instant Thunder)'*이란 개념은 성공을 위한 와든의 기본 공식인데, 이것의 핵심은 "전략적으로 사고하고, 공략 대상인 표적에 정확히 초점을 맞추어 신속히 행동하라"다.

이들 저자에 따르면 성공의 열쇠는 승자처럼 사고하는 것이라고 한다.

이 같은 사고 방식을 정착시킬 목적에서 이들은 '프로메테우스 시금석(Prometheus Touchstone)'이란 기본 원칙을 제안하고 있는데, 이는 비전을 창안해내고 이것을 시스템 차원에서 구현함을 의미한다.

빠른 속도로 움직이는 오늘날의 세상에서는 전략적인 사고와 행위를 촉진시킬 수 있는 새로운 형태의 접근 방안이 절실히 요구된다고 이들은 주장하고 있다. 승리하려면 자신이 원하는 미래의 모습을 결정하고, 여타 사람과 비교해볼 때 보다 신속히 이것을 달성할 수 있어야 할 것인데, 이 책의 핵심 메시지인 '프로메테우스'의 본질은 바로 이것이다.

이제 여러분은 '프로메테우스의 세계'를 향한 멋진 여행을 시작하게 될 것이다. 결코 후회 없는 여행이 되기를 진심으로 바라는 바이다.

이은수, 권영근

*역자주: 이는 걸프전 당시의 항공전역을 지칭하는 코드명에서 인용한 것이다.

Contents

Contents

1

프로메테우스의 시금석

1
프로메테우스 과정
The Prometheus Process

"상황이 바뀌면 문제를 새로운 방식으로 접근해야 한다"

프로메테우스는 신비스러울 뿐더러 고풍(古風)을 자아내는 형태의 명칭이다. 기업의 성공을 위한 획기적이고도 새로운 접근방안을 '프로메테우스 과정(Prometheus Process)'이라고 일컬어야만 하는 이유는 무엇인가? 그에 대한 답변은 매우 간단하다.

그리스신화에 나오는 거신족들 가운데 가장 현명한 신(神)인 프로메테우스는 '쾌속 성공(Winning in FastTime)'을 뜻하는 가장 이상적인 비유일 뿐만 아니라 표상이다. 그 이유는 이것이 미래를 내다보는 능력인 '통찰력'과 인간 생활과 불가분의 관계를 맺고 있는 '불'을 상징하고 있기 때문이다.

고대 그리스신화에 따르면 그리스의 신들은 자신의 두 형제에게 지구상에 생명이 숨쉬도록 하라는 책임을 부여했다고 한다. 이들 두 형제의 이름은 미래를 내다보는 통찰력이란 의미의 프로메테우스와 과거를 헤아리는 뒷궁리(Hindsight)란 의미의 에피메테우스(Epimetheus)였다. 이들 두 형제 중 에피메테우스가 먼저 지구로 내려가서는 그곳을 온갖 동물로 가득 차게 만들었다. 그 후 인간을 창조하는 것은 프로메테우스의 임무였다.

프로메테우스는 자신의 형제인 에피메테우스가 동물들에게 날카로운 발톱, 빠르게 움직일 수 있도록 하는 속도, 키, 몸무게 그리고 여타 물리적 특성과 같은 생존에 필요한 강력한 형태의 수단을 부여했다는 점을 알게 되었다.

이들 동물이 갖고 있지 않은 것 중에서 특별히 인간에게 줄만한 것은 없는지? 하고 프로메테우스는 자신에게 반문(反問)하였다. 보다 힘이 세고, 빠르게 움직이는 동물들을 제압할 수 있으려면 이들 동물과 비교해볼 때 인간이 보다 빨리 그리고 보다 사려 깊게 사고할 수 있어야 할 것이라고 그는 생각하였다. 그 결과 프로메테우스는 먼저 인간에게 앞을 내다보아 생각할 수 있는 능력인 통찰력을 선물하였다. 그 후 그는 통찰력만으로는 충분치 않다는 점을 인지하였다.

인간의 경우는 이것 외에 또 다른 것이 필요하였다. 여기서 말하는 또 다른 것은 모든 에너지와 빛의 원천인 불인데, 이는 너무나 소중하다보니 신들이 자신들을 위해 감추어 놓고 있었다. 프로메테우스는 제우스와 여타 신들의 집인 올림프스 산으로 올라갔다. 그는 이들 신으로부터 불을 훔쳐내고는 이것을 인간에게 주었다. 미래를 내다보는 통찰력과 불을 갖게 되자 인간은 모든 장애를 극복할 수 있게 되었다. 또한 인간은 지구상에서 미래를 창조해낼 수 있는 유일한 존재가 되었다.

오늘날 미래를 꿰뚫어보는 통찰력과 열정(불)은 고성능의 조직을 유지시켜주는 '연료'라고 말할 수 있다. 전략적(戰略的)으로 생각하고 열정적으로 일을 처리하는 지도자와 함께 하는 사람들의 경우는 엄청날 정도의 경쟁 우위를 갖게 된다. 여기서의 경쟁 우위란 자신들의 성공에 불을 당기고, 미래를 밝게 비추는 능력 그리고 조직의 운명에 영향을 끼칠만한 모든 사람들로 하여금 온갖 노력을 경주해 일하도록 하는 능력을 의미한다.

　미래를 두려워하기보다는 창조하라! 프로메테우스의 정신은 바로 이것이다.

새로운 세상

A NEW WORLD

　오늘날 우리는 기회가 넘쳐흐르는 세상에 실고 있다. 우리들 주변에는 보건학(保健學)·정보기술·물자·시장·소비재·투자·수송·에너지 등, 인간의 모든 분야에 걸쳐 일대 돌파구가 가속적으로 열리고 있다. 뿐만 아니라 이들로 인해 새로운 제품, 서비스 그리고 기업 모델의 측면에서 엄청날 정도의 가능성이 전개되고 있다.

　그러나 기회만 있다고 모든 것이 해결되는 것은 아니다. 과학기술이 빠르게 발전하고 있다는 점, 경쟁의 경계(境界)가 급속히 흐려지고 있다는 점, 자본이 순식간에 이동하고 있다는 점으로 인해 오늘날에 사는 우리들은 새로운 도전에 직면해 있다.

　경쟁적으로 출현하는 위협과 기회들은 시간·장소 또는 특정 측면에서 이미 예측이 불가능한 실정이다. 오늘날에는 신속히 출현하는 혁신들에 따른 혼란으로 인해 특정 기업 또는 산업 전체가 갑자기 위기에 직면할 수 있게 되었다.

　예전과는 달리 매우 활기차게 움직이는 오늘날의 경제 분야에서 승리하고자 할 때 필요한 것은 무엇인가? 전략적인 사고(思考)와 행위가 가능토록 하는 새로운 형태의 모델, 즉 '인터넷 시간'을 기준으로 움직이고 있는 오늘날의 세계를 염두에 둔 형태의 모델이 필수적으로 요구될 것이다. 빠르게 진화해가고 있는 오늘날의 시장경제와 경쟁적으로 출현하는 시나리오에 보조를 맞출 수 없다는 점에서 예전의 전통적인 접근 방식은 이미 적합치가 않다.

기업 운영을 위한 새로운 방안
A NEW WAY OF RUNNING AN ENTERPRISE

이 책에서는 하루가 다르게 변화를 거듭하고 있는 오늘날의 세상에서 기업을 운영하기 위한 새로운 방식인 '프로메테우스 과정'을 소개하고 있다.

프로메테우스는 다음과 같은 기본 가정에 바탕을 두고 있다. 변화에 단순히 반응하거나 현 위치를 고수할 목적의 점증적인 개선만으로는 21세기의 세상에서 승리할 수 없다. 승리하고자 하는 경우는 자신이 추구하는 향후 모습을 결정하고, 자신과 경쟁 관계에 있는 사람들과 비교해 보다 빠른 속도로 변화가 야기될 수 있도록 해야 할 것이다. 오늘날의 세상에서 '쾌속 성공(Winning in FastTime)'하기 위한 비결은 바로 이것이다.

'프로메테우스 과정'은 승리를 염두에 둔 전략을 설계하기 위한 시스템 차원의 검증된 형태의 방안이다. 이 과정은 쉽게 이해될 수 있을 정도로 간단하지만 그 규모와 복잡성 정도에 무관하게 프로젝트를 성공적으로 기획 · 집행 및 완료할 수 있을 정도로 세련된 형태의 방안이다. 이 방안에서는 미래에 초점을 맞추기 위한, 그리고 성공의 척도를 판단하기 위한 지침을 제공해주고 있다.

주어진 노력으로 최상의 결과를 얻고자 하는 경우는 행동을 염두에 둔 올바른 표적(標的: Target)을 선정해내어야 한다. 여기서는 이 같은 표적을 찾아내기 위한 방법을 가르쳐주고 있을뿐더러, 다양한 형태의 조직 개념들에 관해 사고하는 방식을 제시해주고 있다.

‘프로메테우스 과정’에서는 생산품 또는 기업의 시작 및 완료 시점 모두에서 신중하게 기획할 수 있도록 여러분을 인도하게 될 것이다.

　‘프로메테우스 과정’에는 조직 전반에서 공유가 가능한 공통의 전략적 의미를 갖는 단어가 내재해 있다. 회사의 중역에서 시작해 일선 근무 요원들에 이르는 모든 회사원들이 전략적으로 사고하고, 전략적 의미를 갖는 동일한 용어를 사용한다면 그 효과는 마치 핵이 연쇄반응을 일으키는 것과 같을 것이다. 이 경우 인간의 에너지와 노력에 의한 결과가 기하급수적으로 증대될 것이다.

　‘프로메테우스 과정’은 조직의 모든 차원에 동시에 적용이 가능하다는 점에서 수학에서 말하는 분열도형과 같다. 이 과정의 경우는 그 규모에 상관없이 조직의 모든 차원에 동일하게 적용이 가능하다. 조직의 개개 차원과 부서에서는 조직을 대표하는 대전략(Grand Strategy)과 연계되어 있을 뿐 아니라 일관성을 유지하는 형태의 나름의 전략 기획을 구상하는 과정에서 ‘프로메테우스 과정’을 사용할 수 있을 것이다.

　조직의 모든 부서가 나름의 전략을 구상해야만 하는 것은 무슨 이유 때문인가? 전통적인 방식에서는 기업의 고위급 임원들이 또는 최악의 경우 외부 전문가들이 개발한 전략 기획을 조직원 모두가 수용해 수행해야만 했다. 그런데 이는 쿼터백(Quarterback)만이 경기의 진행 상황을 꿰뚫어 보고 있는 미식 축구의 경우와 거의 다를 바 없다.

　경험에 따르면 사람들은 완벽히 이해하지 못하는 내용들은 수용하고자 하지 않는 성향을 보이고 있는데, 일종의 공동체 의식을 느끼지 못하는 경우는 더욱 그러하다고 한다.

　반면에 모든 요원들로 하여금 전략의 설계 과정에 참여토록 하는 경우, 이들은 적어도 전략이 의도하는 바를 이해하게 된다. 그 결과 전략을 보다 훌륭히 집행할 수 있게 될 것이다.

완벽한 형태의 기획이란 존재하지 않는다. 따라서 우리는 자신들이 집행하게 될 기획의 설계 과정에 관련 요원 모두가 참여하기를 진심으로 바라고 있다. 작성된 기획을 집행하는 과정에서 기업 또는 조직의 요원들이 다수의 세세한 부분을 신속히 보완해야 하는 경우가 분명히 있을 것이다. 우리는 또한 시간이 지나면서 조직원들이 이 같은 의사를 결정할 수 있을 정도의 능력을 구비할 수 있기를 기대하고 있다. '능력 있는 의사결정'은 기업이 추구하는 커다란 그림, 즉 전반적인 전략을 의사결정권자들(실제로는 조직원 모두)이 이해하고 있을 때만이 가능하다.

승리를 염두에 둔 기획을 창안 및 집행하는 과정에 조직원 모두가 참여할 수 있도록 하려면 전략적 사고를 가능토록 하는 공통의 골격이 요구된다. '프로메테우스 과정'은 바로 이 같은 골격을 제시해주고 있다. '프로메테우스 과정'을 조직에 적용하는 경우 조직원 모두는 시간을 절약하며 효과적으로 함께 전진해 나아갈 수 있게 된다.

이 경우 조직원들은 벽돌을 쌓는 직공처럼 사고하지 않을 것인데, 이는 가장 중요한 사항이다. 벽돌공은 전문가이지만 건물이 들어서게 될 주변 환경의 구성 또는 건물의 용도 등과 같은 보다 큰 사안에 대해서는 통상 관심이 없다. 이들의 경우는 주로 건물의 세부 사항, 이를테면 건물을 완료하려면 얼마나 많은 벽돌이 필요할 것인가? 벽의 높이는 어느 정도가 적당한가? 등의 일에 관심을 갖고 있다.

'프로메테우스 과정'에서는 조직원들이 벽돌 쌓는 사람보다는 건축가처럼 사고할 수 있도록 지원하고 있다. '프로메테우스 과정'에서는 전략적 의미를 담고 있는 다음의 4가지 질문에 보다 많은 사람들이 답변할 수 있도록 하고 있다.

• 우리가 만들어내고자 하는 미래는 무엇인가?
• 미래가 꿈이 아니고 현실이 되도록 하는 과정에서 시스템 측면에서

요구되는 변화는 무엇인가?

- 시스템 내부에 힘을 가했을 때 바람직한 방향으로 이동할 수 있도록 하는 주요 부위는 어디인가?
- 일의 종료 시점을 어떻게 알 수 있으며, 종료를 염두에 둔 기획은 무엇인가?

조직의 전반적인 측면에서 이들 질문에 답변하는 경우, 우리는 조직원 모두를 엮어줄 대전략을 갖게 된다. '프로메테우스 과정'은 분열 도형의 형태를 띠고 있다. 다시 말해 이들 동일한 형태의 질문에 대해 조직의 개개 차원에서 답변을 추구함에 따라 조식 모두에서는 나름의 하부 전략을 갖게 된다. 이처럼 조직 모두에서 동일한 방식으로 질문하고 답변을 추구해 가는 경우 조직원들은 이해와 헌신 그리고 일체감의 정도를 크게 높일 수 있게 된다.

'프로메테우스 과정'을 적용하는 경우 조직에 새로운 형태의 전략적인 사고방식을 불어넣을 수 있다는 점을 우리는 확인하였다. 이 경우 조직원들 간의 통상적인 대화는 전술 수준의 세부 사항에 국한되지 않고 보다 규모가 크고 장기적인 성격의 사안을 포용하게 된다.

이 경우 조직 내부의 집단들은 서로를 연계시켜 주는 새로운 방안을 강구하게 되고, 표면상으로는 거의 공통점이 없어 보이는 사람들도 새로운 공동체를 기획하는 일군의 건축가들처럼 함께 일하기 시작하게 된다.

이들 개념을 신중히 따르는 경우 기업의 성공 가능성이 획기적으로 높아지게 되는데, 이는 단독 사업주이든, 경영자이든 또는 세계적인 기업의 회장이든 지에 상관없이 모두에게 적용되는 현상이다.

이 책에서는 미국의 기업들에 도입해 일대 성공을 거둔 강력한 형태의 기업 과정(Business Process)을 설명하고 있다. 우리는 이 책에서 기업 운영에 관한 새로운 방안, 즉 21세기의 현실에 적합한 형태의 방안을 제시하고 있다.

이라크를 압박한 1991년도 걸프전(Desert Storm)의 항공전역(航空戰役: Air Campaign)*이 성공할 수 있도록 한 핵심 인물은 와든(John Warden)이다. 프로메테우스는 복잡하고도 예측이 불가능할 정도로 신속히 변화하는 오늘날의 시대에서 조직이 성공할 수 있도록 하는 모델인 GEO 패러다임을 창안한 레란드 러셀(Leland Russell)과 와든이 창의적으로 공조한 결과로 나오게 되었다. 처음 만나는 순간 우리들 두 사람은 무언과 공통점을 갖고 있음을 인지하였는데, 이는 우리의 고객들이 미래를 창안해낼 수 있도록 도와주어야 할 것이라는 일종의 열정이었다.

1999년도 우리들 두 사람은 '프로메테우스 전략 주식회사(Prometheus Strategies, Inc)'를 창설하였다. 이곳에서 우리는 이미 검증되었을 뿐 아니라 획기적인 형태의 것인 우리들 두 사람의 접근 방안을 하나로 묶는 작업을 수행하였다.

---

*역자주: 주어진 전략 목표를 달성할 목적에서 군의 경우는 일련의 작전들을 수행하는데, 이들 일련의 주요 작전들을 전역으로 지칭하고 있다. 전쟁 당사국들의 경우는 주어진 자원을 이용해 전쟁 목표를 달성하고자 노력하게 되는데, 어떻게 효과적이고도 효율적으로 승리할 수 있을 것인지를 기획하는 전역기획은 전쟁에서 매우 중요한 개념이다. 이 같은 개념을 기업에도 동일하게 적용할 수 있다.

제1장 요약 : 프로메테우스 과정

　매우 빠른 속도로 움직이고 있는 오늘날의 세상에서는 전략적인 사고와 행위를 촉진시키기 위한 새로운 형태의 접근 방안이 절실히 요구된다.

　승리하고자 하는 경우는 자신이 원하는 미래의 모습을 결정하고는 여타 사람과 비교해볼 때 보다 신속히 이것을 달성해야 한다. '쾌속 성공'의 본질은 바로 이것이다.

　'프로메테우스 과정'은 승리를 염두에 둔 전략을 설계하기 위한 시스템 차원의 검증된 형태의 방안이다. 이것은 쉽게 이해될 수 있을 정도로 간단하지만 그 규모와 복잡성 정도에 무관하게 프로젝트를 성공적으로 기획 · 집행 및 완료할 수 있을 정도로 세련된 형태의 방안이다.

　'프로메테우스 과정'에는 조직 전반에서 공유 가능한 공통의 전략적 의미를 갖는 단어가 내포되어 있다. 이 과정은 또한 분열도형의 모습을 띠고 있는데, 이는 조직 내부의 개개 부서에 대해 동일한 과정을 반복해 적용할 수 있다는 의미다.

즉각적인 천둥
Instant Thunder

"전략적으로 사고하고, 표적에 정확히 초점을 맞추어 신속히 행동하라"

　　변화가 빠르게 진행되고 있을 뿐 아니라 가속화되고 있는 세상, 태고부터 내려오는 진리들이 무참히 그 의미를 상실하고 있는 그러한 세상, 수십 년이 아니고 몇 시간 또는 몇 달이란 짧은 기간에 큰 재물을 만들거나 이들 재물을 잃는 현상이 빈번히 발생하고 있는 오늘날의 세상에서 승리하고자 할 때 필요한 사항은 무엇인가?

　21세기, 특히 변화무쌍한 세기에서 승리하기 위한 기본 원칙은 의외로 간단한데, 이는 전략적으로 사고하고, 공략 대상인 표적에 정확히 초점을 맞추어 신속히 행동하는 것이다. 우리는 여기에 '즉각적인 천둥(Instant Thunder)'이란 명칭을 부여하였는데, 이는 '프로메테우스 과정'의 기본 이념 중 하나다.

　'즉각적인 천둥'은 전쟁사에 일대 획을 그은 사건인 1991년도 걸프 전에서의 항공전역(航空戰役: Air Campaign)을 지칭하는 용어다. 당시는 전략에 관한 혁신적인 사고를 최대한 활용해 신속하고도 결정적으로 승리한 경우였다. 당시의 전역은 또 다른 전쟁터인 급변하는 21세기의 기업 세계에 나름의 의미 있는 교훈을 제시해주고 있다.

'즉각적인 천둥' : 그 도전

INSTANT THUNDER: THE CHALLENGE

이라크 군이 국경을 넘어 이웃 나라인 쿠웨이트를 침공해온 1990년도 당시 중동 지역을 담당하고 있던 미 중부사령부의 사령관은 슈워르츠코프(Norman Schwarzkopf / 대장)였다. 그는 오늘날 기업의 관리자와 지도자들이 흔히 직면하는 형태의 도전에 접해 있었다. 그의 입장에서 보면 갑작스럽고도 예기치 못한 변화가 발생하였다. 구체적인 행동을 위한 새로운 형태의 기획이 절실히 요구되었다.

군사기획을 발진시키는 과정에서는 통상 몇 날 또는 몇 년의 기간이 소요된다. 그러나 이라크를 염두에 둔 '즉각적인 천둥'이란 명칭의 기획은 백지상태에서 시작해 48시간도 채 되지 않은 짧은 시간에 걸쳐 발전되었다. 당시의 기획은 걸프전에서의 승리에 결정적인 역할을 수행한 형태의 것이었다.

전승(戰勝)을 보장하는 형태의 기획이 어떻게 이틀만에 가능했을까? 또한 당시의 기획 과정, 즉 '프로메테우스 과정'을 기업에 적용하는 경우 얻을 수 있는 이점은 무엇인가?

돌이켜보면 이라크를 공략해 승리할 수 있을 것이라는 점, 당시처럼 신속히 승리할 수 있을 것이라는 점을 미국은 기대하지 못했는데, 이 점을 쉽게 간과하는 경향도 없지 않다. 미국은 한국전쟁과 월남전에서 크게 고전한 바 있다. 이 점을 고려해볼 때 이라크를 군사적으로 격파할 수 있을 것인지, 그리고 전쟁으로 인해 지구상 곳곳에 정치적 차원의 부산물이 야기되지는 않을 것인지에 대해 미국은 크게 고심하고 있었다.

이 같은 미국의 우려에는 나름의 충분한 이유가 있었다. 이라크가 쿠웨이트를 침공하기 바로 직전인 1990년 7월, 이라크의 통치자인 사담 후세인(Saddam Hussein)은 막강한 전력을 보유하고 있었다.

당시 미국과 소련은 그의 비위를 맞추고자 노력하였으며, 사우디아라비아의 경우는 그를 두려워하고 있었다. 사담의 말 한 마디에 국제 원유 시세가 등락을 거듭하였다. 더욱이 이라크는 재래식 전력의 측면에서 볼 때 지구상에서 4위란 막강한 입지에 있었는데, 이는 영국·독일 및 프랑스와 같은 과거의 군사강국들을 무색케 하는 것이었다.

이라크는 군사력이란 순수 전력을 보유하고 있었을 뿐만 아니라 이것을 잔혹하게 그리고 효과적으로 사용했던 경험과 재차 사용할 의지를 갖고 있었다.

1990년 8월 2일 목요일 아침 쿠웨이트시의 주민들은 창문을 내다보고는 도무지 상상할 수 없는 상황이 발생한 것을 보며 크게 놀라지 않을 수 없었다. 이라크의 탱크들이 사전 경고도 없이 갑자기 도로 위에 나타났기 때문이다. 당시 후세인은 매우 탁월한 형태의 기습을 감행하였다. 이제 그는 쿠웨이트를 손아귀에 넣게 되었다. 세계 시장의 원유 시세가 급격히 치솟아 분쟁 발발 두 달도 채 되지 않아 가격이 2배로 급등하였다.

이 책의 공동 저자인 와든은 일찍이 미 공군의 전략·교리 및 장기기획의 개발을 책임지고 있던 장교였다. 그의 경우는 과중한 업무 때문에 제대로 휴가 한 번 가보지 못했다. 이라크가 쿠웨이트를 침공할 당시 그는 가족과 함께 유람선을 타고 뒤늦게 휴가 여행을 즐기고 있었다. 유람선에 설치되어 있던 텔레비전을 통해 그는 이라크의 탱크들이 쿠웨이트를 향해 질주하는 모습을 볼 수 있었다.

와든은 일찍이 이 같은 위기에 대처하기 위한 방안을 놓고 수년 동안 고민해오고 있었다. 그런데 당시 그는 쿠바의 남부 해안을 지나고 있던 유람선에 몸이 메어 있는 상태였다. 당시의 경험을 그는 다음과 같이 회고했다.

"유람선에서 빠져 나올 재간이 전혀 없었다. 그래서 나는 유람선이 마이애미로 회항하기까지 하루 반 가까운 시간 동안 그곳에 메어있었다. 당시의 36시간 동안 나는 현행 전쟁 기획이 방어적 성격의 것이라는 점을 인지하였다. 적어도 전쟁기획 참모들 가운데 공세적 차원의 전략을 제대로 이해하고 있는 사람이 거의 없었는데, 이는 보다 심각한 문제였다"

당시의 문제는 대략 이와 같았다. 거의 수천 시간에 걸쳐 작성된 모든 형태의 사전 기획은 보다 공세적인 전력에 대항해 사우디아라비아를 방어한다는 점에 초점이 맞추어져 있었다. 그러나 이들 기획은 쿠웨이트의 경우에는 적용이 불가능하였다. 그 이유는 쿠웨이트에서 벌어지고 있는 상황이 방어적 성격의 것이 아니었기 때문이었다. 당시의 문제는 공세적 성격의 것이었다. 당시 이라크는 쿠웨이트를 영구 점령하고자 하는 자세를 보이고 있었다.

빠져 나올 방안이 전혀 없는 유람선 안에서 와든은 유람선이 마이애미의 항구로 회항하기를 괴로운 심정에서 기다릴 수밖에 없었다. 당시 그는 이라크에 의한 공격을 뒤집고자 할 때 가능한 조치가 무엇인지를 놓고 고민하였다. 워싱턴과 전 세계의 모든 군사 및 민간 지도자들이 공세적 성격의 전략을 제기하지 않을 것이라고 그는 생각하였다. 결과적으로 보면 그의 추측은 적중하였다.

워싱턴으로 복귀한 일요일 아침 그는 당시의 미국 대통령 부시(Bush)와 국가안전보장회의(National Security Council)에 제기된 조언을 보면서 자신의 우려가 틀림없다는 점을 확인할 수 있었다. 다음날 아침 와든은 전쟁의 수행 방식을 획기적으로 바꾸는 공세적 성격의 기획을 구상하고는 이것을 관련자들에게 설득하기 위한 사고(思考)를 시작할 목적에서 일군의 팀을 소집하였다.

중동과 페르시아만 지역을 담당하고 있던 중부사령부(Central Command)의 지휘관은 명석한 두뇌의 소유자인 슈워르츠코프 대장이었다.

다행스럽게도 그의 경우는 이 같은 공세적 성격의 개념을 설득시킬 필요가 없었다. 그는 이미 동일한 결론에 도달해 있었다. 슈워르츠코프는 공세적 성격의 행위가 필요하며, 이 같은 행위를 신속히 시작할 필요가 있다는 점을 인지하고 있었다.

슈워르츠코프는 명석한 두뇌의 지휘관이자 리더였다. 뿐만 아니라 그는 전통적인 형태의 접근 방식을 좋아하지 않는 사람이었다. 그는 워싱턴뿐만 아니라 휘하 요원들이 제기한 권고 방안에 대해 크게 격분해 있었다. 그는 보다 우수한 방안의 존재 여부를 확인할 목적에서 미 공군참모총장에게 전화를 거는 평범치 않은 조치를 강구하였다.

당시의 미 공군참모차장인 공군대장 로(Loh)와의 통화를 통해 그는 자신과 동일한 개념을 강구하고 있는 일군의 집단이 있다는 점을 확인할 수 있었다. 당시 그는 이 소식을 듣고 매우 만족해하였다. 그러나 그는 48시간도 채 되지 않는 금요일 아침까지 광범위한 형태의 상세 기획을 이들 집단이 제시할 수 있을 것이라는 로의 말에 나름의 회의를 느꼈다.

슈워르츠코프 대장과의 대화가 끝난 직후, 로는 와든에게 전화를 걸었다.

'즉각적인 천둥': 승리를 염두에 둔 기획
INSTANT THUNDER: PLANNING TO WIN

슈워르츠코프가 미 공군참모차장 로에게 요구한 사항을 전해들은 지 2시간이 채 되지 않은 시점, 와든은 공군참모부 곳곳에 근무하고 있던 일군의 집단을 미 국방성 건물의 지하에 집결시키고는 신속한 형태의 기획 과정을 시작하였다. 그는 이들 집단에게 고차원의 목표를 제시하였다. 이들 목표는 미국과 중동 지역의 미 우방국들 입장에서 전후(戰後) 보다 좋은 상황이 조성될 수 있도록 함에 초점을 맞춘 실행 가능한 형태의 기획을 개발해내라는 것이었다.

　기획의 핵심은 이라크에 대항한 공세적이고도 전면적인 형태의 항공전역이었다. 당시의 기획을 '즉각적인 천둥'으로 명명한 이유는 일대 실패로 끝난 월남전에서의 항공전역을 지칭하는 명칭인 '굴러가는 천둥(Rolling Thunder)'이란 점진적인 성격의 기획과의 차이를 강조할 목적에서였다. 새로운 형태의 이 기획에서는 점진적인 성격의 것이 용납될 수 없었다.

　전쟁기획을 발전시키는 데는 으레 몇 년의 기간이 소요된다. 정치적인 고려로 인해 군사적 논리가 무색해지는 현실 세계에서 작동이 가능한 형태의 전쟁 기획을 이틀도 채 되지 않는 짧은 기간에 이들 기획 집단은 강구해내야만 하였다. 사실 이는 매우 어려운 일이었다. 기획뿐만 아니라 기획 과정이 전통적인 형태의 것이 될 수 없음은 분명하였다.

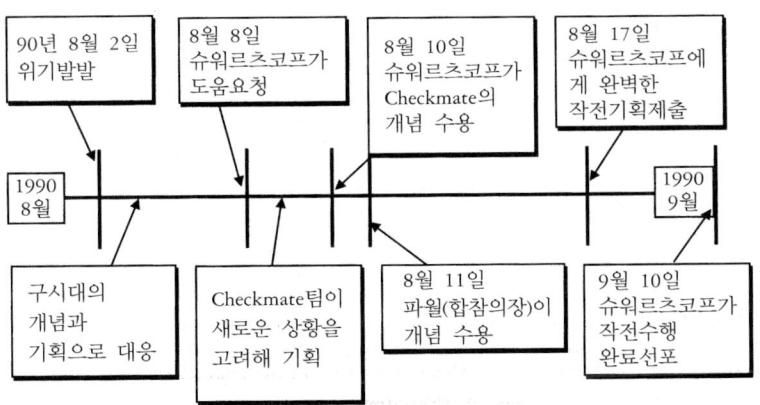

[그림 2.1] 대규모 형태의 통합 기획: 걸프전에서의 항공전역

목요일 이들 기획 집단은 2백여 명의 인력으로 늘어났는데, 이들은 공군본부 기획참모부 소속의 대형의 방으로 모여들었다. 특정의 문으로 나누어져 있지 않았다는 점에서 이 방은 '열린 기획(Open Planning)'의 수행에 이상적인 장소였다.

지시를 받은 지 이틀이 채 되지 않은 1990년 8월 10일, 와든과 그의 몇몇 동료들은 탐파(Tampa)의 맥딜(MacDill) 공군기지에 위치해 있던 슈워르츠코프 대장의 본부로 비행해 날아갔다. 그곳에서 와든은 전략적이고도 공세적 성격의 항공기획을 슈워르츠코프와 그의 주요 참모들에게 브리핑하였다. 30분간 진행된 브리핑을 경청하던 슈워르츠코프는 "당신은 내가 만난 최초의 진보적인 인물이다"며 "이것이 바로 내가 원하던 바이다"고 열광적으로 반응하였다.

그는 당시의 미 합참의장인 파월(Colin Powell) 대장에게 즉각 전화하겠다고 약속할 정도로 와든의 브리핑에 마음이 움직였다. "이 기획에 만족해한다는 점, 워싱턴에 도착하는 즉시 당신의 브리핑을 합참의장이 들어보는 것이 좋을 것이라는 점, 그리고 내게 합참의장의 도움이 필요하다는 점을 언급할 생각이다"고 슈워르츠코프는 와든에게 말하였다.

그 후 16시간 뒤 와든은 자신이 구상하고 있던 바를 파월 합참의장에게 설명하였다. 발표가 끝날 즈음 파월은 앞에 놓여 있던 테이블을 뒤로 밀어놓고는 "매우 좋은 기획입니다. 매우 우수한 작품입니다"고 말하였다.

슈워르츠코프가 미 공군참모차장 로와 통화한 지 정확히 3일이 지난 시점, 와든과 그의 기획 집단은 사담의 운명을 바꾸어놓을 항공전역을 개발해내었다. 그후 이들은 그 내용을 주요 인사들에게 설명해 나름의 지지를 획득하였다.

기획 집단의 구상에 대한 초기 승인이 있은 지 1주일도 채 되지 않은 시점, 슈워르츠코프는 '즉각적인 천둥'을 보다 확장시킨 형태의 상세 기획을 받아볼 수 있었다. 당시 와든은 자신이 구상한 기획을 집행하게 될 공군중장 호너(Chuck Horner)에게 그 내용을 전달할 목적에서 사우디아라비아의 리야드(Riyadh)로 향하고 있었다.

1991년 1월 중순, 이라크에 맞서 전쟁을 수행하고자 할 때 필요한 준비가 모두 다 완료되었다. 워싱턴 시간으로 1991년 1월 16일 저녁 7시, 전 세계는 인류 최초의 '초고속의 전쟁(Hyper-War)'을 CNN을 통해 생방송으로 지켜보고 있었다.

'즉각적인 천둥': 신속 정밀한 형태의 병행 작전
INSTANT THUNDER: FAST, PRECISE, PARALLEL OPERATIONS

'즉각적인 천둥(Instant Thunder)'이란 명칭의 기획의 핵심은 효과를 극대화하고 피해를 최소화할 목적으로 구상된 정교한 형태의 초고속으로 진행되는 일군의 작전이었다. 이들 작전은 매우 빠르고도 정밀한 방식으로 진행되었다, 이 점에서 볼 때 작전으로 인해 이라크가 느끼게 될 충격은 순간적이고도 일대 재앙을 불러일으킬 수 있는 성질의 것이었다.

공격이 시작된 지 24시간도 채 되지 않은 시점, 미국을 중심으로 한 다국적군은 시스템 차원에서 엄청날 정도의 충격을 유발할 목적으로 엄선된 150여 군데의 표적(標的: Target)을 항공전역을 통해 공격하였다. 1943년도 당시 연합군은 항공력을 이용해 독일에 일대 폭격을 감행한 바 있다.

당시와 비교해볼 때 이라크에 대한 1991년도의 공격은 매우 짧은 순간에 수천 배의 강도로 진행되었다. 공격이 시작된 지 몇 분도 되지 않아 이라크의 최고사령부는 장님·귀머거리 또는 감각이 마비된 형국이 되었다. 그 결과 이라크의 지휘관들은 자신들에게 발생하고 있는 상황을 전혀 감지하지 못했다. 이들은 자신들이 입은 피해를 측정할 수 없었다. 또한 이들은 복구 능력 또는 다국적군의 공격에 대응할 목적에서의 자원 배분 능력을 상실하게 되었다.

그 전례가 없을 정도로 정밀히 공격받은 결과로 인해 이라크 군의 시설·지휘소·국가통신망·전기체계·방공본부뿐만 아니라 주요 생화학 무기와 핵무기 본부들이 제 기능을 발휘하지 못하게 되었다.

이 같은 신속하고도 정밀한 형태의 병행(並行: Parallel) 공격으로 인해 이라크는 전략적으로 마비되었다. 그 결과 사담은 화평(和平)을 요청하지 않을 수 없게 되었다. 공격이 시작된 지 41일이 지난 시점, 이라크군은 쿠웨이트에서 철수를 시작하였으며, 다국적군이 제안한 평화 조건을 수용하게 되었다.

당시의 협정으로 인해 이라크는 예전에 누리던 걸프 지역에서의 초강대국으로서의 입지를 박탈당하게 되었다. 더욱이 당시의 협정으로 인해 이라크는 전략적으로 주변 국가들에 더 이상 위협적인 존재가 되지 못하게 되었다. 이는 분쟁 이후 10년이 경과한 오늘날에도 그대로 적용되는 현상이다.

걸프전에서 미국을 중심으로 한 다국적군은 돌연히 출현한 도전인 이라크에 의한 침공에 성공적으로 신속히 그리고 결정적인 형태로 대응하였다. 당시 이것이 가능토록 할 목적에서 활용된 혁신적인 전략과 기획은 '프로메테우스 과정'에서 핵심을 이루고 있다. 3장(章) 이후의 개개 장에서는 여기서 언급하고 있는 다음의 개념들이 상세히 논의될 것이다.

'열린 기획'이란 접근 방식을 사용하라.

Use an "Open Planning" Approach

항공전의 기획은 복잡한 성격의 것인데, 이들 기획에서는 방대한 양의 작업을 매우 짧은 순간에 압축해 수행하고 있다. 동일한 작업공간에서 서로를 마주보며 허심탄회하게 사고 및 기획할 수 있도록 할 목적에서 와든은 다양한 시각의 사람들을 불러모았다. 극소수의 몇몇 사람을 중심으로 일을 처리하는 대부분의 군사기획과 이는 정면 배치되는 형태의 것이었다.

눈 깜짝할 사이에 방대한 양의 정보가 한 곳에서 다른 곳으로 이동하고, 엄청날 정도의 정보가 쌓여있는 오늘날의 지구촌 환경에서는 경쟁이 매우 치열하게 진행되고 있다. 이 같은 점으로 인해 기업의 지도자들은 직면하게 되는 사안에 대한 모든 답변을 갖고 있지 못한 실정인데, 이는 지도자의 우수성과 무관하게 적용되는 사실이다.

'열린 기획(Open Planning)'이란 방식을 활용하는 경우는 보다 폭넓은 전문성과 지식이 가용해진다. 그 결과 보다 우수한 형태로 의사를 결정할 수 있게 된다. 이외에도 이처럼 기획하는 경우는 보다 많은 사람들이 문제의 이면(裏面)에 숨어있는 뜻을 이해하고 공통의 인식을 갖게 된다. 이 점에서 기획이 성공적으로 집행될 가능성이 보다 더 높아지게 된다.

창조하고 싶은 미래의 형태를 결정하라

Decide What Future You Intend to Create

'사막의 폭풍(Desert Storm)'이란 명칭의 걸프전에서 기획가들은 처음 단계로 전략 목표들을 정의하였다. 이들이 목표한 내용에는 자신들이 만들어내고자 하는 미래의 모습이 포함되어 있었다. 이들 미래의 모습은 전쟁이 없으며, 원유(原油)가 자유롭게 유통되고, 사람들이 평화롭게 업무를 수행하는 보다 안정된 형태의 중동 지역을 건설해내는 것이었다. 이들은 또한 전략적 차원에서 성공을 평가하기 위한 기준들을 기술하였는데, 이는 이라크가 쿠웨이트로부터 철수하고, 쿠웨이트의 주권이 회복되며, 원유가 자유롭게 유통되는 상황을 의미하였다.

　오늘날처럼 빠르고도 복잡한 형태로 기업 환경이 바뀌는 세상에서는 미래를 설계하는 방식으로 전략 기획을 접근함이 중요하다. 무수한 형태의 정보의 연계 관계를 분석하고, 이들 결과를 근거로 나름의 전략을 결정하는 방식은 간단히 말해 현실적이지 못하다.

　이 같은 방식은 너무나 많은 시간이 소요되는 반면 그 결과로 나온 기획은 너무나 빈약하다. 먼저 높은 차원에서 나름의 방안을 강구해야 할 것인데 프로메테우스의 용어로 표현하면 이는 '미래의 청사진(Future Picture)' 구상을 의미한다. 높은 차원에서의 희망 사항을 분명히 하게 되면 단계를 낮추어 하위 차원에서 세부 사항들을 일관성 있게 상세히 처리할 수 있게 된다.

하고자 하는, 그리고 하지 않고자 하는 것이 무엇인지를 인지하라
Know What You're Willing to Do or Not Do

　걸프전 당시의 항공전역 기획에는 몇몇 지침이 되는 원칙이 포함되어 있었다. 이들 원칙은 이라크 국민이 아니고 사담과 사담의 정책에 대항해 전쟁을 수행해야 할 것이라는 점, 민간인의 희생은 가능한 한 최소한으로 국한시켜야 한다는 점, 그리고 미국의 강점을 최대한 활용하는 반면 이라크의 강점에 대항해 진퇴양난의 구렁텅이에 빠져서는 안 된다는 점이었다.

외부로 나타나는 행동이란 측면에서의 기대하는 바를 분명히 명시함이 기업의 경우에도 매우 중요하다. 당신이 중요하다고 생각하는 이상(理想)과 스타일뿐만 아니라 조직원들에 대해 당신이 기대하는 바가 무엇인지를 분명히 해야 할 것이다. 전략적으로 선택해야 할 대안들에 영향을 끼칠 수 있다는 점에서 이들 문제는 전략기획 과정의 초기에 다루어져야 한다.

전략적으로 측정하라

Measure Strategically

월남전에서는 투하한 폭탄의 규모와 살상된 적군의 숫자를 갖고 전쟁의 진척 정도를 평가하였다. 그러나 이 같은 측정 방법은 어느 면에서 보아도 전략적이지 못하다. 이들 방법에서는 전술 행위의 규모와 품질을 측정하고 있었다. 이들 통계수치는 전승에 어느 정도 다가가 있는지, 또는 멀어져 있는 지와 같은 전략적 의미를 갖는 주요 질문에 답변하는 과정에서 전혀 도움이 되지 않았다.

걸프전에서는 이 같은 형태의 실수가 없었다. 당시는 항공전역의 진척 정도를 전략적 측면에서 측정하기 위한 구체적인 방안들이 존재해 있었다. 이들 전략적 차원의 측정 방안에서는 격파한 표적의 규모 또는 투하한 폭탄의 규모와 같은 전술적 차원의 관심 사항들을 그 대상으로 하지 않았다.

이들 수치는 전략적 차원의 승리 판단과 관계가 없었다. 당시의 기획가들은 공격이 적에 끼친 효과에만 관심이 있었다. 다시 말해 전역(戰役: Campaign)의 수행으로 인해 적 체계의 기능에 어느 정도 영향을 끼쳤는지, 전후 목표들의 달성에 이것이 어느 정도 기여하였는지 등의 전반적인 결과에 이들은 관심이 있었다.

기업의 세계에서 보면 대부분의 회사들은 주문 횟수, 물품의 배달 속도, 또는 광고 기간 등의 전술 수준 행위의 품질과 수량을 측정하고 있다. 그러나 물품의 주문 규모를 대폭 늘리고, 배달 시간을 절반으로 줄일 뿐 아니라 광고 기간을 두 배로 늘리는 등 일을 매우 잘 처리하고 있다고 생각되는 가운데에서도 기업의 이윤이 곤두박질치고 그 결과 회사의 주가(株價)가 폭락하는 경우도 없지 않다.

전략적 차원의 측정 방안, 즉 자신의 행위와 창조하고자 하는 가치의 증대를 상호 연계시켜 주는 방안이 부재한 상태에서는 걸프전 이전의 군 지휘관들이 저지른 것과 같은 형태의 오류를 범할 수밖에 없을 것이다.

시스템을 바꿔라

Change the System

걸프전을 기획한 사람들은 시스템 차원의 시각을 견지하고 있었다. 이라크라는 전반적인 시스템에 초점을 맞추면서 이들 기획가들은 이라크를 국가적 차원에서 마비시키고자 노력하였다. 이 경우 이라크란 시스템의 전술 무기인 군사력은 그 효용성을 상실하게 되고, 사담은 다국적군의 요구사항을 수용할 수밖에 없을 것이라고 이들은 생각하였다.

기업의 세계에서 보면 지구적 차원의 시장, 여러 사람들이 속해 있는 산업, 경쟁자 그리고 자신의 조직조차도 나름의 시스템으로 생각할 수 있다. 성공하는 회사의 경우는 단일의 목적을 염두에 둔 전략들을 설계하지 않는다. 이들은 자신들이 속해 있는 바로 그 시스템을 변환시킬 목적의 전략들을 설계하고 있다. 성공을 창조할 목적으로 이들 회사들은 자신들의 환경을 재창조하고 있다.

중심(重心)에 초점을 맞춰라

걸프전 당시 군의 가용 자원이 문제가 되었다는 사실을 알게 되면 놀라워하는 사람도 없지 않을 것이다. 전략적으로 최상의 이득을 유발할 수 있는 부위에 가용 자원을 집중시킬 목적에서 항공 기획가들은 이라크란 국가의 중심(重心: Center of Gravity)에 초점을 맞추었는데, 중심이란 시스템 내부에 위치해 있는 부위들로서 공격하였을 때 가장 큰 효과가 유발되는 곳을 의미하였다.

그 규모에 상관없이 모든 기업은 주어진 임무를 최소한의 자원을 투자해 달성할 수 있기를 열망하고 있다. 제한된 자원으로 최상의 이득을 얻어내기 위한 방안은 무엇인가? 모든 시장과 조직에는 나름의 중심이 있는데, 이 경우는 가용 자원들을 이들 중심에 집중적으로 사용해야 한다. 이들 중심은 동일 자산을 투자하였을 때 여타 대안과 비교해 보다 높은 결과를 유발하는 특정 고객들, 절차, 시설 또는 여타 주요 요소들이 될 수 있을 것이다.

병행적으로 공략하라

걸프전을 인류 최초의 '초고속 전쟁(Hyper-War)'으로 지칭하는 이유는 무엇인가? 이는 이라크의 다수의 중심들을 다국적군이 항공력을 이용해 거의 동시에 병행적(竝行的)으로 공격하였기 때문이었다.

다국적군에 의한 이 같은 병행적인 공격으로 인해 이라크는 국가 차원에서 즉각적이고도 일대 재앙에 해당하는 충격을 받게 되었다.

문제를 병행적으로 접근하게 되면 조직 또는 시장에 대해서도 신속한 변화를 유발할 수 있다. 그 이유는 무엇인가? 조직과 시장도 일종의 시스템인데, 이들 시스템의 경우는 변화에 나름의 방식으로 저항하게 된다. 그러나 이들 시스템의 중심에 해당하는 부위 다수를 동시에 공략하는 경우 이들은 저항할 수 없게 된다.

상황 종료 시점과 방법을 인지하라
Know When and How to Get Out

전쟁과 마찬가지로 모든 회사·산물 및 서비스의 경우 또한 시작과 끝이 있게 마련이다. 그러나 전쟁과 기업에서는 상황 종료를 위한 기획을 기피하는 경향도 없지 않다.

걸프전에서 가장 중요했던 부분은 상황 종료의 문제였다.

전후 일부 사람들은 이라크의 수도인 바그다드까지 진격해 들어가지 않은 것에 대해 나름의 비판을 제기하였다. 사실 이들 비평가들은 매우 중요한 문제를 지적하고 있었다. 일을 올바로 종료하지 못하는 기업의 경우 고생해 모은 이윤을 원점으로 돌리게 될 수도 있다.

일의 종료 시점을 판단하기 위한 주요 기준은 의도했던 목표들의 달성 여부가 되어야 할 것이다.

걸프전을 예로 들어 생각해보자. 다국적군이 제기한 평화 조항을 이라크가 수용함에 따라 미국은 당시의 전쟁에서 의도했던 고차원의 목표들을 모두 다 달성하였다. 다시 말해, 당시는 이라크군이 이미 쿠웨이트에 없었으며, 쿠웨이트 정부는 복원 도중에 있었다. 또한 중동 지역이 크게 안정되고 있었으며, 지역의 상업 활동이 정상 회복되었다.

당시 이후 적어도 10년 간 이라크는 전략적으로 이웃 국가들을 위협할 수 없는 듯 보였다. 이들 모두는 6주가 되지 않는 짧은 기간 중에 달성되었으며, 당시의 전쟁 비용은 역사상 가장 적었다.

당시의 결정과 달리 미국 대통령이 바그다드로의 진격을 명령하였더라면 전쟁 비용이 급증하였을 것이다. 또한 다국적군이 와해되고 미국이 이라크를 수년 간 점령하고 있어야만 하는 비극적인 상황이 초래되었을 것이다.

걸프전은 복잡한 정치 구조를 갖는 다국적군의 형태로 수행되었다.

당시 다국적군이 추구하던 전략목표들의 관점에서 그리고 이들 목표를 변경함에 따른 전비(戰費)의 급증이란 관점에서 볼 때 당시의 전쟁 진행 방식은 매우 성공적이었다.

정치지도자들과 비교해볼 때 기업인들의 경우는 일반적으로 행동이 보다 더 자유롭다. 그러나 이들 기업인 중 너무나 많은 사람들이 자신들이 추구하는 목표들에 사업 종료의 문제를 적절히 반영시키지 못하고 있다.

대부분 회사의 중역과 생산 관리자들은 일의 종료를 염두에 둔 기획을 갖고 있지 않다는 점에 대한 변명으로 마지막 순간의 모습을 알게되기까지는 끝맺음을 염두에 둔 기획을 할 수 없다고 말하고 있다. 그러나 모든 것은 종료될 수밖에 없다. 이 점을 알게되면 가능한 한 아름답게 끝맺음하고, 다음의 경쟁에서 최상의 상태를 유지할 목적의 기획을 하지 않음은 무책임한 행동일 것이다.

게임을 바꿀 목적의 기획
A GAME-CHANGING PLAN

'즉각적인 천둥'과 같은 효과를 유발하려면, 즉 최소한의 비용으로 신속히 승리하는 과정에서는 '프로메테우스 과정'에서 언급하고 있는 개개 단계들이 나름의 역할을 수행하게 된다. 종합해보면 이들 모든 단계로 인해 게임을 바꿀 목적의 기획, 즉 개념에서 집행으로 인도하는 기획이 가능해진다.

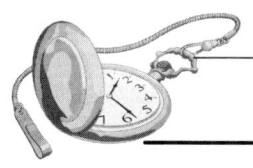

제2장 요약 : 즉각적인 천둥

변화 무쌍한 21세기에 승리하기 위한 기본 공식은 매우 간단하다. 즉 전략적으로 사고하고, 공략해야 할 대상인 표적에 정확히 초점을 맞추어 신속히 행동하는 것이다.

'즉각적인 천둥'은 인류 최초의 '초고속 전쟁'인 1991년도 걸프전에서의 항공전역의 코드명이다. 이 전역의 핵심은 효과를 극대화하고 위기를 최소화할 목적에서 고속으로 진행된 일련의 작전들이었다.

걸프전에서 사용된 혁신적인 전략과 기획은 '프로메테우스 과정'의 근간을 형성하고 있는데, 이는 다음과 같다.

- '열린 기획'이란 접근 방식을 사용하라.
- 창조하고자 하는 미래의 형태를 결정하라.
- 하고자 하는 그리고 하지 않고자 하는 것이 무엇인지를 인지하라.
- 결과를 전략적으로 측정하라.
- 시스템을 바꿔라.
- 중심(重心)에 초점을 맞춰라.
- 병행적으로 공략하라.
- 상황 종료 시점과 방법을 인지하라.

게임을 바꿔라
Changing the Game

"게임 규칙을 바꾸는 사람은 게임에서 쉽게 승리할 수 있다"

경쟁이 치열할 뿐 아니라 빠른 속도로 변화하는 21세기의 기업 환경에서 분명한 사실이 하나 있는데, 이는 예전의 규칙을 바쁘게 뒤쫓아가는 형태로는 승리할 수 없다는 점이다.

대부분의 산업에는 두 종류의 조직이 있다. 첫 번째 형태의 조직은 마이크로소프트(MS), 찰스 슈왑(Charles Schwab), 엠시아이(MCI), 그리고 델(Dell)처럼 게임을 바꾸는 형태의 것들이다. 이들은 자신에게 유리한 방향으로 게임 규칙을 만들어가고 있다.

이들이 소속되어 있는 산업의 여타 조직들은 이들의 뒤를 바쁘게 뒤쫓아가는 형국이다. 경쟁에 관한 법칙이 바뀌는 경우 법칙의 형성에 참여하지 않았던 여타 조직들은 새로운 법칙에 적응하고자 온갖 노력을 경주할 수밖에 없다.

게임을 바꾸는 사람 또는 조직의 경우는 미래를 창조하고, 경쟁 상대와 비교해볼 때 미래를 보다 잘 이해하게 된다. 이 점에서 이들의 경우는 엄청날 정도의 우위를 누리게 된다.

이들의 경우는 경쟁이 시작되기도 전에 시작 지점을 출발한 형국이다. 이 점에서 이들 게임을 변화시키는 사람이나 조직은 인식 점유율과 시장 점유율이란 측면에서 고지(高地)를 먼저 점령하고 있는 것과 다름없다. 뉴욕의 금융가인 월가(Wall Street) 또한 이들을 사랑할 수밖에 없는데, 그 이유는 이들이 투자를 위한 새로운 시장과 부를 만들어 내고 있기 때문이다.

'프로메테우스 과정'에서 명명하고 있는 '게임을 바꾸는 형태의 조직'이 되고자 할 때 필요한 사항은 무엇인가? 최상의 수준에서 미래를 창조하겠다고 결심하는 경우는 구상 단계에서 실천 단계를 거쳐 완료 단계에 이르는 모든 단계를 망라하는 대전략(Grand Strategy)뿐만 아니라 통합된 형태의 기획이 요구된다. 대전략이 부재한 조직의 경우는 미래를 예측할 수 없을 것이다.

대전략의 구비는 '프로메테우스 과정'에서 필수요건 중 하나다. 대전략을 구비하려면 전략의 본질을 확실히 이해하고 있어야 한다.

전략: 매우 우수한 형태의 접근 방안
STRATEGY - A SUPERIOR APPROACH

게임을 바꾸는 조직들의 경우 가장 많은 자산, 최상의 장비, 최상의 자격을 구비한 사람들 또는 최상의 교육을 받은 사람들을 보유하고 있지 않을 수도 있을 것이다. 그러나 이들의 경우 변함 없는 사실이 하나 있는데, 이는 자신들이 직면하고 있는 도전을 최상의 전략을 이용해 접근하고 있다는 점이다.

미국을 중심으로 한 다국적군이 걸프전에서 승리할 수 있었던 것은 우수한 형태의 전략이 있었기 때문이다. 1990년 8월 이라크군은 쿠웨이트를 기습 공격하고는 진지를 구축하였는데, 당시의 공격은 대단히 성공적이었다. 최상의 시나리오를 가정한다고 할지라도 미국을 중심으로 한 다국적군이 쿠웨이트를 파괴하지 않으면서 해방시키는 것은 쉬운 일이 아니었다. 적어도 워싱턴의 군사 전문가들은 그렇게 생각하였다.

그 과정에서 엄청날 정도의 인명이 살상될 상황이었다. 이라크가 쿠웨이트를 침공한 직후 발간된 워싱턴포스트지에는 쿠웨이트를 직접 공격하는 경우 적어도 20,000명의 미군이 사망할 것이라는 추측 기사가 게재되어 있었다.

이처럼 다수의 인명이 살상될 가능성이 있는 해결안을 슈워르츠코프 대장이 부시 대통령에게 제안했더라면 이라크와의 전쟁에 관한 정치적 차원의 지원을 부시가 확보하지 못했을 가능성이 높다. 이 같은 상황에서는 걸프전은 수행되지 못했을 것이다. 또한 사담은 아직도 쿠웨이트에 상주해 있고, 지구상의 모습은 지금과는 전혀 달라져 있을 것이다.

걸프전에서 다국적군이 승리할 수 있었던 것은 사담에게 게임 법칙의 변경을 강요했기 때문이었다. 당시 미국은 우수한 형태의 과학기술뿐만 아니라 적의 중심들에 초점을 맞춘 시스템 차원의 전략 등 자국의 강점을 최대한 활용하였다. 그 결과 다국적군은 여타 사람들이 예견한 것보다 훨씬 적은 사상자를 내면서 훨씬 빠른 속도로 당시의 전쟁에서 승리할 수 있었다.

마찬가지로 델(Dell)은 컴퓨터 하드웨어 분야의 게임 법칙을 우수한 형태의 기업 모델에 근거해 바꾸었다. 그 결과 전술 상황에 초점을 맞추고 있던 자신의 경쟁 상대인 컴팩(Compaq)과 같은 조직들을 파국으로 몰아넣을 수 있었다.

당시 델(Dell)은 인터넷의 능력을 최대한 활용해 중간관리자가 필요 없는 가상 조직을 인터넷 내부에 만들어내고, 재고관리와 생산 분배에 관한 법칙을 재차 작성하는 등의 전략을 구사하였다.

한편 델(Dell)의 경쟁 조직들의 경우는 보유 장비와 현존 분배 시스템을 약간 변경하는 방식의 점증적인 형태의 변화를 추구하였다. 델(Dell)의 승리는 통상 전략이 전술을 타파한다는 점에 근거하고 있다.

소규모 소매상의 경우도 전략적으로 사고 및 행동할 수 있을 것인지? 제조 회사의 경우는? 비영리 자선단체의 경우는? 당연히 이들의 경우에도 이것이 가능하다. 기업의 규모와 수준에 무관하게 전략적으로 사고 및 행동하지 않는 경우는 자신이 구사하고 있는 전술을 상대방이 한 순간에 모방해 사용할 수 있는 오늘날의 세계에서 실패를 경험할 수밖에 없을 것이다. 반면에 전략의 경우는 모방해 사용하기가 쉽지 않다.

전략과 전술의 비교

TACTICS VERSUS STRATEGY

전략과 전술간의 주요 차이는 무엇인가? 가장 우수한 기업인들 중에도 많은 사람들이 이들 둘을 혼동하고 있다.

전술이란 일상적으로 반복되는 활동으로서 비교적 그 내용이 분명한 형태의 것이다. 미식축구에서의 태클 또는 방어처럼 이들은 조직의 일에서 기본 단위를 형성하고 있다.

기업의 경우를 보면 손님에 대한 판촉 전화, 조립과정에서의 기계 운용, 회계 부서에서 청구서를 발송하는 일들은 전술 수준의 활동이다. 이들 전술 수준의 활동에는 보다 광범위하면서도 비교적 분명치 않은 형태의 활동인 비용 절감, 인터넷을 이용한 판촉 활동 그리고 단기적 차원에서 이윤을 내지만 결과적으로 보면 이들 이윤을 갉아먹는 형태의 처방이 또한 포함된다.

전술 수준의 우수성이 중요한 것은 사실이다. 그러나 우수한 형태의 전술만으로 장기적인 승리를 보장할 수 있을지? 달리 표현하면 경쟁자들과 비교해볼 때 일상 업무 측면에서 우수하고, 기존의 게임 법칙을 준수해 투쟁한다고 시간이 지나면 승리하게 될지?

아마도 그렇지 못할 것이다. 이 경우는 자신이 구사하고 있는 전술을 경쟁 상대들이 쉽게 모방할 수 있다는 점에서 불행한 상황이 초래될 수 있다. 즉 전술에 초점을 맞추고 있는 동안 어떤 사람이 보다 우수한 전략을 들고 나와 게임을 바꾸어놓을 수도 있을 것이다. 우수한 형태의 전술만 갖고는 이 같은 상황을 방지할 수 없게 된다.

우리들 주변에는 보다 많은 전술 행위를 수행하고, 개개 전술 행위를 보다 잘 하는 것이 나름의 전략이라고 생각하는 사람들이 적지 않다. "우리의 전략은 판촉을 염두에 둔 전화 횟수를 늘리는 것이다"고 말함은 그 중 한 사례일 것이다. 그러나 전술의 횟수를 늘리거나 전술의 수준을 향상시키는 것은 결코 전략이 아니다. 이처럼 해서는 결코 바람직한 결과를 얻어내지 못할 것이다.

닷컴(dot.com) 소매상들은 인터넷을 이용해 직접 판매한다는 전략을 추구하고 있었다. 2000년 4월 뉴욕의 월가는 이것이 전략이 아니고 전술에 불과하다는 점을 인지하였다. 새로운 형태의 전자경제(e-economy)에서 진행되는 것의 의미를 이해하게 되자 종전의 소매업자들은 닷컴이 최초 시작한 인터넷을 이용한 직접 판매란 전술을 쉽게 모방할 수 있었다.

너무나 많은 조직들이 인터넷을 통해 저가(低價) 경쟁을 벌이다 보니 어느 누구도 많은 돈을 벌 수가 없었다. 이 같은 전술 환경에서의 생존은 가격 경쟁을 의미하였다. 그 결과 기업의 이윤이 크게 줄어들게 되었다. 진행 상황을 파악한 투자자들이 닷컴에 대한 종래의 우호적인 입장을 철회함에 따라 이것의 주가(株價)가 폭락하게 되었다.

38도선 현상

전술과 전략을 혼동해 행동하는 경우는 특정 경계를 중심으로 일보 후퇴와 일보 전진을 반복하는 현상, 소위 말해 '38도선 현상(38th Parallel Phenomenon)'이 초래될 것이다. 여기서 말하는 '38도선 현상'은 한국전쟁에서 유래하고 있다.

1950년 6월, 북한 공산군은 남한을 기습 공격하였다. 당시 북한군에 의한 행위는 전략적인 형태의 것이었다. 당시의 행위는 한반도의 질서를 무너뜨리는, 이른바 게임을 변화시키는 형태의 것이었다.

침공 얼마 후 북한군은 한국군과 일부 미군들을 한반도의 귀퉁이로 몰아넣는 등 대부분의 남한을 정복할 수 있었다([그림 3.1]에서 전략적인 Move 1이 여기에 해당).

여기에 대해 유엔군사령관인 맥아더 원수는 게임을 바꾸는 형태의 나름의 전략으로 대응하였는데, 이는 인천에서의 대담한 형태의 상륙 작전을 의미하였다.

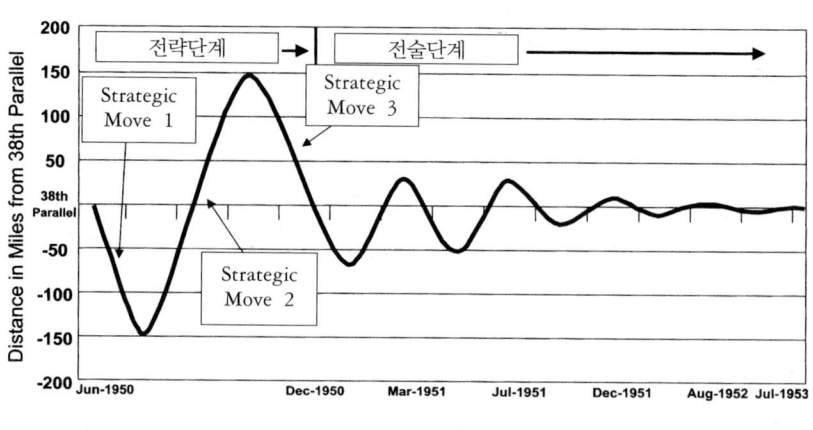

[그림 3.1] 38도선 현상

당시의 상륙은 매우 성공적이었다. 얼마 지나지 않아 맥아더는 한반도 남부 지역을 회복하고는 북쪽 끝까지 이동해 북한을 거의 점령할 수 있었다(Move 2. [그림 3.1]).

중국은 미군이 자국의 국경 근처까지 올라와 있다는 점에 불안감을 느꼈다. 그 결과 이들은 한국전쟁에의 개입을 결심하였다. 1950년 12월 이들은 대규모 병력을 동원해 나름의 전략적 성격의 기습 공격을 감행하였다. 중공군의 공격으로 인해 미군은 한반도의 중앙에 해당하는 38도선 근처로 물러나게 되었다(Move 3, [그림 3.1]).

한국전쟁 당시 중공군의 기습 공격은 마지막의 전략적 이동에 해당하였다. 그 후의 한국전쟁에서는 게임에 변화가 없었다. 한국전쟁은 보다 많은 부대, 보다 많은 탄약 그리고 보다 신형의 무기를 전쟁 당사국들이 도입하는 등 엄청날 정도의 인명이 희생되는 형태로 진행되었다.

그 후 2년의 기간 동안 전쟁 당사국 어느 측도 지속적인 우위를 유지하지 못했다. 그 결과 전쟁이 38도선을 경계로 일보 전진과 일보 후퇴를 반복하는 형국이 되었다. 한국전쟁에서의 대부분의 인명 피해가 당시의 2년이란 기간 동안에 발생하였는데, 이는 불행한 일이었다.

대부분의 기업, 특히 성숙된 시장에 발을 담그고 있는 기업들의 경우는 한국전쟁에서 목격되는 형태의 전술 수준의 경쟁에 오랜 기간 몰두해 있는 형국이다. 예를 들면 1957년도 당시 TWA는 기내(機內)에서 신선한 커피를 제공한 최초의 항공사가 되었다.

당시의 조치가 나름의 효과를 거두자 그 후 4년 뒤 TWA는 항공사들 중 최초로 기내에서 영화를 방영하였다. 이들 둘은 매력적인 방안이었지만 전술 수준의 것이었다.

얼마 후 장거리 노선을 비행하는 모든 항공사들이 기내에서 신선한 커피뿐만 아니라 영화를 제공하게 되었다. 기내에서의 영화 방영과 같은 프로그램들은 38도선에서 벌어진 현상과 유사한 전술 수준의 행위였다. 이들은 이제 항공회사의 회장들이 중단했으면 싶은 비용만 많이 드는 부수적인 요소들이 되어 버렸다.

컴퓨터 메모리칩 분야를 보면 전적으로 가격에 근거해 행동하고 있다. 이 점에서 이것 또한 38도선 차원의 경쟁이다. 이들 메모리칩을 생산하는 특정 제조업체가 생산 단가를 절감하는 나름의 방안을 고안해내는 경우 또 다른 경쟁자는 이것의 가격을 보다 더 낮추기 위한 방안을 강구하고 있다. 이 경우는 매 순간 특정 제조업체가 일시적이나마 나름의 이득을 보게 된다. 그러나 결과적으로 보면 메모리칩 분야에는 지속적으로 이윤을 내는 또는 지속적으로 경쟁 우위를 유지하는 기업이 없게 된다.

또 다른 사례로 햄버거 등을 판매하는 레스토랑 산업을 생각해보자. 버거킹(Burger King)의 경우는 판매 규모가 줄어들면 새로운 메뉴를 추가하거나, 가격을 낮추는 등의 전술 수준의 행위로 대응하고 있다. 이처럼 대응하는 경우 판매 규모가 크게 올라갈 것인가? 아마도 단기적으로 보면 그럴 수도 있다. 그러나 맥도널드(McDonald)와 웬디(Wendy)가 버거킹의 행위를 목격하는 경우 발생할 현상을 생각해 보았는가?

아마도 이들 또한 가격을 내릴 것이다. 한편 이들은 새로운 메뉴를 추가하고 서비스의 품질을 높이고자 노력하게 될 것이다. 개개 업체의 입장에서 보면 모든 사람들이 보다 더 열심히 노력하지만 노력과 투자에 비해 이윤은 점점 더 나빠지고 이들 일련의 행동을 취하기 이전보다 이윤은 보다 더 떨어지게 될 것이다.

주기적으로 반복되는 전술 수준의 경쟁, 즉 나름의 38도선을 사이에 두고 전진과 후퇴를 반복하는 형태의 경쟁에서 빠져 나오지 못하고 허우적거리고 있음을 인지하기 위한 방안은 무엇인가? 이처럼 진흙탕 속에서 허우적거리는 경우에는 모든 사람들이 보다 더 노력하는 반면 결과는 보다 더 나빠지게 될 것이다.

이 경우는 열심히 일하는 것과 관계없이 그리고 기존 산물과 서비스의 많은 부분을 개선했음에도 불구하고 이윤이 올라가지 않는데, 이는 슬픈 일이다. 어느 순간 두 가지 가능성이 있게 될 것인데, 이 같은 조직의 경우 새로운 형태의 전략을 선택하던지 경쟁에서 뒤쳐져 방황하다가 몰락의 길로 들어서던지 둘 중 하나를 선택해야 할 것이다.

전략의 이점

THE ADVANTAGES OF STRATEGY

전술의 경우와는 달리 우수한 형태의 전략은 그 모방이 쉽지 않다. 우수한 형태의 전략을 활용하는 경우는 많은 것이 신속히 변하며, 조기에 성공이 가능해지고, 지속적으로 성공하기 위한 기반이 조성된다.

모든 전략은 몇몇 상호 연관된 요소들을 갖고 있다.

최상의 전략의 경우는 이들 요소 모두가 특정 시스템에 영향을 끼치게 된다. 이들 전략에서는 이베이(eBay)처럼 새로운 시장 공간을 개척하거나, 델(Dell) 컴퓨터처럼 우수한 기업 모델을 제시하고, 야후(Yahoo)처럼 선도적인 형태의 유명 브랜드가 되고자 노력할 것이다.

우수한 형태의 전략에서는 외부 사람들이 곧 바로 이해하지 못하는 방식으로 경쟁 시나리오를 바꾸고자 할 것이다. 마이크로소프트(MS)사가 IBM에게 뿐만 아니고 여타 회사들에게도 도스(DOS) 운영체계를 인가해준 사실에 대해 많은 사람들이 의아해 하였다. 그러나 마이크로소프트사는 그 이유를 잘 알고 있었다. 이 경우 모든 개인용 컴퓨터(PC)에서 사용하는 표준화된 운영체계를 만들어냄으로서 하드웨어 산업에 구애됨이 없이 새로운 방향에서 컴퓨터 산업을 주도할 수 있기 때문이었다.

사우스웨스트(Southwest) 항공사를 설립할 당시 항공 여행이란 개념을 재차 발견해낸 켈러더(Herb Kellether)는 전략을 이해하고 있었다.

항공 여행을 즐기는 고객들 중 많은 사람들이 기내 음식, 고급의 좌석 등과 같은 부수적인 것을 포기하는 대신 저렴한 항공 요금을 선호하고 있다는 점을 그는 인지하고 있었다. 그는 또한 신뢰성 있는 그리고 정확히 시간을 맞추는 형태의 서비스는 고객의 입장에서 보면 너무나 중요한 사항이기 때문에 항공 요금을 낮출 목적에서 이것들을 포기하고자 하지 않는 고객들이 많다는 점을 잘 알고 있었다.

공동의 창업자이며, 그 후 최고경영자(CEO)가 된 켈러더는 이들 원칙, 즉 일군의 개념에 근거해 사우스웨스트항공사를 설립하였다. 그가 최고경영자로 있을 당시 사우스웨스트항공사는 지역 차원의 소규모 항공회사에서 시작해 미국 내 모든 항공사에 영향력을 행사하는 규모로 빠르게 성장하였다. 그가 활용한 개념은 전술적이지 않았다. 그의 경우는 본질적으로 전략 수준의 개념들을 종합해 활용하였다.

전략 수준의 기동을 간접 접근 방식으로 장기적으로 적용하는 경우는 경쟁 상대들이 이것을 쉽게 감지하지 못하게 된다. 예를 들면 미국 시장에 잠식해 들어가기로 결심한 1960년대 초반, 일본의 자동차 메이커들은 미국의 디트로이트 3대 자동차회사들을 직접 공략하지 않았다. 당시 디트로이트의 자동차회사들은 모든 사람들이 희망하고 있는 듯 보였던 대형의 차종인 캐딜락 등에 초점을 맞추고 있었다.

만약 대형차 시장에 뛰어들었더라면 일본은 엄청난 저항에 직면하였을 것이다. 소위 말해 직접 공략하는 경우 직접 반격을 당하였을 것이다. 따라서 일본은 소형의 저렴한 자동차를 중심으로 미국 시장에 대한 공략을 시작하였다. 디트로이트의 미국 자동차회사들은 이 같은 차는 미국인들이 선호하지 않을 것으로 생각하고 있었다.

일본은 디트로이트로부터 멀리 떨어져 있는 캘리포니아에서 판촉을 위한 전역(戰役: Campaign)을 시작하였다. 디트로이트의 3대 자동차 메이커들은 이 같은 일본의 행위에 전혀 관심을 표명하지 않았다. 이들은 또한 관세를 이용해 수출을 저지하지도, 소형차를 이용해 대응하지도 않았다.

전략적 차원의 간접 접근을 통해 일본이 달성한 것은 무엇인가? 이들은 저렴하면서도 우수한 품질의 자동차를 만들어낸다는 명성을 미국의 자동차 시장에 구축하기 시작하였다. 몸을 도사리면서 이들은 조용히 미국의 전 지역에 걸쳐 자동차 판매망을 구축해 나아갔다.

그 속도는 느렸지만 일본의 시장 점유율은 꾸준히 높아져갔다. 1962년도 미국의 자동차 시장에서 일본 자동차의 점유율은 4%에 불과하였다. 1967년도 이는 10%로 성장했으며, 1974년에는 15%, 1980년대 초반에는 21%, 그리고 미국의 3대 자동차 회사들이 상황을 인지하게 된 1989년도 당시에는 30%로 급증하였다.

25년의 기간 동안 디트로이트의 미국 자동차회사들은 '삶아진 개구리 증후군(Boiled Frog Syndrome)'*으로 고생하게 되었다. 이들은 서서히 열이 가열되는 동안 상황을 인지하지 못하고 가만히 앉아 있었던 것이다.

단일의 우수한 전략이 다수의 우수한 전술을 무력화시킬 수 있는데, 이것을 보여주는 전형적인 사례는 IBM PC와 호환성이 있는 PC들과 애플(Apple) 컴퓨터간의 전투다.

1970년대 후반 애플은 개인용 컴퓨터로 지칭되는 PC를 들고 시장에 최초로 접근해간 회사였다. IBM PC와 호환성이 있는 PC들이 출현한 1981년도 당시 사람들은 몇몇 이유로 인해 이것들이 애플 컴퓨터

*역자주: 바닥이 서서히 뜨거워짐을 모르고 앉아 있다가 엉덩이가 바닥에 달라붙어 개구리가 옴짝달싹하지 못하게 되는 현상.

보다 못하다고 생각하였다.

이것들은 매력적이지도 그리고 인체 공학적으로 설계되어 있지도 않았다. 애플 컴퓨터와 비교해볼 때 이것들은 사용이 어려웠으며, 컴퓨터 운영체계(Operating System) 또한 안정성이 떨어졌다. 그러나 IBM PC와 호환성이 있는 PC들은 전 세계 컴퓨터 시장의 90%를 점유하면서 컴퓨터 분야의 표준이 되었다.

무엇이 문제였는가?

애플의 경우는 우수한 제조 능력과 설계 전술들을 보유하고 있었다. PC를 놓고 벌어진 전쟁에서 애플이 패배한 것은 IBM과 호환성이 있는 PC들을 생산하고 있던 델(Dell), 컴팩(Compaq), 휴렛팩커드(Hewlett-Packard) 그리고 게이트웨이(Gateway) 등의 경우 부상하고 있던 PC 시장에 접근하기 위한 우수한 전략을 갖고 있었기 때문이었다.

IBM과 호환성이 있는 PC들이 추구한 전략은 '개방형 컴퓨터구조(Open Architecture)'에 기반을 두고 있었다. 다수의 컴퓨터 하드웨어 업체들이 유사한 기술들을 사용함에 따라 얼마 지나지 않아 IBM과 호환성이 있는 PC란 패러다임이 컴퓨터 시장을 석권하게 되었다.

이 패러다임은 변화하는 시장 상황에 민첩하게 그리고 신속히 적응해갔다. 부상하는 PC 시장에서 결과적으로 보면 이는 우수한 형태의 접근 방안이었다. 그 결과 이들 컴퓨터의 경우는 기술의 열세에도 불구하고 시장을 장악할 수 있었는데, 이는 애플이 최초 창안해낸 게임의 법칙을 바꾼 결과였다. 우리는 여기서 우수한 형태의 전술을 다수 사용한다고 할지라도 전략 수준의 승리를 보장할 수 없다는 점을 확인하게 된다.

여기서의 교훈은 분명하다. 승리는 전술 수준의 우위가 아니고 전략적인 우위를 통해 가능해진다.

승리의 필수요건

THE SINE QUA NON OF WINNING

우수한 형태의 전략은 승리의 필수요건이다. 우수한 형태의 접근 방안을 공세적으로 적용하면 자원의 제약에도 불구하고 거의 불가능해 보이는 일을 수행할 수 있게 된다.

예를 들어보자. 월남전에서 승리한 것은 누구인가?

전쟁에서의 승리는 가장 중요한 전투들에서 승리함을 의미한다고 우리들 대부분은 생각하고 있다. 장기간 지속된 월남전에서 미국은 거의 대부분의 전투에서 승리하였다. 이들은 베트콩과 북부월남 군에 엄청날 정도의 피해를 유발하였다. 그러나 이들 모든 승리에도 불구하고 1973년도 당시 사이공에 깃발을 꽂아 달고 얼마 뒤 그곳을 호지명시로 개칭한 것은 북부월남이었다.

월남전에서 북부월남이 승리할 수 있었던 것은 무슨 이유 때문인가? 미국의 경우와 비교해볼 때 자국의 군사력이 열세하다는 점을 고려한 전략을 북부월남은 갖고 있었다. 미국은 주요 전쟁이 인도차이나의 정글에서 진행되고 있다고 생각하였다. 반면에 북부월남은 실제 전쟁은 미국의 본토에서 수행되는 심리전이라는 점을 인지하고 있었다.

전투에 패배하였으며, 항공력에 의존한 미군의 공격으로 인해 전쟁터에서 엄청날 정도의 인명이 손실되었음에도 불구하고 이들은 미국의 여론에 영향을 끼친다는 측면에서 승리하였다. 이 같은 전략으로 인해 전술 측면에서의 미국의 우위가 무색해졌다. 대규모 시스템의 경우도 중심(重心: Center of Gravity)들을 올바로 이해하고 있는 경우는 나름의 방식으로 영향을 끼칠 수 있는데, 이 점을 이들은 입증시켜 주었다.

제3장 게임을 바꿔라 • 53

보유 자원이 불충분하다고 예전의 모든 분석이 말하고 있는 상황에
서도 전쟁터 또는 시장에 무관하게 승리가 불가능한 것은 아니다. 여
기서 필요한 것은 우수한 형태의 전략이다.

전략과 리더십

STRATEGY AND LEADERSHIP

우수한 형태의 대전략은 경쟁 우위를 지속시키고자 할 때의 핵심
요소다. 모든 조직의 리더들이 대전략에 가장 중점을 둘 것으로 가정
함은 당연한 현상일 것이다. 그러나 이처럼 중요한 분야에 어느 정도
의 시간을 소비하는 리더는 거의 없다.

'미래를 향한 경쟁(Competing for the Future)'이란 제목의 저서에서
하멜(Gary Hamel)과 프라하라드(C.K. Frahalad)는 기업의 전망 구축에
3% 이상의 시간을 투여하는 고위급 관리자들이 거의 없다는 점을 주
목하였다.

사실 대부분의 조직들에서는 장기적인 사고(思考)를 거의 찾아볼 수
없는데, 이는 전혀 놀랄 일이 아니다. 사람들은 체질적으로 생애 대부
분의 기간을 전술적으로 사고토록 되어 있다. 예를 들면 아래의 사례
들에서는 전술적인 사고를 목격하게 된다.

전후좌우를 적절히 살피지 않고 길을 건너는 경우 트럭에 치여 죽
게 될 것이다. 공을 들고뛰는 상대방 선수를 몸으로 공격하지 않는 경
우는 소속팀이 경기에서 패배하게 될 것이다. 주어진 몇몇 사실들을
인지하지 않는 경우 시험에서 낙방하게 될 것이다.

기업에서 인정받고 싶다면 주어진 임무를 적시에 완수할 수 있어야
한다는 점을 우리는 입사한 지 얼마 지나지 않아 곧바로 알게 된다.
이를테면 재정을 적시에 준비하고, 할당된 분량을 판매하는 등 주어

진 임무를 적시에 수행해야 할 것이다.

대부분의 리더들은 전술적인 사고를 뛰어넘는 형태의 전략적인 사고를 하지 못하고 있다. 이들은 평생 동안 습득한 전술 수준의 교훈들을 단순히 견지하고는 이것들을 전략 수준의 문제에 적용하고 있다.

조직의 성공을 위한 광범위하고도 장기적인 기획의 문제를 다룸이 너무나 이론적이라고 이들은 종종 생각하고 있다. 현실적인 성격의 리더들은 소매를 걷어붙이고는 실질적인 일을 수행해 무언가 당장 일어나도록 하고자 노력하게 된다.

지금 이 순간의 긴급한 사항들을 뒤로 한 채 장기적으로 중요한 사항들에 초점을 맞춘다는 것이 쉬운 일은 아니다. 이처럼 장기적인 시각의 견지가 쉬운 일이 아니라는 점은 일반적으로 대부분의 기업에 좋지 않은 소식이다. 그러나 장기적인 시각에서 사고하고자 하는 사람들에게 있어 이는 절호의 기회에 해당한다. 승리를 염두에 둔 전략을 갖고 미래의 창조에 초점을 맞추는 경우는 엄청날 정도의 반대 급부를 얻을 수 있을 것이다. 이는 소규모의 집단 또는 대기업을 운영하는 지에 상관없이 적용되는 사실이다.

우리의 고객인 텍사스 인스트루먼트(TI: Texas Instrument)의 경우를 생각해보자. 근 10년 간 TI의 '시장 자본화(Market Capitalization)'는 거의 제로였다. 당시의 기간 중 인텔과 모토롤라를 포함한 TI의 경쟁자들은 '시장 자본화'란 측면에서 엄청날 정도의 성장을 누리고 있었다.

주식의 업적을 놓고 볼 때 투자 집단들은 이 회사의 전망이 밝지 않다고 생각하고 있었다.

1990년대 중반 당시 TI의 고위급 중역들 중 다수는 회사의 문제가 전술 수준의 능력 때문이 아니라는 점을 인지하기 시작하였다.

TI는 집적회로(集積回路: Integrated Circuit)를 발명하였고, 걸프전에서 사용된 레이저로 유도되는 정밀유도무기의 핵심에 해당하는 '시그널 프로세싱 파워(Signal-Processing Power)'를 개발해내었으며, 만인이 부러워하는 Malcolm Baldrige National Quality 상을 수상한 바 있었다.

TI가 안고 있던 문제의 본질이 부적합한 형태의 전략 때문이라는 점을 회사의 중역들은 확신하고 있었다. 엥기보(Tom Engibous)와 탬프레톤(Rich Templeton)의 경우 - 전자는 TI의 최고경영자와 회장이 그리고 후자는 텍사스 인더스트리(Texas Industry)의 상임 부사장과 업무총괄담당 부사장이 각각 되었다. - 는 자신들의 기업에 적용할 새로운 형태의 전략적인 접근 방안을 찾아내라고 촉구하였다.

이 책에 제시되어 있는 원칙들 중 많은 부분을 적용해 TI는 전략에 재차 초점을 맞추어 사고하기 시작하였다. 이곳의 경우는 기업의 모든 부서들을 재평가하였으며 기업의 많은 부분들을 정리하였다.

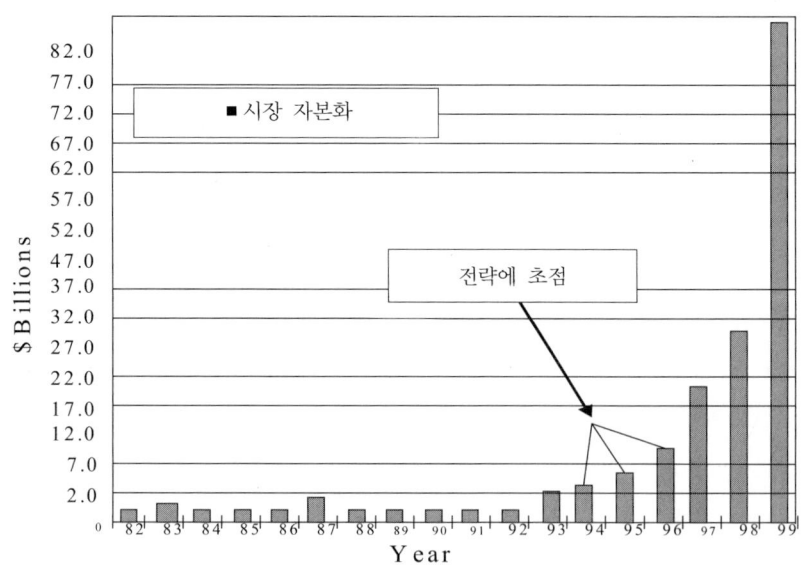

[그림 3.2] 전략의 효과

이들 정리한 부분 중에는 '실린더 메모리 칩(Cylinder Memory Chip)' 처럼 기업 차원에서 소중한 부분뿐만 아니라 적지 않은 이윤이 생기 지만 새로운 전략 방향과 일치하지 않는 국방 분야들이 포함되어 있 었다.

반도체의 메모리칩을 놓고 삼성 및 인텔과 경쟁하거나 유가증권을 보유하고 있는 기업이 되기보다는 TI는 폭발적으로 잠재성이 있는 '디지털 시그널 프로세서(DSP: Digital Signal Processors)' 분야를 겨냥 하였다. 그런데 DSP는 인터넷과 이동 통신장비의 주요 부분일 뿐 아 니라 디지털시대의 엔진에 해당하였다

포브스(Forbes) 잡지가 관찰한 바처럼, 회고해보면 TI의 전략 기동은 매우 현명한 것이었다. 오늘날 이 회사는 DSP 시장을 주도하고 있는 데, 전 세계 이동통신 전화의 절반 이상의 경우 TI의 칩을 내장하고 있다.

[그림 3.2]에서 보는 바와 같이 TI의 새로운 전략이 기업의 '시장 자본화(Market Capitalization)'에 엄청날 정도의 영향을 끼치게 되었다. 이것의 경우는 근 3년만에 6배로 신장되었다.

당시의 기간 동안 TI의 전술 능력에 거의 변화가 없음을 주목해볼 필요가 있다. 변한 것은 TI의 전략뿐이었다.

제3장 요약 : 게임을 바꿔라

여타 조직들과 비교해볼 때, 게임을 바꾸는 조직들의 경우는 미래를 창조하고 있다는 점에서 미래를 보다 잘 이해하게 된다.

게임을 바꾸는 조직에서 목격되는 공통적인 특성은 자신이 직면하고 있는 도전을 보다 우수한 방식으로 접근한다는 점이다. 다시 말해 이들의 경우는 승리를 염두에 둔 전략을 구사하고 있다.

전략은 염원하는 미래 현상을 기술해주는 개략적인 구상으로서, 그곳에 도달하기 위한 고차원의 길잡이를 제공해주고 있다. 성공을 구축하고 유지하려면 이 같은 개략적인 구상이 절대적으로 요구된다.

우수한 형태의 전술과는 달리 우수한 전략은 복제가 매우 어렵다. 이들 전략의 경우는 일군의 상호 연계된 요소들을 갖고 있는데, 이들 요소들이 특정 시스템에 함께 영향을 끼치게 된다. 이들 전략의 경우는 여타 사람들이 감지하지 못하는 방식으로 경쟁 시나리오를 바꿀 수 있다.

"미래를 창조해내려면 시스템을 획기적으로 바꾸어야 한다"

  1991년 걸프전의 항공전역(航空戰役: Air Campaign)을 '쾌속 성공(Winning in FastTime)'을 평가하기 위한 기준으로 생각하는 사람들이 적지 않다. 당시 다국적군이 경이적으로 승리할 수 있었던 비결은 무엇인가? 보다 신속히 행동하였기 때문인가? 보다 잘 훈련받은 요원들 때문인가? 최상의 과학기술 덕분인가?

  분명히 말하지만 이들은 당시의 승리에 나름의 역할을 한 요소들이다. 그러나 당시의 전역이 매우 정밀한 방식으로 진행되었다는 점, 또는 당시 다국적군이 완벽한 승리를 거두었다는 점을 이들 요소만으로는 설명할 수 없을 것이다. 이들보다 훨씬 더 중요하고도 근본적인 사항이 있는데, 이는 시스템에 기반을 둔 전략과 새로운 형태의 시각이었다.

  예전의 전쟁과 걸프전의 주요 차이는 바로 이것이었다. 다시 말해 당시 다국적군이 신속히 승리할 수 있었던 것은 이들 요인 때문인데, 대부분의 사람들이 이 점을 간과하고 있다.

‘프로메테우스 과정’에 기반을 둔 전략에서는 성공에 걸림돌이 되는 요소에 초점을 맞추고 있는데, 이는 시장에서의 경쟁자 또는 조직 내부에서 현 상태를 고수하고자 하는 기존 세력들이 아니다. 성공의 진정한 걸림돌은 자신을 둘러쌓고 있는 기존 시스템 자체인데, 이는 변함없는 사실이다. 미래를 창조해내려면 시스템을 획기적으로 바꾸어야 한다. 그러면 시스템을 바꾸기 위한 방안은 무엇인가?

걸프전 당시의 항공전역은 방법 터득이란 측면에서 매우 훌륭한 사례다. 당시의 항공전역은 통신 중심지, 군 지휘소, 전자(電子) 시설 그리고 정유공장과 같은 이라크의 주요 중심들을 정밀하고도 신속히 공격하여 이라크란 국가 시스템의 기능을 크게 저하시킬 목적의 시스템 차원의 전략에 기반을 두고 있었다.

이라크란 시스템이 몰락하면서 쿠웨이트에 있던 이라크 육군은 절망적인 상황이 되었다. 그 결과 이들은 그곳에서 말라 비틀어 죽던지 본국으로 **귀환하**던지 양자택일하지 않을 수 없는 상황이 되었다.

“전쟁 수행을 위한 전역에서는 시스템 차원의 전략이 나름의 위력을 발휘하였지만 기업의 경우는 상황이 다르다”고 혹자는 생각할 것이다.

1995년도 이후 우리들은 시스템 차원의 접근 방안을 전략에 적용한다는 측면에서 첨단산업 · 유흥산업 · 재정산업 · 보건산업 · 건설업 · 인터넷 및 식품 관련 분야 등 수많은 산업의 수많은 조직들을 지도한 바 있다.

걸프전에서 입증된 바 있는 시스템 차원의 접근 방안이 산업 분야에서도 동일하게 위력을 발휘하는 것은 무슨 이유 때문인가? 이는 시스템의 본질과 관계가 있다.

THE NATURE OF SYSTEMS

기업의 모든 행위 또는 전술은 특정 시스템 내부에서 수행될 수밖에 없다. 물건을 생산해 판매하겠다는 접근 방안은 시장 내부에서 수행되는데, 시장은 일종의 시스템이다. 변환을 위한 시도는 특정 조직의 내부에서 수행되는데, 조직 역시 하나의 시스템이다.

일련의 행위들이 특정 시스템 내부에서 진행된다는 점을 인지하지 못하는 경우 대부분의 투입된 노력은 시스템의 일부분에 영향을 끼치는 반면 시스템의 여타 부분이 강력히 저항하는 형국이 벌어지게 된다. 시스템 전반에 노력의 초점을 맞추어 시스템을 신속히 변환시키고자 하는 경우는 성공 가능성이 획기적으로 증진된다.

승리를 겨냥한 시스템 차원의 전략을 창안해내려면 시스템의 본질을 이해해야 할 것이다. 모든 시스템은 두 가지 특성을 갖고 있다.

첫째 시스템 전체는 이들 시스템의 부분들이 하지 못하는 그 무엇을 수행할 수 있다. 이를테면 자동차라고 지칭되는 기계적 시스템의 기능은 무엇인가? 이것의 기능은 사람을 한 곳에서 다른 곳으로 운반하는 것이다. 자동차 내부에는 이 같은 기능을 독자적으로 수행할 수 있는 부분이 없다.

모든 시스템에서 목격되는 두 번째 특성은 시스템 전반의 성능과 시스템을 구성하고 있는 부분들의 성능은 상호 의존적이라는 점이다. 이를테면 자동차 타이어의 바람이 많이 빠져나가는 경우는 자동차의 차체가 주저앉게 된다. 다시 말해 사람을 운송한다는 자동차란 시스템의 기능이 타이어에 의해 영향을 받게 된다.

이들 개념은 1940년대에 최초로 출현하여 메사츄세츠 공과대학(MIT)의 교수인 피터 센게(Peter Senge)에 의해 1990년대에 보편화되었다. 자신의 베스트셀러인 '다섯 번째 분야(The Fifth Discipline)'란 책에서 센게는 '시스템 차원의 사고(Systems Thinking)'를 다음과 같이 정의하였다.

- 원인 – 결과라는 선형적인 연쇄반응의 사슬이 아니고 상호관계를 살펴본다.
- 정적(靜的) 형태의 단면을 보는 것이 아니고 일정 기간 동안의 변화과정들을 살펴본다.

전략에 관계가 있음에도 불구하고 '시스템 차원의 사고'는 리더십과 기획 분야에서 널리 수용되지 않았다.

"'시스템 차원의 사고'를 이용해 자신들의 문제를 해결할 수 있다는 점을 우리의 리더들은 인지하지 못했다. '시스템 차원의 사고'를 거론하는 경우 이들은 눈이 흐려지곤 하였다"고 텍사스 인스트루먼트에서 간부교육(Executive Education)을 책임지고 있던 바움(John Baum)은 말하고 있다.

1991년도의 걸프전에서 항공전역을 기획했던 사람들은 시스템을 학문적으로 접근하지 않았다. 이들은 시스템을 실생활에서 신속히 변화시킬 수 있도록 하는 일에 초점을 맞추고 있었다. 당시의 접근 방식은 다음에서 보듯이 행위 중심이었다.

"항공전역을 수행한 이후 이라크란 시스템의 모습이 어떻게 변해 있기를 바라는가? 자신이 원하는 모습으로 시스템이 바뀌려면 시스템 차원에서 어떠한 형태의 변화가 요구되는가?"

THE SISYPHUS SYNDROME

모든 동적인 시스템들은 변화에 강력히 저항할 목적에서 서로 얽혀 있다. 따라서 시스템에 변화를 유발한다는 것이 쉬운 일은 아니다.

그리스의 신들로부터 저주를 받아 언덕 위로 둥글고 커다란 돌을 밀어 올려야만 하였던 시지프스(Sisyphus) 신화를 생각해보자.

정상에 거의 이르러 목표를 달성하였다고 생각되는 순간, 둥근 돌은 언덕 아래로 다시 굴러 떨어져 시지프스는 똑 같은 노력을 영원히 되풀이해야만 했다.

조직에 변화를 일으키거나 새로운 산물을 도입하고자 하는 경우 이 같은 현상이 빈번히 일어나고 있다. 열심히 일했음에도 불구하고 그 결과가 만족스럽지 않을 때, 사람들은 어리둥절해지곤 한다. 이 같은 문제가 발생하는 주요 원인은 이들이 시스템의 일부분만을 상대했기 때문이다. 이 경우 이들 시스템(조직 · 시장 및 고객)은 자유롭게 저항할 수 있게 된다.

시스템의 전반을 이해하고 이들을 통제하기 위한 방안을 인지하는 경우 일의 성공 가능성은 보다 더 높아지게 된다. 시스템 차원의 사고와 시스템에 기반을 둔 전략이 부재한 경우는 시지프스 신드롬을 안고 사는 형국이다.

동적인 시스템들이 변화에 저항하는 이유는 무엇인가? 이는 평형상태를 유지할 목적에서 시스템이 노력하고 있다는 점 때문이다.

이를테면 우리가 살고 있는 지구는 이산화탄소 · 메탄 · 아르곤의 잔재와 질소 · 산소와 같은 화학 가스들이 뒤섞여 있는 가운데 평형상태를 유지하고자 노력하는 자동조절 능력이 있는 생화학 시스템이다. 인간의 몸 또한 화씨 96.6도를 유지하고자 노력하는 자동조절 시스템이다.

여러분이 몸담고 있는 조직의 경우는 어떠한가? 시스템이란 점으로 인해 이것 또한 평형상태를 유지하고자 노력하게 된다. 기존 상태가 조직을 지배하는 반면, 이것이 변화를 지극히 싫어하는 것은 이 같은 이유 때문이다. 조직에 변화를 도입하고자 하는 경우 시스템 차원에서의 저항은 항상 있게 마련이다.

보다 강하게 밀면 시스템의 경우는 보다 더 강력히 반발하는 경향이 있다. 조직에 관한 다수의 연구를 통해보면 조직에 새로운 접근 방안이 요구된다는 점에 대해 많은 사람들이 동의했음에도 불구하고 변화를 위한 노력이 실패로 끝나는 경우가 많음을 알게 된다. 그러나 앞의 사실들을 고려해볼 때 이는 전혀 놀랄 일이 아니다.

모든 시스템은 엄청날 정도의 탄성을 갖고 있다. 조직의 변화 전략이 성공한 듯 보이는 경우에서조차 변화가 일시적인 경우가 종종 없지 않다. 외부의 압력이 중단되는 경우 조직은 원래 상태로 되돌아가는데, 이는 '이력현상(履歷現象: Hysteresis Effect)'이라고 지칭된다.

물질에 힘을 가하는 경우 그 외형이 변형되지만 힘을 중단하는 경우 물질은 원래 상태로 되돌아가는 성향이 있다. 이른바 물질의 경우는 원래 모습을 기억하고 있다. 변화가 영구히 지속되도록 하려면 시스템의 '탄성 한계(Elastic Limits)'를 넘어설 수 있을 정도의 힘을 시스템에 가해야 할 것이다.

이제 '탄성 한계'와 관련된 교훈을 전략의 구현에 적용해보자. 성공을 위한 전략에서는 생산품, 서비스, 이들 생산품과 서비스를 팔게 될 소비자 측면에서 또는 이들에게 판매하는 방식이란 측면에서 엄청날 정도의 변화를 도모해야 할 것이다. 이 경우 이들 변화로 인해 시장의 평형상태가 영향받게 될 것이다. 이들 변화로 인해 조직 내부의 평형상태가 또한 영향받게 될 것이다.

시스템의 평형상태를 깨고자 하는 경우는 반격을 예상해야 할 것이다. 아무리 좋은 성질의 변화라고 할지라도 조직의 집행부·종업원 그리고 부서장들의 경우는 변화에 나름의 방식으로 저항하게 된다.

변화에 대한 저항은 조직 내부에서 끝나지 않을 것이다. 게임 법칙을 바꾸고자 하는 경우 여러분의 공급자, 경쟁자뿐만 아니라 여러분과 관련된 외부 시스템의 일부가 또한 반격하게 될 것이다. 시스템의 개개 요소에서는 여러분이 하고자 하는 일에 의식적이던 또는 무의식적이던 나름의 장애물을 설치하고자 노력할 것이다.

따라서 시스템 내부의 저항은 '죽음과 세금'처럼 회피가 불가능한 형태의 것이다.

'중심(重心)'에 영향을 끼친다.
AFFECTING "CENTERS OF GRAVITY"

승리를 염두에 둔 전략에서는 적을 상대로 하는데, 여기서의 적은 시장의 특정 경쟁자 또는 조직 내부에서 현 상황을 옹호하는 몇몇 집단을 단순히 의미하지 않는다. 여기서 말하는 적이란 기존 시스템을 의미한다. 미래를 창조하려면 기존 시스템을 획기적으로 바꾸어야 할 것이다.

모든 시스템에는 중심(重心: Center of Gravity)이라고 지칭되는 부분들이 있다. 이것의 본질과 이것에 영향을 끼치기 위한 방법을 이해하게 된다면 우리는 거의 불가능하다고 생각되는 목표들, 즉 시스템에 일대 기적을 신속하고도 효과적으로 이끌어낼 수 있게 된다.

역사적으로 보면 이 같은 경우가 적지 않다. 알렉산더 대왕의 경우는 강력한 형태의 적을 격파할 목적에서 중심을 공략하는 방안을 사용하였다. 페르시아에 대항한 전역(戰役: Campaign)에 착수할 당시 전역의 성공은 지중해를 통제할 수 있는 지의 여부에 달려있었다.

그러나 거기에는 중요한 문제가 도사리고 있었다. 알렉산더 대왕 휘하의 함대는 너무나 힘이 약해 페르시아군의 함대에 상대가 되지 않았다. 또한 알렉산더의 함대가 갑자기 강력해질 전망은 더더욱 없었다. 그러나 알렉산더 대왕은 페르시아 함대의 중심이 연안에 위치해 있는 기지라는 점을 인지하였다. 페르시아 해군을 공격하기 이전 알렉산더 대왕은 지중해 주변의 페르시아군 해군기지를 지상전력을 이용해 점령하였다. 그 결과 알렉산더 대왕은 해전을 단 한번 수행하지 않고도 페르시아군의 해상전력을 격파할 수 있었다.

프로이센의 군사이론가인 클라우제비치(Carl von Clausewitz)는 중심을 '대항해오는 적의 모든 힘과 이동의 중추 부위'로 설명하였다.

그는 적의 중심에 모든 힘을 집중시켜야 할 것이라고 말하였다. 중심에 힘을 집중시켜야 한다는 그의 주장은 옳지만 육군 및 해군과 같은 복잡한 시스템을 단일의 중심으로 압축시킬 수 있다던 그의 주장은 잘못된 형태의 것이었다. 그 같은 잘못으로 인해 그를 추종하던 많은 사람들이 군사 기획과 작전에서 일대 실수를 자행한 바 있다.

사실 동적이고도 복잡한 시스템들의 경우는 다수의 중심을 갖고 있다. 이를테면 자신이 몸담고 있는 조직에서 사람들은 매일같이 많은 경쟁 상대들, 즉 고객, 공급자, 조직 내부의 주요 상급자와 하급자, 재정 및 시장과 같은 시스템들, 그리고 과학기술 등과 관련된 문제들을 다루어야 할 것이다.

의도하는 바를 달성하고자 하는 경우는 이들 중심의 하나 이상을 바람직한 방향으로 이동시켜야 한다. 이들 중심 중 보다 많은 부분을 최단 시간에 바람직한 방향으로 이동시킬수록 항구적인 변화를 달성하게 될 가능성은 보다 더 높아지게 된다.

게임을 바꾸는 기업의 대부분 리더들은 자신들의 기업 내부에 다수의 중심이 존재해 있다는 점을 직관적으로 인지하고 있다.

지금으로부터 20여 년 전 빌게이츠(Bill Gates)는 부상(浮上)하는 컴퓨터 시장에서의 다수의 중심들, 즉 개인컴퓨터 사용자, 회사의 정보기술 관련요원, 제3의 개발자, 판매채널 그리고 컴퓨터 제조회사들을 인지하고는 이들을 공략하였다. 그 결과 빌게이츠는 역사상 가장 큰 규모로 가장 이윤을 많이 내는 소프트웨어 회사를 건설할 수 있었으며, 미국에서 가장 부유한 사람이 되었다.

1997년도 온라인 증권회사인 찰스 슈왑(Charles Schwab)은 부상하는 금융시장에서 인터넷, 베이비붐어*, 그리고 신규 투자가들 다수가 열광적으로 구독하는 금융 관련 신문이 주요 중심에 해당한다는 점을 인지하고 있었다. 찰스 슈왑은 대형의 온라인 증권회사로 확장하기 위한 대담한 기획을 실행에 옮겼다.

1999년 11월의 LA 타임즈에 따르면 미국의 여타 증권회사와 비교해볼 때, 이곳의 경우 가장 단기간에 고객의 자산들을 유입할 수 있었다고 한다. 그 결과 찰스 슈왑은 2000년도 당시 대형의 증권회사인 메릴린치(Merrill Lynch & Co)의 1/4의 인력과 1/10의 자금으로 메릴린치만큼이나 주식의 '시장 자본화(Market Capitalization)'을 이룰 수 있었다고 한다.

나와 와든이 몸담고 있는 컨설팅 분야를 보면 변화를 성공적으로 이끌어내는 기업가와 관리자들의 경우는 자신들의 조직에서 무엇이 중심에 해당하는 지를 직관적으로 알고 있다. 변화를 향한 노력에서 이들은 이사회, 고위급 경영진, 주요 고객, 그리고 여타 사람들이 추종하는 경향이 있는 비공식 조합 성격의 리더들이라는 주요 중심들을 개인적으로 그리고 집요하게 공격하고 있다.

우리들 주변에는 중심을 살펴보고는 이것에 영향을 끼칠 능력을 갖

---

*역자주: 1946년도에서 1965년도 사이의 베이비붐 시대에 태어난 사람들.

고 있지 않다고 쉽게 단정하는 사람들이 적지 않다. 이는 매우 잘못된 생각이다. 일단 중심을 규명하게 되면 이것에 영향을 끼칠 수 있는 방안은 항상 있게 마련이다.

'아메리칸 뷰티(American Beauty)'란 제목의 프로그램으로 2000년도 오스카상의 최우수영화상 부분을 수상할 목적에서 드림워크스(Dream-Works) SKG가 수행한 전역(戰役)을 살펴보도록 하자. 통상 목격되는 언론에 대한 집중 공격 외에 이곳의 경우는 아카데미상의 주요 중심에 해당하는 5,600여명의 투표요원들을 겨냥한 고도의 접근 방안을 사용하였다.

당시의 전략에서는 LA에 기반을 두고 있던 아카데미상 유권자들을 매우 정교히 공략하고 있었다. 메일을 이용한 직접적인 형태의 전역은 특히 금지되어 있었다. 때문에 당시의 공략에서는 일부 몇몇 사람들을 겨냥한 다양한 형태의 '정밀폭탄'이 사용되었다.

즉 여기서는 LA 케이블채널을 통해 30분 동안 '아메리칸 뷰티'를 특별 방영하였으며, LA 근처 주요 책방의 창문에 광고를 게재하였다. 또한 아카데미상의 추천요원들이 멤버로 있는 자선단체를 위해 무료로 영화를 방영하는 등의 방법을 활용하였다.

한편 대형의 신문은 아닐지라도 '데일리 버라이어티(Daily Variety)', '위크리 버라이어티(Weekly Variety)' 그리고 '할리우드 리포터(Holly-wood Reporter)'와 같은 신문의 광고를 전면 활용하였다. 또한 아카데미상에 투표권을 행사하는 사람들이 살고 있는 지역에 배포되는 소형의 무료 간행물에 선전물을 등장시켰다. 영화배우들이 즐겨 읽는 '백스테이지 웨스트(Back Stage West)'와 같은 소형의 지역 잡지에도 수상을 염두에 둔 글을 게재하였다.

천성적으로 인간은 개인적인 접촉을 통해 많은 영향을 받고 있다. 이 점을 고려해 당시의 전역에는 소규모 모임을 구성하고, 개인적으로 다수 지역에 모습을 나타내어 유권자들을 직접 접촉한다는 내용이 포함되어 있었다. LA 타임즈에 따르면 투표 몇 주 전 한 홍보 담당자가 '아메리칸 뷰티'의 대본 작가인 볼(Alan Ball)과 함께 산타바바라 지역 - 그곳에는 아카데미상에 투표권을 행사하는 요원이 30~40명 거주하고 있었다. - 으로 갔는데, 이는 이들 유권자들과 개인적으로 식사할 목적에서였다고 한다.

"5표, 10표, 또는 25표가 투표 결과를 좌우할 수 있다고 우리는 생각하였다"고 홍보 담당자는 말하고 있다.

선거 마지막 주 '아메리칸 뷰티'에 출연한 남자 배우들은 아카데미상의 유권자들이 좋아하는 것으로 알려진 몇몇 주요 TV 프로그램에 출연하였다.

이들 모두는 아카데미상 유권자들의 마음을 바람직한 방향으로 움직이도록 할 목적의 것이었다. 드림워크스(DreamWorks)는 법의 범위 내에서 활동하였는데, 정확하고도 공세적 성격의 전역을 통해 주요 중심 곳곳에 영향을 끼쳤다.

결과적으로 드림워크스는 오스카상을 휩쓸었다. 이들은 최우수 영화상뿐만 아니라 최우수 감독상, 최우수 남자배우, 최우수 각본상 그리고 최우수 촬영상을 수상하였다. 자신의 주요 경쟁 상대인 미라맥스(Miramax)의 1/3 규모의 PR 요원들인 8명의 인력으로 드림워크스는 놀라운 효과를 연출해내었다.

병행적인 접근 방안

THE PARALLEL APPROACH

중심에 영향을 끼칠 목적의 접근 방안에는 기본적으로 두 가지가 있는데, 이들 중심을 순차적으로 공략하는 경우와 병행적으로 거의 동시에 공략하는 경우가 바로 그것이다.

순차적인 접근 방안을 부정적으로 생각할 수밖에 없는 나름대로의 이유가 있다. 이 경우는 단계적으로 하나씩 움직여야 하기 때문에 다음 단계로 이동하기 이전에 이전 단계가 올바로 되어 있어야 할 것이다.

10단계로 구성되어 있는 과정에서 개개 단계의 성공 확률이 90%라고 한다면 모두 다 성공할 확률은 35%에 불과할 것이다. 간략히 말해 순차적으로 움직이는 경우 성공 가능성은 지극히 저조해진다.

전선(電線)에 전구들이 일렬로 달려 있는 '크리스마스 트리 전구'의 원리를 이해하는 사람들이라면 순차적인 접근 방안에 따른 문제를 이해하고 있을 것이다. 순차적으로 직렬로 연결되어 있는 회로에서는 전기가 개개 전구를 통과해야만 한다. 이들 전구 중 하나에 이상이 생기면 모든 전구의 불이 나가게 된다. 문제를 해결하려면 모든 전구를 조사해보아야 할 것이다. 이러한 문제가 기업에서 나타난다면 이 경우는 심각할 정도의 작업이 필요하게 된다.

병렬로 되어 있는 크리스마스 트리 불빛의 경우는 전기가 개개 전구에 별도로 흐르게 된다. 이들 전구 중 하나 이상이 잘못된다고 할지라도 대부분의 전구에는 불이 들어오게 된다.

기업의 전역(戰役: Campaign)에서 경영을 병행적으로 기획하는 경우도 마찬가지다. 이 경우는 특정 기획에서 실패하더라도 일대 재앙이 발생하지는 않는다. 간단히 말해 문제를 병행적으로 접근하는 경우는 여타 것들의 성공 가능성이 높기 때문에 몇몇 단계가 실패로 끝난다고 할지라도 별다른 문제가 발생하지 않게 된다.

1991년도 걸프전의 전역기획(Campaign Plan)은 4단계로 구성되어 있었다. 1단계에서 의도했던 중심들의 50% 정도만 격파했다고 할지라도 전반적으로 이라크란 시스템이 받는 충격은 엄청났을 것이다.

더욱이 당시의 항공전역을 기획했던 사람들은 개개 표적에 대한 공격의 결과를 정확히 예측할 필요가 없었다. 사담 후세인이 거주하는 궁전, 지휘소 그리고 여타 주요 기지를 신속하고도 조화롭게 공격하는 경우 이라크의 지휘부가 와해될 것이라는 점을 예측하는 것만으로도 충분하였다.

당시는 정확히 이 같은 효과가 유발되었다. 그 결과 후세인의 최우선 목표는 승리를 염두에 둔 전쟁이 아니고 자신의 신변 보장을 위한 지시가 되었다. 다수의 전후(戰後) 분석에 따르면 석양이 떨어진 매일 밤 후세인은 임의로 바그다드의 외곽으로 이동하고는 "오늘밤은 이곳에서 머무르겠다"고 불현듯 결정하였다고 한다.

그는 미군이 교신 내용을 감청해 자신의 소재를 파악하게 될지 모른다는 점을 우려하였다. 따라서 그는 동행자들이 자신의 소재를 교신 내용에 포함시키지 말거나 감청이 용이치 않은 이동형 무선전화기를 이용해 교신하라고 지시하였다. 그 결과 이라크의 최고 지도자는 하루 24시간 중 거의 12시간 이상 교신이 불가능해져 군사작전을 조정할 수 없게 되었다. 그런데 이는 전략적으로 대단한 의미가 있는 사건이었다.

병행적인 접근에는 두 가지의 주요 특질이 있는데, 다수의 중심들이 영향을 받는다는 점과 이들 중심이 거의 동시에 영향을 받는다는 점이 바로 그것이다.

근 1년간 매주마다 미국의 주요 도시 한 곳에 지진이 발생하는 시나리오를 생각해보자. 물론 이것으로 인해 엄청날 정도의 문제가 발생하게 될 것이다. 그러나 전반적인 시스템으로서의 미국이란 국가는 1주에 1개 도시를 복구하거나 주요 문제들을 해결할 수 있을 정도의 자원을 보유하고 있다. 이제 통신·교통 및 전기의 중심지인 미국의 주요 도시 150군데에 지진이 동시에 발생한 경우를 생각해보자.

이 경우는 미국이란 시스템 전체가 충격에 휩싸이게 될 것이다. 이처럼 동시에 발생하는 피해를 미국은 감당할 능력이 없을 것이다.

이 같은 시나리오는 거의 가능성이 없다고 생각할 수도 있을 것이다. 그러나 1991년도의 걸프전에서 발생한 상황은 이것과 동일하였다.

당시는 전쟁 발발 24시간도 채 되지 않은 시점에 이라크의 150군데에 달하는 중심들이 공격을 받았다. 이 같은 고속의 병행적인 공격에 따른 효과는 거의 즉각 나타났다. 이라크의 입장에서 보면 이는 일대 재앙에 해당하였다. 이라크의 경우는 피해를 복구할 수 없었으며, 피해를 완벽히 인지하는 것조차도 불가능하였다. 시스템 차원에서의 병행적인 충격으로 인해 이라크란 시스템에 일대 혼란이 유발되었다.

병행 공격: 자원의 제약을 해결하기 위한 방안
PARALLEL: ANTIDOTE TO RESOURCE LIMITATIONS

병행적인 접근 방안이 엄청날 정도의 위력이 있음은 쉽게 인지가 된다. 반면에 사람들은 이들 접근 방안을 사용하는 경우 가용 자원보다 훨씬 많은 자원(보다 많은 사람·자금·시간 및 정보)이 필요해진다고 생각하는 경향이 있다. 그 결과 이 같은 방안의 사용이 감히 엄두가 나지 않는 경우도 종종 없지 않다.

사실 종합적으로 보면 병행적인 접근 방안을 사용하면 [그림 4.1]에서 보는 바와 같이 '행위의 시간가치(Time Value of Action)'라고 지칭되는 현상으로 인해 보다 적은 규모의 자원이 요구될 것이다.

이 현상에 따르면 비교적 짧은 순간에 걸쳐 조화롭게 노력을 경주하는 경우 일의 성공 가능성이 획기적으로 높아진다고 한다. 별다른 성공 없이 시간만 경과되는 경우 병행적인 노력은 무산되고 순차적인 세계로 되돌아가게 되어 성공 가능성이 급속히 떨어지게 된다.

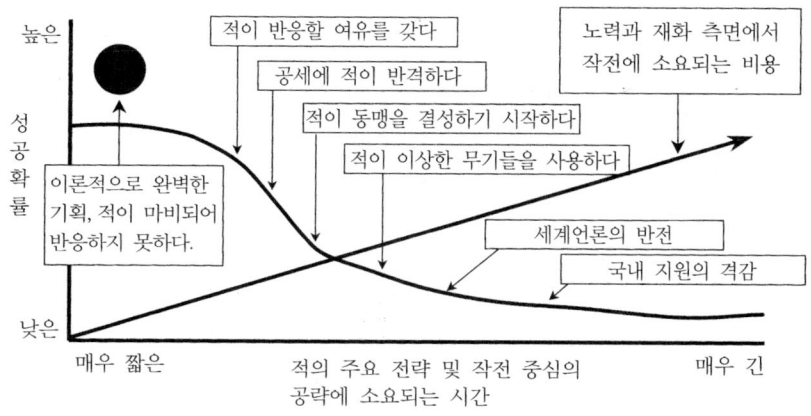

높은

성
공
확
률

낮은

적이 반응할 여유를 갖다

공세에 적이 반격하다

적이 동맹을 결정하기 시작하다

적이 이상한 무기들을 사용하다

노력과 재화 측면에서
작전에 소요되는 비용

이론적으로 완벽한
기획, 적이 마비되어
반응하지 못하다.

세계언론의 반전

국내 지원의 격감

매우 짧은   적의 주요 전략 및 작전 중심의   매우 긴
                 공략에 소요되는 시간

[그림 4.1] 행위의 시간가치 -전쟁

[그림 4.1]에서 보듯이 최소의 경비로 종료시킨 경우 성공 확률이 가장 높은 반면 가장 많은 비용이 소요된 경우 성공 가능성이 가장 낮음을 명심해야 한다.

1991년 나토는 세르비아에 대항한 분쟁의 초반 두 달간 순차적으로 공격하였다. 당시의 공격으로 인해 많은 시설이 피해를 입은 것은 사실이다. 그러나 하나의 시스템으로서 세르비아는 전혀 영향받지 않았으며 자신의 존재를 지속적으로 유지할 수 있었다.

나토가 병행적으로 공격하기 시작함에 따라 세르비아는 붕괴되었으며 나토의 요구 조건에 순응하게 되었다. 당시의 전쟁 초반 석 달 동안에 수행된 일은 보다 적은 규모의 경비와 보다 적은 피해를 유발하면서 분쟁 초반 1주 동안에 수행될 수도 있었을 것이다.

기업의 경우도 마찬가지다. [그림 4.2]는 기업에서의 '행위의 시간가치(Time Value of Action)'가 상당한 의미가 있음을 보여주고 있다.

[그림 4.2]에서 보듯이 신제품 도입의 성공 가능성은 중요한 모든 중심들(연구개발에서 제조 및 마케팅에 이르기까지)에 단기간에 영향을 끼치는 경우에 보다 더 높아진다.

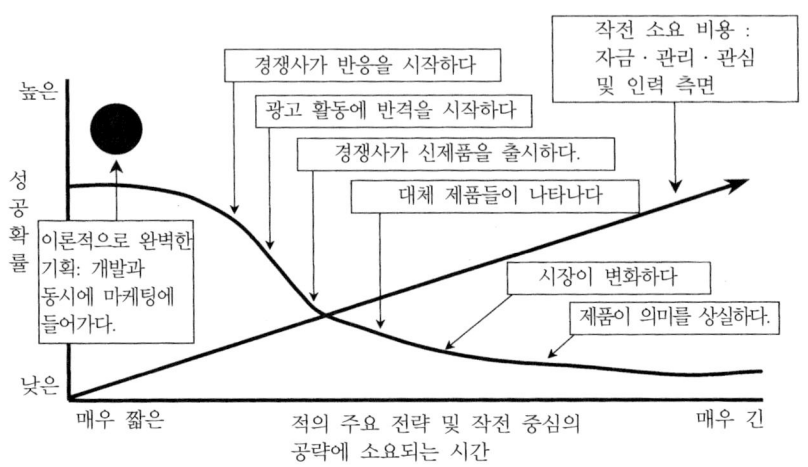

높은

성
공
확
률

낮은

이론적으로 완벽한
기획: 개발과
동시에 마케팅에
들어가다.

경쟁사가 반응을 시작하다

광고 활동에 반격을 시작하다

경쟁사가 신제품을 출시하다.

대체 제품들이 나타나다

시장이 변화하다

제품이 의미를 상실하다.

작전 소요 비용 :
자금 · 관리 · 관심
및 인력 측면

매우 짧은   적의 주요 전략 및 작전 중심의   매우 긴
                 공략에 소요되는 시간

[그림 4.2] 행위의 시간가치-기업

이들을 보다 장기간에 걸쳐 영향을 끼치는 경우, 다시 말해 순차적
으로 업무를 수행하는 경우 그래프의 오른쪽에 묘사되어 있는 바처럼
완벽한 실패로 끝나게 된다. 그밖에도 전쟁의 사례에서 보듯이 시간
이 경과됨에 따라 비용은 증대되는 반면 성공 가능성은 크게 떨어지
게 된다.

"지연은 죽음을 의미한다"는 현상은 기업에서도 목격이 가능하다.
모토롤라가 강력히 지원하였던 인공위성에 기반을 둔 지구적 차원의
전화지원 프로젝트인 '이리듐(Iridium)'은 도산하였다. 이리듐은 개발
에 너무나 오랜 기간이 소요되고 순차적으로 일을 처리하는 경우 발
생 가능한 것이 무엇인지를 보여준 전형적인 사례다.

'이리듐 프로젝트'는 좋은 발상이었다. 그러나 지구 궤도에 66개의
인공위성을 올려 일을 처리한다는 당시의 개념을 구상해 완료하기까
지는 거의 10년의 기간이 소요되었다. 다음은 이리듐과 관련해 LA 타
임즈가 보도한 내용이다.

"지상에 기반을 둔 무선 통신망이 발전을 거듭했다. 그 결과 이리듐 혼자만이 할 수 있다고 생각되던 일의 대부분을 이것이 수행할 수 있게 되었다. 한편 이것의 경우는 시간 당 고객이 부담해야 할 통신비용이 훨씬 더 저렴하였다. 이리듐의 경우는 비디오와 멀티미디어가 아니고 음성 대화를 염두에 두고 설계되었는데, 이는 보다 심각한 문제였다. 이리듐 프로젝트는 오늘날의 세계에서 너무나 뒤쳐진 개념이었다"

이리듐의 경우는 [그림 4.2]의 오른편 현상과 일치하고 있다. 이것의 경우는 최종적으로 만들어진 제품이 전혀 의미를 상실하게 되었다.

문제를 병행적으로 접근함이 보다 저렴하고 우수한 방안이라는 점을 보여주는 또 다른 이유가 없지 않다. 일을 순차적으로 처리하는 경우는 매우 정확한 형태의 정보가 필요하게 된다. 그러나 의사결정 당시 사용되는 정보가 정확한 경우는 거의 없다. 그 결과 순차적으로 일을 처리하는 경우는 값비싼 대가를 지불해 실수를 연발하게 되고 동일한 일을 반복해 수행할 수밖에 없게 된다.

병행적으로 일을 처리하는 경우는 모든 것을 올바로 수행할 필요가 없을 것이다. 일군의 주요 사항들이 올바로 신속히 수행될 수 있도록 하는 경우 시스템을 원하는 방향으로 움직일 수 있기 때문이다.

지금까지의 내용을 요약해보면 다음과 같다. 다수의 중심을 병행적으로 동시에 공략함은 가용 자원을 전략적 측면에서 최상으로 활용하기 위한 방안이다.

기업에서의 병행적인 접근
THE PARALLEL APPROACH IN BUSINESS

병행적으로 공략한다는 원칙을 시장에 적용하기 위한 방안은 무엇인가? 세계적으로 유명한 브랜드인 포켓몬(Pokemon)은 6세에서 12세에 이르는 소년층을 대상으로 시장을 공략하였다. 얼마 지나지 않아 이 브랜드는 전 세계 도처에 알려지게 되었다. 이처럼 빠르게 알려질 수 있었던 것은 전 세계 곳곳에 방영되는 만화영화, '워너브러더스 네트웍(Warner Brothers Network)'에서 한 주에 11번 방영되는 풍자 쇼(Show), 소장 가능한 카드들, TV, 라디오 및 인쇄물을 통한 광고, 닌텐도 게임 등의 덕분이었다.

1991년도의 걸프전은 '즉각적인 천둥(Instant Thunder)'으로 지칭되고 있는데, 이것을 '즉각적인 포켓몬(Pokemon)'으로 지칭할 수도 있을 것이다. 당시 투자한 노력의 절반 정도만 성공해도 결과는 일대 승리였을 것이기 때문이다.

병행적인 접근 방안을 조직 내부에서 적용하기 위한 방안은 무엇인가? 공학분야에는 동시공학(Concurrent Engineering)이란 개념이 있는데, 이는 병행적인 설계를 의미한다.

보잉항공사의 경우는 21세기를 염두에 둔 100%의 신형 항공기를 백지 상태에서 시작해 기록적으로 단기간에 설계 및 생산해내었다.

당시 이 회사는 병행적인 과정을 활용하였다. 1991년도 보잉의 중역들은 당시까지 생산해낸 것 중에서 가장 규모가 큰 항공기를 4년 이내에 만들어 공급하기로 결정하였는데, 이는 예전의 경우와 비교해 볼 때 절반의 기간에 해당하였다.

이 같은 개념에 근거해 생산된 보잉 777은 전적으로 컴퓨터를 이용해 설계된 최초의 항공기였다. 당시는 수백 명의 엔지니어들이 일을 병행적으로 처리하였다. 소위 말해 엔지니어들은 CATIA라고 지칭되는 첨단의 소프트웨어를 이용해 항공기의 설계와 관련된 자료를 실시간에 공유하며 일을 수행하였다.

1995년도에 최초로 모습을 드러낸 보잉 777기는 예정대로 비행하였으며, 다음 해 시장에 판매되었다. 당시 설계에 따른 문제를 병행적으로 접근하지 않았더라면 설계 기간의 일대 단축은 거의 불가능했을 것이다.

문제를 순차적으로 접근하는 경우는 일을 신속하고도 정확히 수행할 수 없을 것이다. 빠르게 움직이는 오늘날의 세상에서 성공은 올바른 일을 얼마나 신속히 수행할 수 있는 지의 여부에 따라 좌우된다. 따라서 병행적인 접근 방안은 상대방 경쟁자와 비교해볼 때 한 발 앞서 나아가기 위한 강력한 형태의 수단이다. 문제를 순차적인 시각에서 바라보는 한 패배는 기정 사실이다.

공략해야 할 다수의 표적들을 정확히 겨냥해 행동하는 경우, 올바른 형태의 중심들을 향해 단기간에 행동하는 경우, 성공 가능성은 획기적으로 높아지게 된다.

프로메테우스 법칙들

THE PROMETHIC LAWS

제4장에서 우리는 중심의 의미와 이들 중심에 영향을 끼치기 위한 방안들을 탐구해보았다. 이들 방안은 시스템 차원의 전략인데, 다음에 제시되어 있는 프로메테우스 법칙들이란 일군의 튼튼한 기반에 근거하고 있다. 이들 법칙은 시스템의 변화 주기를 처음부터 끝까지 자세히 설명해주고 있다.

프로메테우스 법칙들이란?

- **모든 행위는 미래에 영향을 끼친다.** 모든 행위에는 미래에 영향을 끼치는 나름의 결과가 필수적으로 따른다. 행동으로 옮기고 나서 아무 것도 발생하지 않을 것으로 생각할 수는 없을 것이다.
- **특정 행위가 특정의 미래를 창조해낸다.** 바람직한 형태의 미래를 정의 및 창조해내고자 하는 경우는 나름의 행위를 취해야 한다. 행

위가 구체적일수록 보다 더 효과적이다.

- **모든 것 그리고 모든 행위는 특정 시스템 안에서 이루어진다.** 가족·회사·시장 그리고 국가 또한 시스템이다. 우리의 모든 행위는 하나 이상의 시스템과 연계되어 이루어지며, 어떠한 형태이던 이들 시스템에 영향을 끼칠 뿐 아니라 이들 시스템으로부터 영향을 받고 있다.

- **모든 시스템은 관성(慣性)을 갖고 있으며, 변화에 나름의 방식으로 저항하게 된다.** 이미 오래 전 영국의 유명한 물리학자 뉴턴은 '관성의 법칙'을 발견해내었다. '관성의 법칙'에 따르면 운동하고 있는 물체는 계속 운동하고자 하고, 정지해 있는 물체는 계속 정지해 있고자 한다. 시스템들의 경우도 비슷한 법칙을 따르게 된다. 이들의 경우는 관성을 갖고 있어서 변화에 나름의 방식으로 저항하게 된다.

- **모든 시스템에는 다수의 중심이 있다.** 그 복잡성 정도에 상관없이 모든 시스템에는 시스템 전반에 지대한 영향을 끼치는 부분이 적어도 한 군데는 있다. 이들 부분을 우리는 시스템의 중심이라고 지칭한다. 이들 중심의 변화를 통해 시스템을 변화시켜야 한다.

- **시스템의 중심들이 변하면 시스템이 변하게 된다.** 중심이 아닌 무수히 많은 부분들의 변화로 인해 시스템이 변하는 경우도 없지 않을 것이다. 그러나 이 경우는 변화의 시점과 형태를 예측할 수 없다. 우리의 입장에서 중요한 사실이 있는데, 이는 중심이 아닌 것들의 변화보다는 중심이 변하는 경우 시스템이 쉽게 변화한다는 점이다. 이 점은 깊이 인지하고 있어야 할 뿐 아니라 신속히 수용해야 한다.

- **시스템의 변화 정도와 변화 가능성은 영향을 끼친 중심들의 숫자와**

얼마나 신속히 이들 중심에 영향을 끼쳤는지에 따라 달라진다. 중심들 중 지극히 일부에 천천히 영향을 끼치는 경우 해당 시스템은 복구 방법을 신속히 터득하게 된다. 시스템의 경우는 나름의 방식으로 저항하는데, 이들 저항을 극복하기 위한 핵심은 문제를 병행적으로 접근하는 것이다. 다시 말해 다수의 중심에 동시에 영향을 끼쳐야 한다.

- **이미 알려져 있는 모든 시스템과 사물에는 시작과 끝이 있다.** 우리들 주변의 모든 것들은 시작과 끝이 있는 일종의 주기 형태로 기능하고 있다. 이들은 끝이 나도록 되어 있다.

- **특정 행위로 인해 특정 결과가 있게된다.** 모든 것에는 시작과 끝이 있다. 이 점을 알고도 우리가 희망하는 형태로 일을 종료하고자 하지 않음은 무책임한 행동일 것이다. 이는 특정 미래를 창조해낼 목적에서 특정 행위들을 개발해내는 것과 마찬가지로 특정 방식으로 일을 끝내고자 하는 경우 특정 행위를 강구해야 할 것이란 의미다.

프로메테우스 과정

Prometheus Process

우리는 프로메테우스에 관한 이론적인 근간을 이해하였다. 이제 그 과정을 탐구해보도록 하자. '프로메테우스 과정'은 다음의 4가지 주요 사항을 중심으로 구성되어 있다.

- **미래 설계(Design the Future)**란 목적지에 대한 분명하고도 그렇게 될 수밖에 없는 형태의 청사진을 구상하고, 전략 수준의 성공 기준을 설정하며, 조직을 위한 행동 법칙들을 정의하는 것에 관한 것이다.

- **성공을 염두에 둔 표적선정**(Target for Success)은 '5개 동심원(Five Rings)'이란 강력한 형태의 시스템 차원의 모델을 이용해 행위를 염두에 둔 올바른 표적들을 선정하고, 이들 표적들에 끼치고자 하는 바람직한 효과들의 정의에 관한 것이다.

- **성공을 염두에 둔 전역**(Campaign to Win)은 선정된 시스템 차원의 전략을 공세적으로 집행함에 관한 것이다. 이는 프로메테우스 단계 중에서 전역을 병행적으로 수행하고 승리를 염두에 둔 조직을 결성하는 등에 해당하는 단계다.

- **멋지게 종료한다**(Finish with Finesse)는 전략에서 종종 간과되고 있는 부분인데, 모든 생산물·과정 및 기업에 필연적으로 따르는 종료에 대비하는 단계다. 영원한 승자로 남아 있으려면 사전에 끝맺음을 준비해야 할 것이다.

제4장 요약 : 중심(重心)

　미래를 창조해내고자 하는 경우는 시스템에 일대 변환이 요구되는데, 이는 신제품의 출현에서 시작해 조직의 변화에 이르기까지 모든 행위가 시스템 전반(全般)을 대상으로 이루어져야 할 것이란 의미다.

　그 형태에 상관없이 모든 동적인 시스템들은 변화에 강력히 저항하는 속성을 갖고 있다. 이 같은 저항을 극복해내려면 다수의 중심들을 겨냥해 자원을 병행적으로 사용해야 한다.

　중심들에 영향을 끼치기 위한 방안에는 크게 두 가지가 있는데, 순차적인 방안과 병행적인 방안이 바로 그것이다.

　순차적인 경우와 비교해볼 때 병행적인 접근 방안이 훨씬 더 우수하다. 그 이유는 후자를 적용하는 경우 성공 가능성이 훨씬 더 높아지며, 전반적으로 보다 적은 규모의 자산이 소요되고, 정확한 형태의 정보가 필요 없으며, 대부분 행위들의 성공 가능성이 높다는 점으로 인해 몇몇 행위가 실패로 끝나는 경우에도 별다른 문제가 없기 때문이다.

　결론적으로 말하면 문제를 병행적으로 접근하면 결과를 신속히 얻을 수 있으며 성공 가능성이 획기적으로 높아진다.

미래 설계

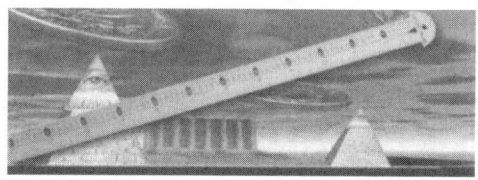

환 경

The Environment

"미래는 자신의 의지에 따라 선택할 수 있는 사안이 아니다.
우리들 모두는 미래를 맞이하지 않을 수 없을 것이다"

프로메테우스 과정의 첫 번째 요건은 '미래 설계'다. 이는 자신을 둘러쌓고 있는 업무·경제 및 정치적 맥락에 대한 폭넓은 이해로부터 시작된다. 우리는 이것을 '환경 조망'의 행위로 지칭하고 있다.

여러분이 생활하는 시장 공간 그리고 보다 넓은 세계의 동향은 어떠한가? 이들 동향이 여러분, 여러분이 하는 일, 그리고 여러분 일의 수행 방식에 관한 기본 가정들에 어떠한 영향을 주고 있는가? 여러분의 동료들이 제안 및 의사결정 과정에서 근간으로 사용하고 있는 가정들은 무엇인가?

변화의 방향

THE DIRECTION OF CHANGE

오늘날과 같이 신속히 움직이는 환경에서는 미래에 관한 세부 예측은 부질없을 뿐 아니라 비생산적인 일일 것이다. 이 같은 점을 간략히 설명해주는 풍자만화가 있다. 이 만화에서는 불안에 떨고 있는 기업인이 점쟁이 앞에 놓여있는 의자에 앉아 있는데, 점쟁이는 구슬 점을 칠 목적에서 구슬을 열심히 들여다보고 있다. 기업인은 자신의 미래에 대한 예견을 기다리면서 불안한 모습을 띠며 앉아 있었다. 점의 결과는 다음과 같았다. "미안합니다. 내가 예견할 수 있는 속도보다 빠르게 미래가 다가오고 있습니다"

미래의 특정 상황을 예견할 수는 없다. 그러나 변화의 방향(우리의 기업과 개인적인 삶의 거의 모든 면에 영향을 끼치는 거시적인 경향)을 인지하고 이 같은 지식을 근간으로 하여 미래를 기획할 수는 있을 것이다.

이를테면 컴퓨터의 처리 능력에 관한 경향을 생각해보자. 무어(Moore)는 컴퓨터 메모리의 성능이 매 18개월마다 2배 증대될 것이란 법칙을 정립하였다. 향후에도 무어의 법칙에 타당성이 있을 것이라고 믿을만한 충분한 이유가 없지 않다. 사실 그의 이론에서는 미래의 발전속도를 너무나 과소 평가하고 있는데, 무어 또한 그렇게 생각하였다. 이 같은 발전 과정을 가속화하는 신종의 장비들을 양산해내는 보다 강력한 형태의 소프트웨어와 하드웨어를 우리는 이미 목격하고 있다.

오늘날에는 정보기술의 폭발적인 발전과 더불어 물가가 크게 하락하고 있으며, 개인의 수입과 생활 수준이 세계적으로 매우 빠른 속도로 신장되고 있다. 또한 거의 모든 아이디어를 지원할 수 있을 정도로 벤처 자금이 홍수를 이루고 있다. 사람들은 자신의 개인 시간에 보다 많은 가치를 부여하고 있는데, 점차 개인 시간은 재화와 서비스에서 소비자의 선택을 결정하는 주요 요소가 되고 있다. 우리는 또한 학자들이 말하는 '파괴적'인 혁신과 개념을 목격하고 있는데, 이는 우리의 기대를 크게 바꾸어 놓는 개념과 과학기술을 의미한다.

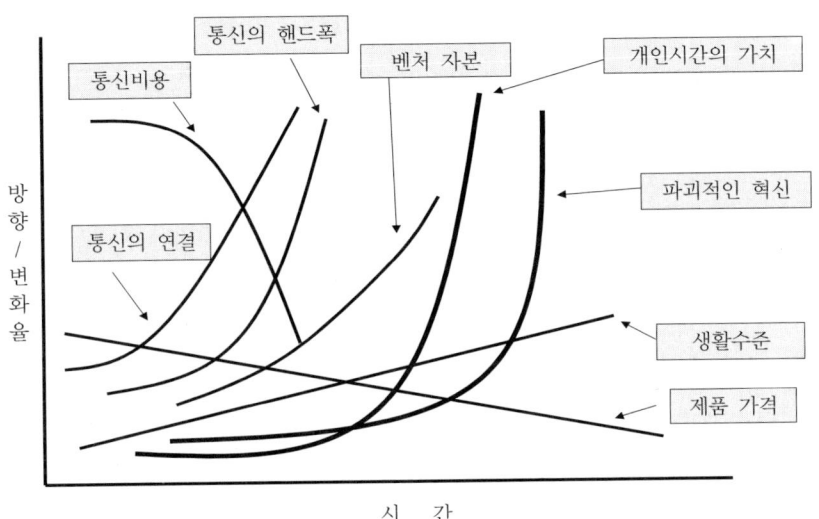

통신의 핸드폭

통신비용

벤처 자본

개인시간의 가치

방향/변화율

파괴적인 혁신

통신의 연결

생활수준

제품 가격

시 간

[그림 5.1] 초고속의 변화

이들 일련의 사건들로 인해 [그림 5.1]에서 제시된 바와 같은 복잡하고도 새로운 세계가 출현하게 되었다. 이들 발전을 어떻게 이해할 수 있을까? 오늘날의 역사적인 변화를 우리는 '시간의 압축(Time Compression)', '파괴(Disruption)' 그리고 '정밀성(Precision)'이란 몇몇 어휘를 이용해 함축적으로 표현할 수 있을 것이다.

이들 개개 요소는 여러분의 시장뿐만 아니라 사회 전반에 영향을 끼치게 될 것이다. 이들로 인해 여러분의 기업이 누리게 될 기회 또는 직면하게 될 위협에는 어떠한 것이 있는가?

지각변동 성격의 변환: '시간의 압축'

SEISMIC SHIFT: TIME-COMPRESSION

대부분의 인류 역사에서는 인간 생활의 진행 속도를 예견할 수 있었다. 예전에는 1시간, 하루 또는 1주 동안 수행 가능한 일의 규모를 비교적 정확히 예견할 수 있었다. 사람들은 시간이란 측면에서 황금 기준에 해당하는 태양을 갖고 있었다.

산업화 사회가 출현한 19세기에 접어들면서 일정 기간 동안 수행할 수 있는 일의 정도를 무한정 늘리고자 하는 현상이 발생하게 되었다. 이것으로 인해 새로운 형태의 사회 병리현상인 '시간의 압박(Time Pressure)'이란 현상이 출현하게 되었다.

오늘날에는 주어진 기간 동안 발생하는 주요 사건들의 횟수가 기하 급수적으로 증가하고 있다. 그 결과 시간이 압축되는 현상이 일어나고 있다. 이 같은 '시간의 압축'으로 인해 정보의 본질 또한 급격히 변하고 있다.

예전의 시간의 틀에 근거해 행동하는 경우 심각한 수준의 위험이 발생할 수 있음을 보여주는 사례는 무수히 많다. 예를 들면 오늘날에는 제품의 생산주기가 획기적으로 단축되었다. 델(Dell) 컴퓨터의 최고 경영자(CEO)인 델(Michael Dell)은 자기 회사의 경우, 컴퓨터 부품들을 최대한 8일 분량을 보관하고 있다고 말한 바 있다(1999년). 이처럼 부품 보관 기일을 짧게 잡은 이유는 과학기술 측면에서의 진부화란 현상을 방지하기 위함이라고 그는 설명하였다.

예전에는 발명가·개혁가 또는 발견자의 길은 어렵고도 실망스러웠다. 당시는 새로운 제품 또는 서비스가 어느 정도 영향력이 있을 정도로 보편화되기까지는 통상 몇 년의 기간이 소요되었다. 그 결과 발명가들이 발명에 따른 이득을 보지 못하는 경우도 종종 없지 않았다.

이 같은 현상이 발생하게 된 것은 발명 관련 내용이 널리 확산되기도 전에 이미 발명가가 사망하였기 때문이었다. 한편 새로운 과학기술 또는 개념을 이용한 제품들이 실용화 될 당시 이들 기술 또는 개념에 관한 지식이 너무나 확산되어 최초 발견한 사람의 경쟁 우위가 손상되는 경우도 없지 않았다.

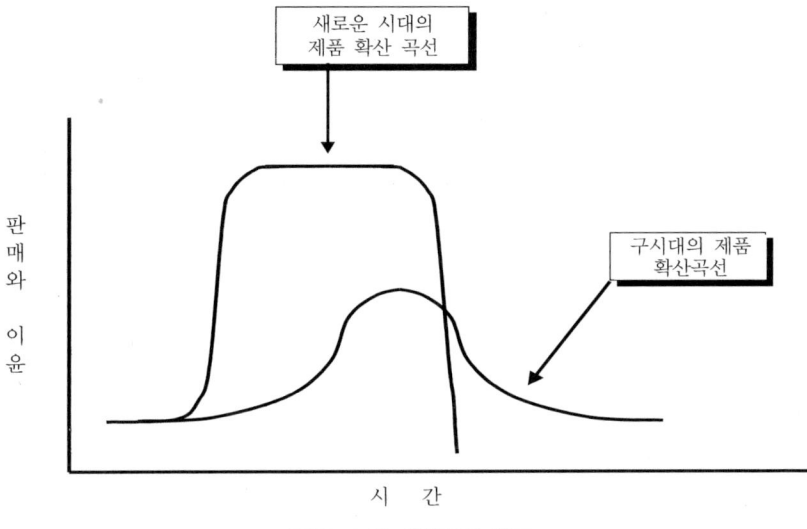

[그림 5.2] 생산품의 확산

모든 것이 서서히 움직이던 예전의 환경에서는 신형의 과학기술이 구형의 것을 대체하기 이전에 이들 둘이 장기간 공존할 수 있었다. 이들 사례에는 범선과 그리스 로마 시대의 겔리선(Galley), 자동차와 말(馬), 그리고 전기와 호롱불이 있다.

수년의 실험 기간을 허용하는 '벨 모양(Bell-Shaped)'의 혁신 곡선은 오늘날에는 이미 사치스런 현상이 되었다. 오늘날에는 혁신 곡선이 압축된 형태의 정사각형 모양이 되어야만 새로운 생산품 또는 새로운 개념으로 성공할 가능성이 있게 되었다.

제품 도입과 마케팅에 관해 우리가 알고 있는 사항들 역시 지구 중심의 세계관을 견지하고 있던 아리스토텔레스의 경우와 마찬가지로 진부한 개념이 되었을 가능성도 없지 않다.

새로운 혁신을 설명해주는 주기 곡선이 예전의 것과 유사한 반면, 이것이 시간이 압축된 형태로 표현되는가? 아니면 제품에 관한 정보가 신속히 그리고 광범위한 지역으로 전달되고, 사용자를 고려한 설

계, 새로운 개념과 과학기술에 관한 변화하는 자세들로 인해 신제품
과 서비스의 도입에 필요한 색다른 모델이 있는가?

많은 식자(識者)들은 이들 질문 모두는 나름의 메시지를 던져주고
있다고 생각하고 있다. 달리 말해 이들 식자들은 종전의 기업 주기가
종료되었다고 생각하고 있다. 반면에 또 다른 사람들은 동일한 형태
의 기업 주기가 아직도 목격되지만 이것의 시간 틀이 몇 년과 몇 개월
에서 몇 주와 며칠로 크게 압축되었다고 생각하고 있다. 달리 표현하
면 동일한 역학(力學)이 아직도 작용하고 있지만 보다 빠른 속도로 진
행되고 있다고 이들은 생각하고 있다.

이들 주장 중에서 어느 것이 맞는 지에 상관없이 기업 경제를 측정
할 목적의 시간의 틀을 재차 조사해 볼 필요가 있을 것이다.

오늘날의 환경에서 기업의 재무 보고를 몇 달을 기준으로 하는 것
이 타당성이 있는가? 몇몇 경우에는 몇 주 또는 며칠이 보다 더 적합
하지 않을지?

장기적으로 승리하고자 하는 조직의 경우는 '시간의 압축'이란 문
제에 대처해야만 한다. 실제 조사해 보아야 할 대상은 기업 과정의 주
기만이 아니다. 여러분 회사에 근무하는 사람들의 사고 방식의 주기
또한 재차 조사해보아야 할 것이다. 보다 빠르게 움직이는 경우 보다
성공 가능성이 높아진다는 '행위의 시간가치(Time Value of Action)'를
기업의 '유전자 코드'에 각인시켜야 할 것이다.

지각변동 성격의 변환: '파괴적인 혁신'
SEISMIC SHIFT: DISRUPTIVE INNOVATIONS

시간의 틀이 크게 단축된 오늘날의 시대에는 자신들이 특정 시장에
오랜 기간 몸담고 있다는 점 그리고 고객들과 친숙한 사이라는 점만으

로는 이미 커다란 이점을 누리지 못하게 되었다. 오늘날에는 기존 시장이 보다 혁신적인 아이디어 또는 과정을 갖고 있는 몇몇 사람들로부터 격렬히 공격받지 않는 경우는 쉽게 생각할 수 없게 되었다.

시장의 초기 단계에서 성숙 단계에 이르기까지 새로운 시장을 이끌어온 첨단 기업들 또한 느끼는 위기의 정도는 매우 높다. 새로운 시장에서의 법칙들이 재차 작성되고 있는데, 이들 법칙이 신속히 그리고 획기적으로 바뀔 가능성도 없지 않다. 특정 조직이 몸담고 있는 시장의 성숙 정도에 무관하게 오늘날에는 새로운 형태의 경쟁자가 출현하는 경우 이들의 경쟁우위가 한 순간에 사라질 수 있게 되었다. 이것이 수는 메시지는 오늘날에는 '승리의 월계관'에 안주해 있을 수 없게 되었다는 점이다.

인텔의 회장인 그로브(Andy Grove)가 지적한 바처럼 오늘날에는 "과대 망상증 환자만이 생존을 확신할 수 있게 되었다" 이 같은 현상을 빌게이츠는 다음과 같이 표현하고 있다. "향후 3년 이내에 우리 회사의 모든 제품은 폐물이 될 것이다. 우리가 새로운 혁신을 통해 이들을 폐물로 만들지 않는 경우 여타 경쟁자들이 이들을 폐물로 만들 것이다"

오늘날에는 거의 모든 곳에서 정보가 가용해지면서 '혁신의 파도'가 거세게 몰려오고 있는데, 이들 중 다수는 파괴적인 형태의 것이다. 다시 말해 이들 혁신은 하룻밤 사이에 경쟁 관련 법칙들을 변화시키는 새로운 과학기술·제품 및 기업 모델을 중심으로 이루어지고 있다.

어느 정도 안정되어 있는 회사들의 경우 새로운 과학기술이 주는 의미를 제대로 이해하지 못해 실패하고 있다는 이야기가 있다.

크리스텐센(Clayton Christensen)은 '혁신가의 딜레마(Innovator's Dilemma)'란 자신의 저서에서 이 같은 통념이 잘못된 것임을 폭로하고 있다. 크리스텐센은 선두 기업들의 경우 주변에 새로운 기술이 출현하고 있다는 점을 잘 알고 있었음을 다수의 사례를 통해 보이고 있다.

자동차의 출현으로 인해 자신의 기업이 망하게 될 것이라는 점을 전혀 인지하고자 하지 않았던 4륜 경마 차량의 생산업자들에 관한 이야기를 우리들은 자주 들어보았을 것이다. 그러나 이들의 경우는 거의 불가능한 문제에 직면해 있었다. 다시 말해 이들은 기존 제품에 대한 최소한의 변화만을 고집하면서 혁신적인 신제품을 배격하는 고객들의 노예가 되어 있었다.

'파괴적인 혁신'이 진행되는 분야에서는 통계적으로 생존이 매우 희귀한 현상이라는 점을 크리스텐센은 또한 분명히 하였다. 이를테면 19세기 당시 대형의 상용 범선을 만들던 회사들은 동력 엔진으로 전환하지 못했다. 달리 표현하면 기존의 시장에 몸담고 있는 조직 또는 사람의 경우는 고객들의 말을 너무나 진지하게 경청하고 있는데, 그 대가는 적지 않다.

여기서의 교훈은 미래를 설계하는 일에 **관한** 한 주요 고객들의 말을 지나치게 **경청**해서는 안 된다는 점이다.

이들의 경우는 혁신적인 변화를 원치 않고 있다. 따라서 기존 질서를 파괴하는 듯한 혁신을 이들은 거의 수용하지 않을 것이다. 대부분의 고객들이 원하는 것은 기존 과학기술 패러다임 안에서의 점진적인 혁신이다. 보다 나은 제품 또는 서비스로 이전해 가야 한다는 점을 이들 또한 이해하고 있다. 그러나 새로운 형태의 전략 또는 기업 모델이 요구되는 경우는 그 형태에 상관없이 저항이 따르게 마련이다.

간략히 말해 시장의 시스템에 혼란을 유발하는 제품 또는 서비스는 주류를 형성하고 있는 고객들을 대상으로는 상품화가 쉽지 않다.

변화가 매우 빠른 속도로 진행되는 환경에서 여러분의 조직이 '파괴적인 혁신'에 의해 영향받을 가능성은 어느 정도일까? 이들 가능성은 매우 높은데, 혁신이 가속화됨에 따라 보다 더 높아질 것이다.

여러분이 몸담고 있는 시장 공간에서 진정 위협이 될 가능성이 있는 신제품과 서비스는 무엇인가? 특정 혁신의 기존 능력을 단편적으로 바라보아서는 이 같은 질문에 답변할 수 없을 것이다. 이 경우는 시대에 앞서 미래를 내다보며 다음과 같이 질문해 볼 필요가 있다.

우리의 고객들이 진정 원하는 것은 무엇인가? 내가 팔고 있는 것을 이들이 구입하는 것은 무슨 이유 때문인가? 이들 공간을 메울 대체 항목은 존재하는가? 마지막 질문에 대한 답변이 예라면(그 가능성의 정도 그리고 여러분 제품에 대한 고객의 신의에 상관없이) 파괴의 가능성은 이미 진행되고 있다고 생각해야 할 것이다.

지각변동 성격의 변환: 정밀도의 혁신
SEISMIC SHIFT: REVOLUTIONARY PRECISION

지각변동 성격의 변환을 의미하는 세 번째 요소는 정밀도의 혁신인데, 이것이 엄청날 정도의 의미가 있는 사건이라는 점은 1991년도의 걸프전에서 확인되었다. 당시의 전쟁은 이 같은 지각변동 성격의 변환이 진행되고 있음을 극명히 보여준 사례였다.

제2차 세계대전 당시는 축구장의 1/3 크기에 해당하는 목표물에 B-17 폭격기를 이용해 90%의 확률로 폭탄 한 발이 명중토록 하려면 9,000발의 폭탄을 투하할 필요가 있었다. 이는 목표물에 단 한 발의 폭탄을 90%의 확률로 명중시킬 목적에서 수천의 항공기와 10,000여 명의 인명이 위험에 노출된다는 의미였다.

당시 이전의 모든 전쟁에서는 대부분의 무기와 발사체들이 목표물로부터 크게 빗나갔다. 따라서 지휘관의 주요 임무는 오발(誤發)을 관리하고는 통계적으로 거의 가능성이 없는 상황에서 승리하고자 노력하는 것이었다.

그러나 걸프전에서는 상황이 크게 달랐다. 제2차 세계대전 당시

9,000발의 폭탄 그리고 10,000여 명의 인명을 동원해 누릴 수 있던 성공 가능성을 걸프전에서는 단 한발의 폭탄, 단일의 항공기 그리고 단일의 조종사가 수행할 수 있었다. 이는 정밀성의 측면에서 10,000배가 증진되었음을 의미하였다. 하루 밤사이에 지휘관의 임무가 오발을 관리하는 일에서 명중을 관리하는 일로 전환되었는데, 이들은 엄청날 정도로 상이한 성격의 것이었다.

정밀성 측면에서의 동일한 형태의 혁신이 오늘날의 전자상거래 분야에서 진행되고 있다. 예를 들면 과거 주요 서점(書店)의 전략은 여러 곳에 대규모 서점을 만들어 놓고는 이들 서점에 다양한 성격의 책을 다수 비치해 놓는 것이었다. 이들이 이처럼 한 이유는 이들 서점 중 한 곳에 고객이 들러 자신이 원하는 책을 찾게 될 것이라는 생각에서였다.

제2차 세계대전 당시의 폭격과 마찬가지로 얼마 전까지만 해도 이는 타당성이 있는 발상이었다. 그러나 오늘날 대규모의 서점은 정밀치 못한 방식으로 값비싸게 영업하는 것의 대명사가 되었다.

인터넷 서점 아마존(Amazon.com)에서는 정교한 형태의 탐색도구에 기반을 둔 가상의 책방을 운영하여 원하는 책을 고객들이 곧바로 찾아볼 수 있도록 하고 있다. 더욱이 자동화된 소프트웨어로 인해 책에 관한 정확한 정보들, 예를 들면 책에 관한 독자들의 평가 그리고 이 책을 구입한 다수 고객들이 구입하는 또 다른 서적들에 관한 정보를 고객이 받아볼 수 있게 되었다.

웹(Web)에 기반을 둔 경매는 정밀성 분야의 혁신을 보여주는 전자상거래의 또 다른 사례다. 이베이(eBay)와 이것을 모방한 사람들은 다수의 고객들로 하여금 자신들이 의미 있다고 생각하는 것을 빠르게 결정할 수 있도록 하고 있다. 오늘날 우리는 수천 마일 떨어져 있는 또는 지구 반대편에 있는 판매자와 구매자가 나노*란 매우 짧은 순간에 정확히 거래하는 등의 일대 혁신을 목격하고 있다.

정밀성 측면에서의 일대 혁신을 목격할 수 있는 곳이 기술에 기반을 둔 인터넷의 세계만은 아니다. 이는 업무 과정이란 영역에서도 진행되고 있는데, 우리에게 친숙한 '6시그마(Six Sigma)' 프로그램은 그 중 대표적인 사례다.

과정의 변이 정도를 지칭할 목적에서 통계학자들이 사용하는 측정 방안인 시그마 개념에 기반을 둔 '6시그마' 프로그램에서는 1백만의 경우에서 오직 3.4회의 불량품이 나올 정도의 품질 수준에 도달하고자 노력하고 있다.

3.5에서 4.0 시그마는 1백만의 경우에서 6,000 내지 23,000의 불량품을 의미하는데, 제조업 및 서비스산업 분야의 전형적인 기업들에서는 이들을 수용 가능한 수준으로 생각한 바 있다. 이들은 1920년대에 정립된 품질 관련 표준인데 당시는 특정 수준의 정밀도만이 가능하거나 경제적으로 타당성이 있다고 생각되던 시대였다.

3시그마와 비교해볼 때 6시그마는 2배 좋은 것이 아니고 10,000배 우수하다. 이 같은 정도의 성능 개선을 향한 노력을 최초로 시작한 곳은 모토롤라였다. 1980년대 당시 모토롤라는 열악한 품질로 인한 실제 비용을 파악해내고자 노력하였다. 특정 회사가 3.5에서 4.0 시그마 정도의 정밀도로 운영하는 경우 잘못된 부분을 교정하는 과정에서 총 매출액의 10% 정도를 소비하게 된다는 점을 모토롤라는 광범위한 탐구를 통해 알아내었다.

6시그마로 운영하는 경우의 1%와 비교해볼 때 정밀치 못한 제품을 만드는 경우는 잘못의 교정에 엄청날 정도의 비용이 소요된다. 다시 말해 6시그마를 유지하는 경우 엄청날 정도의 예산을 절감할 수 있게 된다. 6시그마로 이전하면서 모토롤라는 불량품의 교정에 따른 비용

---

*역자주: 10억 분의 1초를 의미

을 절감하였을 뿐 아니라 고용원의 생산성과 사기를 높이고 제품 개발 주기를 대폭 단축시킬 수 있었다.

오늘날 이 같은 정밀성 측면에서의 혁명은 보다 더 가속화되고 있다. 제너럴일렉트릭(General Electric)을 근 20년간 이끌어왔던 웰치(Jack Welch)는 6시그마의 표준이 되었다. 제너럴일렉트릭에 따르면 3 또는 4시그마를 유지하는 경우와 6시그마를 유지하는 경우 매년 70억불에서 100억불 정도의 비용 차이가 있다고 한다.

여타 성공적인 회사들 또한 6시그마 원칙을 적용한 결과로 인해 일대 성공을 거두었다. 6시그마의 유지를 근 5년 동안 고수한 결과 엘리드시그널(AlliedSignal)의 경우는 20억불 이상을 절감할 수 있었다고 한다.

6시그마는 제품의 제조, 고객 서비스뿐만 아니라 기업의 모든 형태의 업무에 적용되고 있다. 여기서 얻게 되는 교훈은 공략 대상인 표적에 빗맞을 여유가 없다는 점, 그리고 정밀하게 명중시키기 위한 도구와 개념이 이미 가용하다는 점이다. 그러나 여기서의 문제는 표적에 빗맞는 것이 이미 필수적인 현상은 아니라는 인식 아래 명중을 관리하는 방향으로 사고를 전환시켜야 한다는 점이다.

가정들을 다룬다.

ADDRESSING ASSUMPTIONS

우리는 전략적인 사고·기획 및 수행에 관한 '프로메테우스 과정'을 시작할 준비를 하고 있다. 이 같은 맥락에서 우리는 조직의 모든 요원들이 지각 변동 성격의 변환에 관해 알고 있도록 할 필요가 있다. 여타 사람들과 비교해볼 때 몇몇 사람들의 경우는 이들 지각 변동 성격의 변환에 확신이 서지 않을 것이다. 그러나 우리가 그들의 사고를 인지하고 있는 한 이는 어느 정도까지는 수용 가능한 현상이다.

미래를 기획하는 과정에서 사람과 조직들이 자행하는 다수 오류 중에는 기획의 성패에 영향을 끼치게 될 사람들이 가정(假定)하는 사항을 제대로 이해하지 못하는 문제가 있다. '프로메테우스 과정'을 위한 기초를 닦는 과정에서는 미래에 관해 사람들이 생각하고 있는 바를 파악해냄이 매우 중요하다. 우리는 특정 정책 노선의 견지보다는 여타 사람들이 가정하고 있는 사항 또는 시각을 모두가 알고 있는 지의 여부에 관심이 있다.

이 같은 노력으로 인해 얻을 수 있는 통찰력의 사례는 다음과 같다. 재무 계통에 근무하는 사람들의 경우는 모든 사람이 훌륭한 프로젝트라고 알고 있는 사업을 지원할 목적에서 대부 받기를 꺼려한다.

한편 이 프로젝트와 관련이 있는 사람들은 이들 재무 계통에 근무하는 사람들의 시각이 좁기 때문에 투자에 따른 기회를 이해하지 못하고 있다는데 견해를 같이 하고 있다. 그러나 이들 재무 계통에 근무하는 사람들이 투자에 따른 기회를 이해하고는 있지만 몇 주 이내에 이자율이 급락할 것이라는 점에 관심이 있기 때문에 이 같은 현상이 벌어지는 경우도 없지 않을 것이다.

이 경우는 이들이 소속해 있는 회사가 보다 저금리로 자금을 빌릴 수 있을 것이다. 한편 이들 재무 계통에 근무하는 사람들은 미래에 관해 자신들이 가정하고 있는 사항들에 모든 사람들이 공감하고 있다고 생각하고 있다.

다시 언급하지만 이들 가정에 모든 사람이 동의하고 있는 지는 중요한 일이 아니다. 사람들이 어떤 요인으로 인해 나름의 결정을 하는가를 아는 것만으로도 기업의 성공에 매우 중요한 요소인 신뢰와 조화의 촉진이란 측면에서 진일보에 해당할 것이다.

아래에 언급되어 있는 몇몇 영역에서의 거시적인 가정들을 파악해 보자. 이들 분야에 관해 여러분이 모든 해답을 갖고 있지는 않을 것이다. 그러나 이들 질문을 통해 사고하는 것만으로도 조직의 미래를 설계하는 과정에서 여러분에게 나름의 도움이 될 것이다.

- **경제환경**: 이자율이 대폭 올라갈 것인가 아니면 하락할 것인가? 일대 경기침체 또는 불경기가 닥칠 것인가? 주식시장이 상승 또는 하락할 것인가, 아니면 그대로 남아 있을 것인가?

- **시장의 역학** : 여러분이 관심이 있는 시장들에 구조적 측면에서 주요 변화는 없는가? 기업들 간의 합병 가능성은 없는가? 여러분이 몸담고 있는 시장을 획기적으로 바꾸어 놓게 될 새로운 형태의 제품 또는 서비스가 부상하고 있지는 않은가? 분배 유형에 획기적인 변화는 없는가?

- **정치환경**: 백악관 또는 연방 및 주 입법 기관의 통치란 측면에서 변화는 없을 것인가? 여러분의 영업에 변화를 초래할 수도 있는 새로운 법규가 출현하게 될 가능성은 없는가? 여러분이 몸담고 있는 시장들에 영향을 끼칠 수 있는 조세 정책에서의 주요 변화 가능성은 없는가? 해외에서 업무를 수행하고 있다면 또는 수행할 의도가 있다면 그곳에서 예상되는 정치적인 변화는?

- **급격한 변화** : 급격한 변화가 예상되지는 않는가? 이 경우 여러분을 전혀 다른 세상으로 이전시켜 놓을 그 무엇이 발생하게 될 것으로 생각하는 사람들은 없는가?

- **과학기술 환경** : 여러분으로 하여금 전혀 다른 방식으로 영업토록 하는 또는 물질적으로 여러분의 현재 영업 방식을 위협하게 될 과학기술 측면에서의 변화가 진행되고 있는지 또는 이 같은 변화가 가능한가?

- **여타 가정들** : 자신들이 생각하기에 기업에 영향을 끼칠 수도 있는 여타 가정들을 갖고 있는 사람들은 없는가?

재차 언급하지만 이러한 '가정 파악 연습'이 의도하는 바는 미래를 예견하거나 특정 부분에 관한 잘못된 가정들을 교정하려는 것이 아니다. 이들 가정을 제기한 것은 여타 사람들이 일반적으로 영업과 관련해, 그리고 특별히 의사를 결정하는 과정에서 사용하는 거시적인 가정들을 모든 사람들이 접해볼 수 있도록 하겠다는 단순한 이유 때문이다. 사람들의 사고방식뿐만 아니라 얼마나 많은 사람들이 특정 형태의 가정들을 공유하고 있는 지를 인지함은 기획 측면에서 매우 중요한 첫 단계에 해당한다.

'환경 조망'의 의미
THE MEANING OF "SCOPING THE ENVIRONMENT"

이미 살펴본 바처럼 '프로메테우스 과정'에 들어가기 이전에 여러분을 둘러쌓고 있는 세계에 관한 예상 부분들을 정의해 놓아야 할 것이다. 다시 말하지만 혁신적인 시대에서 성공하려면 혁명가처럼 사고할 필요가 있다.

이처럼 기업 환경이 극적이고도 도전적인 상황에서는 윤리와 도덕적인 가치관을 제외한 모든 것들을 재검토하여 버릴 것은 과감히 버리고 수정해야 할 부분은 수정해야 한다. 기회가 바로 앞에 놓여져 있어도 지구상 곳곳을 휩쓸고 있는 변화의 물결을 간과하는 사람들은 이 같은 기회를 실현시킬 수 없을 것이다.

오늘날의 혁신적인 변화로부터 벗어날 수 있는 사람은 아무도 없다. 오늘날에는 기본 생계 정도의 안락(安樂)밖에 누리지 못하는 사람들에게조차 그 전례가 없을 정도의 부를 만들어낼 수 있는 기회가 주어지고 있는데, 이는 오늘날의 혁신적인 변화 덕분이다. 이 점에서 볼 때 어느 누구도 이들 변화에서 자유롭지 못할 것이다.

제5장 요약 : 환경

    미래에 관한 세부 사항들을 예견할 수는 없다. 그러나 변화의 방향(우리가 몸담고 있는 기업뿐만 아니라 개인적인 삶의 거의 모는 면에 영향을 끼치는 거시적인 동향)을 분명히 인지하고 이 같은 지식을 기획 과정에 활용할 수는 있을 것이다.

    오늘날 우리 주변에서는 거의 모든 형태의 업무에 영향을 끼치게 될 세 가지의 지각 변동 성격의 변환이 진행되고 있는데, 이는 다음과 같다.

- 일정 시간대에 발생하는 주요 사건들의 횟수가 기하급수적으로 증가하고 있다.

- 기존 질서를 파괴하는 듯한 성격의 혁신들이 거세게 몰려오고 있다. 오늘날에는 새로운 기술·제품 그리고 기업 모델들이 출현하면서 경쟁 관련 법칙들이 하룻밤 사이에 바뀌고, 시장에 몸담고 있는 사람들이 하루아침에 일자리를 잃는 현상이 발생하고 있다.

- 과학기술이 주도하는 거래 그리고 업무 과정 영역에서 사람들은 가히 혁신적이라고 할 정도의 정밀성을 추구하고 있다.

미래의 청사진
The Future Picture

"현재를 기준으로 미래를 생각하지 말고
미래의 관점에서 현재를 생각하라"

나아가야 할 방향을 전혀 모르고 있는 상태에서 그리고 안내해 줄 등대도 없는 상태에서 항해를 시작하자고 누가 제안한다면 배에 승선하고자 하는 사람은 거의 없을 것이다. 여행에 관해 진정 열광적이 되려면 타고 있는 배가 바람직한 형태의 목적지를 갖고 있다고 확신할 수 있어야 할 것이다,

'프로메테우스 과정'에서 이 같은 바람직한 목적지는 '미래의 청사진(Future Picture)'이라고 지칭된다. 이는 미래의 어느 순간에 여러분이 위치해 있고자 하는 모습을 분명하고도 타당성 있게 기술한 것이다.

일단 '환경을 조망하고', 여러분이 일하게 될 전반적인 상황을 이해하게 된 경우 '미래의 청사진'을 구성하는 상세 요소들을 정의함으로서 골격에 살을 붙여야 할 것이다.

이 같은 미래는 가능한 한 멀리 떨어져 있어야 하지만 투자가들의 관심의 대상이 되지 않을 정도로 멀리 떨어져 있어서는 곤란하다.

‘미래의 청사진’은 프로젝트팀의 경우는 3~5개월 정도 그리고 대부분 기업의 경우는 3~5년을 내다보며 구상함이 바람직하다.

　국가 차원에서 보면 이것이 10년 이상이 될 수도 있을 것이다.

　상황에 관계없이 이는 적어도 현존 영업 및 기술 주기 동안 조직에 지침을 제공하고, 다음의 영업 및 과학기술에의 대비를 준비시킬 수 있을 정도로 기간이 충분히 길어야 할 것이다.

　혹자는 “오늘날처럼 격변하는 환경에서는 이 같은 장기간의 예측은 거의 불가능하다”고 생각할 수 있다. 그러나 우리들에게 ‘미래의 청사진’이 필요한 것은 우리들 주변에서 진행되는 변화가 매우 빠르고도 복잡한 양상을 띠고 있기 때문이다.

　‘미래의 청사진’(바람직한 목적지)에 선명한 빛이 첨가된다면 이는 항해를 위한 매우 가치 있는 지원도구, 즉 조직의 모든 요원이 지향해 나아갈 수 있는 고정된 형태의 등대가 될 수 있다. 항해 도중 이들이 순풍 또는 악풍에 직면할 수도 있을 것이다. 그러나 기후는 일시적인 현상일 뿐이며 ‘미래의 청사진’이 구비된 경우에는 이 같은 상황에서도 모든 사람들이 목적지를 확신할 수 있게 된다.

　‘미래의 청사진’에서는 여러분이 염원하는 방향만을 정의하고 있으며, 그곳에 도달하기 위한 상세 방안의 문제는 언급하지 않는다. 따라서 이 같은 청사진을 구비하고 있는 경우는 궁극적인 목적지에는 변함이 없지만 도중의 경로는 수정이 가능하다. 그 결과 목표를 달성하기까지의 과정에서 상상할 수 없을 정도의 융통성을 발휘할 수 있게 된다.

　간략히 말해 ‘미래의 청사진’이 새로운 형태의 영업 방식을 정의하고, 새로운 능력을 구축하며, 새로운 기준들을 설정해주는 창조적인 공간의 역할을 여러분을 위해 해줄 것이다.

　승리를 염두에 둔 ‘미래의 청사진’은 현재를 둘러쌓고 있는 외피를 벗어내 던지고자 하는 속성을 갖고 있다. 대담성은 인간의 사고를 확장시키고 모든 사람들로 하여금 융통성 있게 하는 등 실제적으로 매우 가치가 있다. 이를테면 전자상거래의 시대가 시작될 당시 베조스(Jeff Bezos)는 자신의 회사를 '지구상에서 모든 것을 가장 많이 판매하는 곳'으로 구상하였다. 목표를 높이 설정한 그는 자신의 회사인 아마존(Amazon.com)을 인터넷상의 소매 천국에서 중심이 되도록 하겠다는 의도를 갖고 있었다. 미래에 관한 그의 청사진은 단순히 한 회사를 성공시킨 것이 아니고 소매 분야를 혁신시켰다.

아무리 우수한 형태의 '미래의 청사진'이라고 할지라도 그 생명은 유한한데, 이것의 인지는 매우 중요한 사항이다.

19세기 당시 철도산업은 휘황찬란한 '미래의 청사진'(산업혁명의 산물들과 사람들을 운반하며 미국대륙 전체를 수놓는 철마)으로 인해 크게 번창하였는데, 20세기에 접어들면서 크게 쇠퇴하였다. 이들의 경우는 과학기술 및 상업 분야의 새로운 전략 주기에 대응할 목적의 전혀 다른 형태의 '청사진'을 만들어내지 못했던 것이다.

대전략을 기획하는 과정에서의 가장 중요한 단계는 '미래의 청사진'을 그리는 것이다. 이는 모든 것의 시발점인데, 그 후의 모든 의사결정과 행위들은 이것에 의존하게 된다. 한편 '미래의 청사진'이 잘못된 경우에는 값비싼 대가를 치러야만 할 것이다. 이 경우는(사람이든, 조직이든) 막다른 골목으로 치닫는 등 일대 기회를 상실하는 결과가 초래될 것이다.

유명한 컴퓨터 회사인 왕(Wang) 연구소에 발생한 현상은 바로 이것이었다. 1970~1980년대 당시 중국 출신의 유명한 컴퓨터 과학자인 왕은 워드프로세서, 문서 이미지 방식 그리고 DP/telephony 통합 등과 같은 기존 질서를 파괴하는 듯한 혁신들을 도입한 승리자였다.

그러나 1980년대 후반에 접어들면서 왕 연구소는 사양길에 접어들었으며, 1992년도에는 파산을 신청하였다. 무엇이 문제였는가?

독점 형태의 사무체계 분야의 선도적인 연구 및 개발의 중심이 되겠다던 미래에 관한 왕의 초기 청사진은 너무나 제한적이었다. 개방형구조(Open-Architecture)란 개념에 기반을 둔 개인컴퓨터(PC)가 출현하면서 이 회사는 하루아침에 진부화의 길을 걷게 되었다.

구조적인 사고

ARCHITECTURAL THINKING

'미래의 청사진'과 여러분이 구상하고 있는 전략의 여타 모든 면을 창안해내기 위한 최상의 방안은 미래의 시각에서 뒤를 돌아보는 접근방안, 즉 '구조적인 사고(Architectural Thinking)'다.

여러분이 집을 건축한다고 가정해보자. 건축 설계사는 어떠한 형태의 재료를 사용할 것인지 등과 같은 다수의 상세 사항을 놓고 처음부터 여러분을 괴롭히지는 않을 것이다. 이들의 경우는 "구상하고 있는 집은 어떠한 형태입니까? 마음에 드는 집의 스타일은 무엇입니까?" 등과 같은 몇몇 고차원적인 질문들을 중심으로 상위 개념에서부터 시작할 것이다.

여러분의 전반적인 취향을 파악한 건축가는 "자녀가 몇입니까? 이들의 나이는 얼마입니까?" 등과 같은 보다 상세한 질문을 던질 것이다. 그후 이들은 다음과 같이 여러분의 생활 방식에 관해 질문하게 될 것이다. "집에서 일하십니까?", "취미는 무엇입니까?", "얼마나 자주 여가를 즐기십니까?", "온실이나 운동실의 필요성은?…"

이들 모두를 파악한 이후 건축가는 집의 설계와 관련된 몇몇 사항을 제안하게 될 것이다. 설계도에 동의하는 경우 건축가는 입찰뿐만 아니라 실제 건설을 목적으로 계약자들에게 보내기 위한 상세 기획을 창안하게 된다.

위의 사례에서와 마찬가지로 여러분은 창안해내고자 하는 '미래의 청사진'을 구조적인 시각에서 바라볼 필요가 있다. '미래의 청사진'은 측정 및 구현 가능한 형태의 것이다. 이는 특정 측면에서 최상이라는 등의 휘황찬란한 발언으로 표현된 전형적인 비전이 아니다. 이것은 실제적인 성격의 것이며, 당연히 그렇게 될 수밖에 없는 형태의 것이다. 이는 다수의 사람들이 동참하고 조직의 미래로서 뿐만 아니라 자신의 미래로 수용하는 경우 그렇게 될 수밖에 없는 그러한 형태의 것이다. 이는 조직의 모든 면을 망라하고 있다.

주요 서술자(敍述子): '미래의 청사진'의 구성 요소들
KEY DESCRIPTORS-THE COMPONENTS OF A FUTURE PICTURE

필요성과 개인적인 성향에 따라 방의 크기와 구도는 다를 수 있다. 그러나 방의 종류(효용 형태)는 거의 같을 것이다. 집을 설계할 당시 건축가들은 이 점을 인지하고 있다.

마찬가지로 조직의 미래를 설계하는 경우 개개 '방'의 세부 사항은 다를 수 있지만 '방'의 종류는 거의 동일할 것이다.

우리는 '미래의 청사진'에 관한 12가지 범주를 규명해내었다. 이것을 우리는 '주요 서술자(敍述子: Descriptor)*로 지칭하는데, 이는 기업의 크고 작음, 신생 기업 또는 성숙된 기업, 첨단 또는 비첨단 기업에 무관하게 적절히 적용될 수 있는 형태의 것이다.

• **재정 입지** : 미래의 특정 순간에 조직의 입지가 재정적으로 어느 정도가 되어야 한다고 생각하는가? 여러분은 조직이 보유하였으면 하

---

*역자주: 정보의 분류·색인에 사용하는 어구

는 가치에 초점을 맞추어 여기에 답변해야 할 것이다.

이 가치는 공적으로 거래되는 회사의 경우는 '시장 자본화(Market Capitalization)'란 형태가 되어야 하며, 개인 소유 회사인 경우는 이것을 구입 또는 판매할 당시 특정인이 지불하고자 하는 가치를 나타낼 수 있다.

- **시장 입지** : 일용품을 취급하는 기업으로 활동하기를 원하는가? 아니면 여타 기업과 크게 차별화를 추구하고자 하는가? 시장을 창조 또는 주도하고자 하는가 아니면 남의 뒤를 쫓아가는 사람이 되고자 하는가? (다른 사람의 뒤를 쫓아가는 것도 매우 타당성 있는 전략이 될 수 있다.)

- **기업 영역** : 어떠한 형태의 기업 영역에 종사하기를 원하는가? 장기적이고도 전략적인 측면에서 타당성이 있는 영역은 무엇인가? 여기에는 여러분이 현재 종사하고 있는 기업 영역들 모두가 또는 이들 중 몇몇만이 포함될 가능성도 없지 않다. 이것이 새로운 형태의 기업 영역으로 이동해야 함을 의미할 수도 있을 것이다.

- **혁신**: 상업적으로 생존 가능한 신제품을 시장에 최초로 도입하는 사람이 되기를 원하는가? 혁신의 노력을 기존 제품을 지속적으로 개량한다는 측면에 집중시킬 것인가? 당신이 몸담고 있는 분야에서 혁신이 의미가 있는가?

- **주식 소유자들의 시각** : 여러분 회사의 주식을 소유한 사람들, 관료 및 회사원, 임원, 고객 그리고 공급자들 모두에게 여러분의 모습이 어떻게 비쳐지기를 바라는가?

- **외부 시각** : 회사 밖의 사람들에게 여러분이 어떠한 모습으로 비쳐지기를 원하는가? 투자 분석가, 언론, 주변 집단, 동일 산업 분야의 여타 회사들이 여러분의 조직에 관해 가져 주었으면 하는 시각들을

고려해야 할 것이다.

- **종업원들의 특성** : 여러분의 종업원들 또는 이들의 동료가 어떠한 모습을 갖기를 원하는가? 이들이 기업가? 혁신가? 일관성 있는? 몸을 도사리는? 등 어떠한 유형이 되어야 할 것인가?

- **브랜드** : 새로운 형태의 브랜드를 갖고 싶어하는가? 그렇다면 이것이 표방하는 바가 무엇이 되기를 원하며, 어느 정도 널리 알려지기를 희망하는가?

- **기업 문화** : 현재의 작업 환경에 만족해하는가? 그렇지 않다면 변화시키고 싶은 부분은 무엇인가? 어떠한 형태의 환경을 갖고자 하는가?

- **기업의 시민정신** : 지역사회 또는 자선 성격의 일에 하나의 회사로서 한 개인으로서 적극 참여하기를 원하는가?

- **동기부여를 위한 철학** : 어떠한 형태의 동기부여 프로그램을 선호하는가? 이익을 모두가 공유하는 또는 동일하게 공동 분배하는 형태의 동기부여 프로그램인가? 아니면 월급이 주요 요소가 되는 형태의 것이 되어야 하는가?

- **소유권** : 사기업이 되기를 원하는가 아니면 공기업이 되기를 희망하는가? 사기업이 되기를 희망하는 경우 여러분이 일정 주식을 보유하는 공기업을 구성하거나 획득할 생각은 없는가?

"이들 서술자(敍述子) 중에서 가장 중요한 것은 무엇인가?"라고 사람들은 종종 묻곤 한다. 이들 서술자는 독자적으로 의미가 있는 것들이 아니다. '미래의 청사진'에 관한 이들 다양한 서술자들은 예술가가 초상화·정물화 또는 풍경화를 그리면서 사용하는 다양한 형태의 색채·음영 그리고 붓놀림과 같다.

그림을 그릴 때 가장 중요한 색채 또는 음영은 무엇인가? 여기에 대한 답변은 이들의 중요성에 차이를 둘 수 없을 것이라는 점이다. 이들 색채 또는 음영 중 일부를 배제시키는 경우 그림의 전반적인 모습과 느낌이 크게 달라질 것이기 때문이다.

'미래의 청사진' 일람표

THE FUTURE PICTURE STATEMENT

주요 서술자 성격의 질문들에 심사숙고해 답변하게 되면 이들 답변은 '미래의 청사진' 일람표로 종합된다. 예를 들면 연간 6억불 상당의 의료기구를 제조 및 분배하는 가상의 주식회사인 파스트원(FastWin)의 '미래의 청사진' 일람표를 살펴보자.

주요 서술자 개개를 어떻게 색칠할 것인지는 창의적 성격의 과정인데, 이는 올바른 시각을 견지함으로서 크게 개선될 수 있다. 그 과정에서 다음의 점들을 염두에 두면 많은 도움이 될 것이다.

- **내일의 가능성을 생각하라.** 개개 주요 서술자들에 대한 바람직한 결과(이상적인 최종 결과)를 자유스럽게 정의한다.

- **고차원의 결과를 정의하라.** 여러분이 그리는 청사진이 단순한 전술이 아니고 진정 의도하는 최종 결과라는 점을 분명히 한다.

- **창의성을 발휘하라.** 여러분이 가능하다고 생각하는 부분에 대한 가정을 잠시 중단하는 등 외피를 벗어 던져라. 현재 가능하다고 생각하는 것을 투사하기보다는 희망하는 바를 비교적 구애됨이 없이 선택하라.

- **낙천적인 사람이 되라.** 중도적인 또는 부정적인 성격의 인물보다는 긍정적인 성격의 인물이 인지적으로 보다 융통성이 있다. 다시 말해 이들의 경우는 새로운 방식으로 사고할 수 있게 된다.

[표 1] Fastwin 주식회사의 향후 3년간의 '미래의 청사진'

주요 서술자 일람표	
주요 서술자 항목	**주요 서술자 일람표**
재정 입지	현재보다 2배 정도의 '시장 자본화(Market Capitalization)'를 갖게 되고, 직원의 월급은 회사의 '재정 입지'의 실현 정도에 비례해 늘어날 것이다.
시장 입지	시장을 주도하는 선도적인 회사가 될 것이다.
기업 영역	전문 의료인들에게 필요한 고부가가치의 의료 장비들을 생산 및 판매하게 될 것이다.
혁신	과학기술과 기업 절차, 제품과 서비스 분야를 지속적으로 혁신하게 될 깃인데, 이것이 모든 기업 결과에 지대한 영향을 끼치게 될 것이다.
주식 소유자들의 시각	주식 소유자들은 이곳이 시간·열정 및 자금의 투자에 매우 바람직한 곳으로 인식하게 될 것이다.
외부 시각	첨단의 선도적인 제품들을 제공하는 재무구조가 튼튼한 회사로 인식될 것이다.
종업원들의 특성	생산성과 도전 정신이 뛰어난 종업원들을 갖게 될 것이다.
브랜드	의료장비 분야에서 좋은 평판을 얻게 될 것이다.
기업 문화	참신한 모험을 장려하는 개방된 형태의 문화를 갖게 될 것이다.
기업의 시민정신	지역사회가 최신의 의료 기술을 획득하도록 지원할 것이다.
소유권	종업원들이 주식의 많은 부분을 소유하고 있는 공기업으로 남아 있을 것이다.
동기부여를 위한 철학	성과에 따라 보상하고, 활동을 인정하며, 종업원 중 많은 사람들이 부유해지도록 할 것이다.

• **구체적인 사람이 되라.** 매사에 명백함은 커다란 강점이다. 흐리멍덩한 자세는 수용하지 마라. 주요 서술자들을 보다 구체적으로 서술할수록 '미래의 청사진'이 보다 더 분명해질 뿐 아니라 실천 가능해질 것이다.

주요 주주(株主)들 다수(가능하다면 투자 요원까지도)가 이 과정에 참여토록 함이 중요하다. 이 경우 얻을 수 있는 이점은 '미래의 청사진'이 보다 더 우수해질 것이라는 점뿐만이 아니다. 이 경우는 청사진의 달성 가능성이 보다 더 높아지게 된다.

여기서 언급한 내용이 사실일 수밖에 없는 몇몇 이유가 없지 않다. 모든 주식 투자자들의 열망을 고려하는 경우 훨씬 더 완벽하고 실현 가능한 형태의 '미래의 청사진'을 만들어낼 수 있다. 이 경우는 참석자들간에 개념과 정보를 공유할 수 있기 때문에 모든 사람의 시각이 확장될 것이다. 기획 과정에 참여한 사람들이 조직의 개개 부분에 관해 얻게 되는 통찰력으로 인해 집행 단계에서는 기능 상호간에 보다 높은 차원의 협조가 가능해진다. 조직이 움직이는 방향 그리고 그처럼 가야하는 이유를 이해하고 있다는 점에서 집행 도중 사람들이 보다 신속하고도 훌륭히 의사를 결정할 수 있게 된다.

이상적인 최종 결과

THE IDEAL FINAL RESULT

프로젝트팀들의 경우는 '이상적인 최종 결과(Ideal Final Result)'란 접근 방식을 이용해 특정 제품 또는 서비스에 관한 '미래의 청사진'을 창안해낼 수 있다. 1946년 구 소련의 우수한 젊은 이론가인 알슐러(Genrich Althuller)가 최초로 구상해낸 이 개념은 그 후 전 세계로 전파되었다.

상상할 수 있는 가장 완벽한 형태의 제품을 그려내고는 필요하다면 실현 가능한 부분까지 몇 단계 후퇴하라. '미래의 청사진'에 관한 보다 큰 개념과 마찬가지로 이 같은 접근 방안을 적용하는 경우 나름의 편향된 현재의 시각에서 벗어날 수 있을 것이다.

'이상적인 최종 결과'란 개념의 사용을 조직들에 가르치고 있는 우리의 동료 중 한 사람인 알라니코프(Andrei Aleinikov) 박사는 이것을 다음과 같이 설명하고 있다.

'이상적인 최종 결과'를 상황에 무관하게 상상할 수 있을 것이다. 이를테면 수송 분야에서의 이 같은 결과는 물리적인 형태의 차량이 없는 상태일 것이다. 인기 TV 드라마인 스타트랙(Star Trek)에 등장하는 운반체는 이 같은 이상에 가까운 형태의 것이다.

고객의 관점에서 이상적인 제품에 관해 생각하는 식품회사의 경우는 이 같은 이상적인 결과를 고객이 생각한 좋은 음식이 고객 바로 앞에 나타나는 경우일 것이다. 이것에 대한 대금은 음식을 제공하는 공장의 구좌로 즉각 들어가게 될 것이다.

물론 이 같은 이상은 현실적으로는 실현이 불가능하다. 그럼에도 불구하고 이상적인 경우를 먼저 생각함으로서 사고의 범위를 크게 넓힐 수 있으며, 불가능한 형태의 이상을 가능한 형태의 것으로 바꿀 수도 있을 것이다.

따라서 새로운 제품을 개발할 목적의 프로젝트를 시작할 때는 '이상적인 최종 결과'란 개념을 활용해야 한다. 깨지지 않으며, 유지 보수가 필요 없고, 고객이 미소 짓도록 하는 그 무엇을 만들어낼 수 있다고 가정해 볼 필요가 있는데, 그 결과는 실로 놀라울 것이다. 물론 이 같은 사고(思考)는 모든 형태의 프로젝트와 노력에 사용될 수 있다.

'열린 기획': 다수의 위력
OPEN PLANNING: THE POWER OF NUMBERS

'미래의 청사진'을 창안해내고자 할 때의 주요 도구는 우리가 이미 언급한 바 있는 '열린 기획(Open Planning)'이란 개념이다.

'열린 기획'은 절박한 필요성으로 인해 출현하게 되었다.

슈워르츠코프 대장을 위해 이틀만에 항공기획을 개발해내라는 지시를 받았을 당시 와든은 자신이 거의 불가능한 형태의 도전에 직면해 있음을 인지하였다. 당시의 상황을 와든은 다음과 같이 회고하였다.

내 주변의 몇몇 사람들을 모아 문을 걸어 잠그고는 작업을 비밀리에 수행해야겠다고 잠시나마 생각하였다. 그러나 얼마 지나지 않아 이것이 타당성이 없음을 인지하였다. 나는 이라크에 관한 전문가가 아니었다. 나의 경우는 많은 도움이 필요하였다. 그러나 나는 내가 필요로 하는 사람이 누구이며, 무엇을 필요로 하는지 조차도 모르고 있었다.

나는 펜타곤의 지하에 있는 대형 브리핑 룸을 개방해놓고는 가능한 한 많은 사람들을 불러모으기로 결심하였다.

우리 그룹의 모든 사람들은 처음부터 진행 사항 모두에 깊이 관여하였다. 이 같은 방식으로 일을 처리하다 보니 모든 사람들이 의사결정 뿐 아니라 이들 결정과 관련된 사고와 토론 내용을 이해하게 되었다. 따라서 이들의 경우는 올바로 일을 수행하고 있다는 확신 아래 특정 권위 집단의 도움이 없이도 대부분 자신들의 임무를 수행해낼 수 있었다.

우리들 대부분은 몇몇 선택된 사람들만이 주요 토론에 참여하는 조직 환경에서 성장해왔다. 이들 회합의 경우를 보면 회합에 참여하지 않은 사람들이 제대로 이해할 수 있을 정도로 당시의 토론 내용이 상세히 전달되지 못하고 있다. 따라서 이들에게는 독자적으로 의사를 결정하고자 할 때 필요한 이해가 부족하였다. 그런데 움직임이 더디지 않으려면 이들의 경우 나름의 의사를 결정하지 않을 수 없는 상황이었다.

'열린 기획'을 위한 지침

GUIDELINES FOR OPEN PLANNING

'미래의 청사진'을 창안해내는 과정에서 '열린 기획'이란 접근 방식을 적용하기 위한 방안은?

이상적인 형태의 기획 집단은 모든 사람이 참여하는 경우인데, 이는 조직의 규모가 일정 수준을 초과하는 경우 현실적으로 거의 불가능한 일이다. 50에서 70명 정도의 기획 집단이 바람직하다는 점을 우리는 확인하였다. 항상 가능한 것은 아니겠지만 경영과 관련된 모든 주요 요원들이 기획에 참여함이 바람직할 것이다.

기존의 구조와 관행을 방어할 목적에서 회합에 참석한 것이 아니라는 점을 참석자 모두가 인지토록 해야 할 것이다. 또한 이들이 특정 집단 또는 사람들을 대변할 목적이 아니고 나름의 권한에 근거해 참여하고 있다는 점도 확실히 인식시켜야 할 것이다.

어느 정도 인원을 초과하는 경우 제대로 일을 진행할 수 없을 것으로 생각될 수도 있다. 그러나 이것과는 반대로 많은 사람들이 참여하는 경우 일이 보다 빨리 진행되고 집행의 성공 가능성이 보다 더 높아지게 된다. 대규모의 집단이 적합하지 않은 경우는 전술 수준의 문제를 논의할 때뿐이다. 왜냐하면 나름의 타당성 있는 전술이 수천은 아닐 지라도 수백은 되기 때문이다.

참여한 모든 사람들이 전략 수준에서 일하도록 함이 중요할 것이다. '프로메테우스 과정'을 사용하는 경우 여기서의 방법론이 토론의 지침이 될 것이다. 한편 이것을 사용하는 과정에서 자연히 전략 수준에서 사고하게 될 것이다.

그룹의 리더는 '프로메테우스 과정'에 익숙해 있으며, 이것을 열정적으로 사용하고자 하는 사람이어야 할 것이다. 토론의 주제가 조직의 대전략이라면 토론을 주도하는 리더는 기업의 오너 또는 최고경영자(CEO)가 되어야 한다. 조직의 고위급 인사가 회합의 토론에 적극 참여함이 매우 중요하다.

'닫힌 기획'과 '열린 기획'의 비교
CLOSED-DOOR VS. OPEN-DOOR PLANNING

가능한 한 많은 사람들이 기획에 참여하는 경우는 기획의 성공 가능성이 크게 높아진다. 이 경우 보다 많은 사람들이 기획의 이면(裏面)을 이해하게 되고 주인 의식을 갖게 될 것이다.

대부분의 조직에서 사용하고 있는 '닫힌 기획(Closed Planning)'이란 방안을 생각해보자. 여기서는 몇몇 사람(통상 소규모 팀으로 일하는 몇몇 고위급 의사결정권자)들이 전략 기획을 개발해내고 있다.

이 경우는 참여자가 소수라는 점에서 일부 주요 사항이 간과될 가능성이 매우 높다. 그럼에도 불구하고 작업이 완료되는 경우 기획에 참여했던 사람들은 나머지 조직원들에게 그 내용을 설명하고 이들 내용에 동의토록 강요하게 될 것이다.

대체로 이 경우에는 시스템 차원에서 저항이 따르게 된다. 이를테면 대부분의 조직원들은 자신들이 이해하지 못하는 내용에 대해 회의적이거나 지원을 거부할 것이다. 이 같은 이해 부재와 결정된 사항을 일방적으로 강요하고자 하는 행위는 집행 단계에서 전략가들이 실패하게 되는 주요 이유 중 하나다.

물론 그 장점에도 불구하고 '열린 기획'에 따른 혼란을 불편하게 생각하는 리더들도 몇몇 없지 않다. 빠르게 진행('열린 기획'의 장점임)되는 경우 완벽한 정보를 가질 수 없다는 이유를 거론하며 이들의 경우는 '열린 기획'을 반대하고 있다. 기획 과정을 많은 사람들에게 개방하는 경우 통제 불가능한 상황이 발생할 수 있다는 점을 이들은 또한 우려하고 있다.

'열린 기획'이란 개념이 틀에 박힌 형태의 것이 아님은 분명하다.

이 경우는 일의 초기 단계에서 보다 많은 시간이 소요된다. 그러나 전반적으로 볼 때 '열린 기획' 방식을 채택하면 시간이 절약된다. 다수의 주요 인사들이 기획을 이해 및 지원하기 때문에 이들의 경우 집행 시점에서 보다 신속히 움직이고 보다 잘 의사를 결정하는 경향이 있다.

'열린 기획'이란 개념이 '미래의 청사진'을 기획하는 단계에서 끝나지 만은 않는다. 기획이 신속히 그리고 일관성 있게 집행되려면 그 내용을 분명히 전달해 조직의 모든 사람들이 파악하고 있어야 할 것이다. "오늘날처럼 경쟁이 치열한 시대에 이 같은 엉터리 개념을 주장하는 사람들은 도대체 누구인가?"라며 도의적 차원에서 분개하는 리더들도 없지 않다.

우리의 동료 중 한 사람은 앞의 사실을 보여주는 이야기를 들려주고 있다.

주요 통신회사의 고위급 부사장이 전략적인 의미가 있는 새로운 기획을 들고 나왔다. 이것이 완료되자마자 그는 기획 내용을 기업의 내부 사람들에게 회람시킬 목적으로 즉각 복사하였다. 이것을 배포하기 바로 전날 밤 조직의 고위급 경영자인 그의 상사는 그를 불러 격한 목소리로 질책하였다.

"당신 도대체 무슨 일을 하고 있는 건가? 우리의 전략 기획을 당신이 배포할 것이라는 이야기를 들었는데, 이 기획을 당신 부서의 모든 사람들에게 배포할 경우 일대 재앙이 발생할 것이네. 이 같은 행위가 갖는 의미를 보안의 측면에서 생각해 보았는가? 이 경우 우리의 경쟁회사가 복사 내용을 입수하게 되어 우리가 하고 있는 일을 알게 될 것

ㅐ!"

개발 과정을 인도하고 있던 부사장은 크게 놀라지 않을 수 없었다.

"상사께서 의도하는 바를 제가 제대로 이해하고 있는지 확인하고자 합니다. 몇몇 경쟁자들이 그 내용을 알게 될 가능성이 있다는 점에서 기획 내용을 조직원 어느 누구에게도 전달해서는 안 된다고 말하고 있는 것이지요? 따라서 기획 내용에 관해 우리 팀 어느 누구에게도 말하지 않는 것이 현명한 처사라는 의미 아닙니까?"

여기에 대해 그의 상사는 다음과 같이 답변하였다.

"내가 말하고자 하는 바는 바로 그것일세"

'열린 기획'의 신봉자인 그는 그 즉시 조직을 떠나서는 새로운 회사를 설립하였다. 그후 정확히 4년 뒤 이 회사의 경우는 '시장 자본화(Market Capitalization)'가 5배 늘어난 반면 예전에 몸담고 있던 회사의 경우는 당시의 기간 동안 실적이 크게 감소하였다.

미래의 청사진: 진로를 고수하라
FUTURE PICTURE: STAYING THE COURSE

'미래의 청사진'에 동의한 경우 이것의 변경에는 신중을 기해야 한다. 항해의 비유로 되돌아가 생각해보자. 바람의 방향이 바뀔 때마다 목적지를 변경하는 경우 발생 가능한 현상은 무엇인가?

이 경우는 바람이 서쪽으로 불면 보다 빠르게 갈 수 있다는 생각에서 갑자기 남아프리카의 케이프타운(Cape Town)이 보다 바람직한 목적지라고 결정할 것이다. 며칠 뒤 바람이 다시 북쪽으로 불게 되자 아일랜드의 레익자비크(Reykjavik)가 보다 좋아 보인다고 결정하게 될 것이다.

이처럼 '미래의 청사진'이 우왕좌왕하는 경우 조직에 끼칠 충격을 생각해보아야 한다. 최종 도착지를 묘사하고 있다는 점에서 '미래의 청사진'은 조화 있는 기획과 집행이 가능토록 하는 등대(燈臺)가 되어야 한다. 이 같은 등대가 존재하지 않거나 바람의 방향에 따라 그 위치가 바뀌는 경우 최상의 의도를 갖고 있는 사람들은 전술 수준의 노력, 즉 국지적 차원의 효과를 극대화시킬 목적에서 각자가 나름의 방식으로 행동하게 될 것이다.

일관성을 유지하기 위한 기준이 없다는 점으로 인해 이 경우 사람들은 상호 대립되는 방식으로 일하게 될 것이다. 이들이 이처럼 행동하는 것은 비생산적이고자 할 의도에서가 아니고 상호 공조할 수 있는 방안을 읽고 있지 못하기 때문이다. 그 결과 전체 효과가 부분을 모아놓은 것보다 작아지는 현상이 발생하게 된다.

분명하고도 일관성 있는 형태의 '미래의 청사진'이 갖는 위력은 대단하다. 레이건(Ronald Reagan) 대통령의 경우는 자신의 재임 기간 중이 점을 입증시킨 바 있다.

대통령 선거 당시 레이건을 지지 또는 반대했던 지에 상관없이 대부분의 미국인들은 그가 미국을 위한 분명하고도 일관성 있는 비전을 갖고 있다고 생각하였다. 레이건이 생각하고 있던 비전을 이해하고 있었다는 점에서 백악관의 수천의 사람들은 동일한 방향으로 나아갈 수 있었다.

목적지를 결정한 경우 '인도 지침(Guiding Precept)' – 나아가는 과정에서 여러분을 인도하게 될 법칙과 행위 – 을 가슴속 깊이 각인시켜야 할 것이다.

제6장 요약 : 미래의 청사진

‘미래의 청사진’을 그린다고 함은 미래 어느 순간의 자신의 염원하는 모습을 분명하고도 타당성 있게 기술함을 의미한다.

‘미래의 청사진’은 여러분의 전략에서 가장 중요한 부분이다. 이는 일의 시작에 해당한다. 그 후의 모든 의사결정과 행위는 이것에 근거해 이루어지게 된다.

‘미래의 청사진’을 창안해내기 위한 최상의 방안은 ‘열린 기획’과 미래의 관점에서 현재를 역 추적해오는 ‘구조적 사고’다.

‘미래의 청사진’은 가능한 한 장기적인 성격이어야 하며, 우리의 의식을 확장시키고 풍요롭게 할 수 있는 성질의 것이어야 한다.

‘미래의 청사진’에 관한 주요 서술자(敍述子)들은 화가가 사용하는 다양한 형태의 색채 · 명암 또는 붓놀림과 같다. 이들은 어느 것 할 것 없이 모두가 다 중요하다.

‘미래의 청사진’에서는 여러분이 지향하는 모습만을 정의하고 있으며, 그곳에 도달하고자 할 때 필요한 상세 방안은 정의하고 있지 않다. 때문에 이 같은 청사진을 구비하게 되는 경우 궁극적인 목적지에는 변함이 없지만 도중의 경로는 수정이 가능하다. 이 점에서 볼 때 상상할 수 없을 정도의 융통성을 발휘할 수 있게 된다.

‘미래의 청사진’을 결정한 경우 이것은 어찌할 수 없는 상황에서만 바뀌어야 할 것이다.

모든 ‘미래의 청사진’은 일정 기간이 지나면 그 의미가 상실된다. 다시 말해 이것의 생명 주기는 유한하다.

인도 지침

Guiding Precepts

"여러분이 하고자 하는 일을 알고 있어야 한다"

올바른 사람들이라면 일상 업무에서 조직을 위해 '올바른 일'을 수행할 것이라고 사람들은 암묵적으로 기대하고 있다. 그러나 '올바른 일'을 수행한다는 것의 정확한 의미는 무엇인가?

'올바른 일'을 수행하기 위한 한 방법은 '미래의 청사진'을 염두에 둔 상태에서 모든 의사를 결정하는 것이다. "특정 행위 또는 결정으로 인해 '미래의 청사진'으로부터 멀어지는가? 아니면 가까워지는가?" 장기적으로 사고하고, 소중한 것에 관심을 집중시킴은 매우 중요한 일이다.

그러나 우리들 모두는 최종 결과 이상을 고려해 볼 필요가 있다. 의사결정은 또한 조직의 핵심 신념(조직의 철학과 성격)을 반영해야 한다. 이들 신념을 보다 분명히 명시할수록 보다 더 좋을 것이다.

공식적인 형태로 구체화했는지에 무관하게 핵심 신념들은 조직의 총체적인 행동을 통해 종종 가시화된다. 인류 역사를 통해 보면 조직들은 최선에서부터 최악에 이르는 모든 형태의 행위를 보인 바 있다.

인도의 켈커타에서 활동하던 테레사 수녀는 최고 수준의 동정심을 보여주었다. 그러나 러시아혁명이 발생한 1917년도 당시의 공산주의자들처럼 전적으로 부도덕한 조직들도 없지 않은데, 이들은 "결과가 수단을 정당화한다"는 격언을 신봉하고 있었다.

몸담고 있는 조직에 대해 여러분이 기대하고 있는 행동의 유형은 무엇인가? 여러분에게 중요한 이상과 스타일은 무엇인가? 이들 질문은 기획의 초기 단계, 즉 '미래의 청사진'을 그리는 순간에 답변해볼 필요가 있다. 기대하는 행동 유형을 구체화함은 미래 설계의 주요 일면이다.

리더들 중에는 이것의 중요성을 인지하지 못하고 있는 사람들도 없지 않다. 우리의 고객 회사들 중 한 회사와 이 문제를 놓고 고민할 당시 고위급 중역은 화를 내며 다음과 같이 도전하였다. "이 문제에 시간을 소비해야 할 이유가 무엇입니까? 우리는 권한 위임을 신봉하고 있습니다. 자신들이 하고 싶은 일을 하도록 내버려두십시오. 나의 관심은 결과뿐입니다!"

리더가 이처럼 발언한 경우 발생하게 될 현상은 무엇인가?

"옳소 우리가 옳다고 생각하는 바대로 행동합시다!"라고 사람들이 생각할까? 반대로 기본 원칙이 불분명하거나 존재하지 않는 상황에서는 사람들이 신속히 생각 및 행동하는 경우가 거의 없음을 우리는 알게되었다. 즉각 행동하는 대신 이들은 행동을 주저하는 경향이 있으며, 자신들이 잘못된 형태의 결정을 내리게 되지 않을지를 걱정하고 있었다. 자신들이 원하는 바를 할 수 있다는 상급자의 발언을 이들은 거의 믿지 않고 있었다.

자신들의 리더가 기대 행동을 정의하지 않은 경우에서조차 사람들은 '행동의 경계'와 기대되는 '행동의 유형'이 있다는 점을 잘 알고 있다. 이들 신비스런 법칙을 위배하는 경우 간단한 부정에서 시작해 해고에 이르는 결과가 따를 것이라고 이들은 생각하고 있다. 이들의 생각은 옳다. 공식적으로 언급했던 아니면 암묵적이던 지에 상관없이 준수해야 할 법칙은 항상 있게 마련이다.

기본 원칙의 정립에 어느 정도 기간이 소요된다고 할지라도 여기에 투자한 시간은 충분히 가치가 있다. 행동에 관한 명확히 정의된 기준이 없는 경우 몇몇 부정적인 결과가 발생할 가능성도 없지 않다.

선의의 인간들은 자신들이 적합하다고 생각하는 방식으로 행동하고, 의사를 결정하며 여타 사람과 고객들을 대접할 것이다. 이들은 그 와중에서 자신들이 중요하다고 생각하는 것에 관한 나름의 기준을 적용하게 될 것이다. 명백히 동의되어 있는 기본 원칙이 부재한 경우 의사결정과 행위는 단기적인 사고와 순간적인 감정에 보다 더 영향을 받게 될 것이다. 또한 이 경우는 평사원·관리자 그리고 이사들간의 갈등 가능성이 보다 더 높아지게 된다.

모든 사람들의 행동을 일일이 규제하는 정도는 아니지만 개인의 창의성과 열정이 무르익을 수 있도록 행동의 경계와 기대하는 바에 대한 충분할 정도의 상세한 기본 원칙들이 정의되기를 사람들은 바라고 있다.

마이크로소프트사의 업무총괄담당 부사장(Chief Operating Officer)인 허볼드(Bob Herbold)는 자신의 회사에서의 이 같은 자세를 다음과 같이 표현하였다.

"이는 우리가 한 목소리에 따라 행동해야 하는 경우와 우리의 창의력에 발동을 걸어 최대한 혁신적이 되어야 하는 순간을 인지해 이들간에 적절히 조화를 이룸을 의미한다" '우리의 의사결정의 효율성'에서 그는 이처럼 말하였다. (Driving Digital: Microsoft and Its Customer Speak About Thriving in the eBusiness Era, HarperCollins 2001)

'인도 지침'을 각인시켜라

기본 원칙을 구체화함이 위력적이라는 점을 보여주는 좋은 사례는 인텔이다. 인텔의 경우는 회사원들에게 기대하는 주요 행동을 "혁신을 전달하라(Deliver Innovation)"란 두 단어로 압축해 표현하였다.

창설될 당시 인텔은 트랜지스터란 신세계에 입문한 다수 회사들 중 하나에 불과하였다. 이 같은 회사가 어떻게 트랜지스터 분야를 주도하게 되었는가?

인텔은 미래 기술 창조 측면에서의 자신의 역할을 정의하고 있는 강력한 형태의 청사진을 갖고 있었다. 또한 인텔은 시장에서 자신들을 차별화해야 한다는 굳은 신념을 갖고 있었다. 인텔이 생각한 차별화는 혁신적인 아이디어를 고객의 수요를 충족시키는 실제적인 제품으로 전환시킬 수 있는 일관된 형태의 능력을 의미하였다.

제품의 혁신에만 초점을 맞추고 있던 여타 경쟁 업체들과는 달리 인텔은 시장을 주도할 정도의 신제품을 고객에게 전달해야 한다는 점에 차별성을 두었다. '혁신 전달'에 대한 강조로 인해 인텔의 경우는 제품 혁신과 제품을 고객들의 손에 넘겨줌에 따른 긴박성간에 적절한 균형을 유지하게 되었다. 다시 말해 인텔의 경우는 공정 일정을 준수하고, 생산원가를 줄이며, 분배를 개선하고, 제품의 범주를 늘리며, 고객 지원, 문서화 그리고 기술 개발과 관련된 도구를 제공하였다.

인텔의 경우는 고객들에게 "혁신을 전달한다"는 강력한 형태의 메시지를 조직의 사고에 끼워 넣었는데, 이는 '인도 지침(Guiding Precept)'를 각인시킨 좋은 사례다.

'인도 지침'이란 무엇인가? 이는 행동의 시금석으로서 '미래의 청사진'의 달성이란 과업을 수행하는 도중 허용 가능한 그리고 가능치 않은 행동이 무엇인지를 알려주는 간단한 형태의 문장이다.

효과적인 형태의 '인도 지침'은 두 가지 조건을 충족하게 된다.

첫째 이것의 경우는 철학 및 운용의 측면에서 최고의 의미가 있다고 생각되는 그 무엇을 가장 명확한 용어로 표현하고 있다. 둘째 이것의 경우는 가능한 한 여타 것과 차별화를 강조하고 있다.

인텔이 조직원들의 의식에 각인시킨 내용, 즉 "혁신을 전달하라"는 문장은 이 같은 행동이 매우 중요하다는 점을 조직원들에게 전달해주고 있다. 뿐만 아니라 이는 시장의 여타 경쟁자들과 인텔을 구분시켜 주고 있다.

웅변적으로 표현되는 경우 '인도 지침'은 장기간에 걸쳐 수많은 사람들의 행동에 지대한 영향을 끼치게 된다. 미국의 13개 주가 작성한 독립선언문이 끼친 장기적인 효과를 생각해보자. 다음과 같은 강력한 형태의 문장을 담고 있는 미 독립선언문은 오늘날에도 우리들의 가슴을 뜨겁게 하고 있다.

"우리는 다음의 사실을 자명한 것으로 간주하는데, 모든 인간은 동등한 권리를 갖고 창조되었다는 점, 창조주로부터 불가분의 몇몇 권리를 부여받았다는 점, 이들 중에 생명 · 자유 그리고 행복을 추구할 권리가 포함되어 있다는 점이 바로 그것이다"

미 독립선언문의 초안 작성은 대륙의회(Continental Congress)의 입장에서 보면 매우 어려운 일이었다. 토마스 제퍼슨이 작성한 미 독립선언문의 초안은 열띤 논쟁으로 인해 86번이나 수정되었다. 그러나 이것이 최종적으로 공포된 1776년 7월4일, 모든 사람이 한 마음이 되었다.

그 결과 관련자들의 행동이 즉각 변화되었다. 13개 주의 국민들은 엄청날 정도의 군사 및 정치적 차원의 도전을 극복한다는 동일한 명분을 놓고 하루밤 사이에 단합될 수 있었는데, 이는 독립선언문 덕분이었다. 작성된 지 200년 이상이 지난 오늘날 미 독립선언문은 "인간들로 하여금 족쇄를 벗어 내던지도록 한 신호…독립된 정부의 축복과 안정을 당연시 여기도록 한 신호"의 그리고 "이성과 자유로운 표현을 무한정 추구할 수 있는 권한을 복구해주는 금자탑"으로서 우뚝 서 있다.

조직의 '인도 지침'을 이해한 경우 조직원들은 이들 지침을 일상적인 의사결정의 여과 수단으로 활용할 수 있게 된다. 이것의 위력은 결코 과소 평가되어서는 안 된다. 크고 작음에 상관없이 사람들은 매일같이 다수의 의사를 결정하고 있다.

조직에서 의사를 결정하는 사람들의 숫자와 개개인이 매일같이 하는 의사결정의 횟수를 고려해볼 때 '미래의 청사진'과 '인도 지침'에 근거한 공유된 형태의 의사결정 유형은 반드시 필요하다. 시간이 경과하면서 이 같은 유형은 사람들의 마음속 깊이 각인될 것이다.

간단히 말해 '인도 지침'이 구성원 자신이 되는, 즉 이것이 구성원 개개인과 불가분의 관계를 맺는 그러한 현상이 초래될 것이다.

'인도 지침'의 두 가지 요소
THE TWO ELEMENTS OF A GUIDING PRECEPT

'프로메테우스 과정'에서 우리는 '핵심지령(Prime Directive)'과 '교전규칙(Rules of Engagement)'이란 2가지 수준의 '인도 지침'을 정의함이 유용하다는 점을 알게 되었다.

인도 지침: 핵심 지령
Guiding Precepts: Prime Directives

'핵심 지령'은 기업 및 행동 법칙 중에서 너무나 중요한 형태의 것이다. 때문에 이것의 위배는 결코 용납될 수가 없다.

그리스의 유명한 의사인 히포크라테스는 나름의 '핵심 지령'을 창 안해내었다. 그의 경우는 그리스의 가장 오래된 의학 관련 논문을 집 필하였는데, 이들 중에는 우리가 통상 히포크라테스 선서라고 지칭하 는 의사들의 선서가 포함되어 있다.

이 매력적인 문서를 보게되면 당시의 그리스에서는 추구해야 할 이 상에 관한 원칙을 구비하고 있는 길드(조합)를 의사들이 형성하고 있 었다는 점을 알게 된다. 약간의 예외가 없는 것은 아니지만 이들 선서 는 오늘날에도 타당성이 있다.

히포크라테스 선서 중에서 가장 널리 알려져 있는 부분은 "나는 나 의 능력과 판단에 근거해 환자들의 이익을 위해 최선을 다할 것이며, 어느 누구에게도 해가 되지 않도록 하겠습니다"라는 내용의 의사들에 게 명명한 부분이다. 히포크라테스 선서는 의사들이 준수해야 할 구 체적인 행동 반경을 제시하고 있다. 그 결과 히포크라테스 선서는 근 2,000여 년에 걸쳐 의사들의 행동에 긍정적인 영향을 끼쳐왔다.

그리스의 역사에서 목격되는 또 다른 사례는 도시국가 스파르타의 보다 엄격한 형태의 '핵심 지령'이다. 그곳의 전사들은 전투에 돌입하 기 전에 "방패를 들고 되돌아오던지 아니면 방패 위에 몸을 실려서 되돌아와야 한다"란 말을 들었는데, 이는 항복해서도 그리고 전투에 서 후퇴해서도 안 된다는 의미였다. 이 지령을 준수하지 않는 사람들 은 스파르타란 국가로부터 버림을 받았다. 다시 말해 이들의 경우는 스파르타 사람이 아니었다.

성경의 십계명은 너무나 강력한 형태의 '핵심 지령'이다. 그 결과 십계명은 수천 년 동안 사람들의 행동에 지대한 영향력을 행사해오고 있다.

오늘날 몇몇 기업 조직의 경우는 자신들의 '핵심 지령'에 관해 매우 분명히 하고 있는데, 여기에는 나름의 이유가 있다. 기업의 세계에서

'핵심 지령'은 구성원이 여기에 서명하고 준수하던지 아니면 조직을 떠나던지 할 정도로 중요한 요소다.

3M 주식회사는 혁신에 관한 강한 의지를 회사의 '핵심 지령'에서 다음과 같이 요약해 표현하고 있다. "신상품에 관한 아이디어를 어느 누구도 죽이고자 해서는 안 된다."

다수의 기업과 비영리 조직의 경우는 '핵심 지령'으로 분류될 수 있는 타협 불가능한 성격의 법칙들을 갖고 있다. 예를 들면 항공회사의 경우는 비행 승무원들에게 "주요 관심 사항은 승객 안전이다"라는 내용을 가르치고 있다.

1991년도 걸프전에서의 '핵심 지령'은 대전략과 관련된 기본 원칙인데, 여기서는 가능한 그리고 가능치 않은 행동이 무엇인지를 분명히 하고 있다. 여러분은 이 책의 앞부분에 언급되어 있는 다음과 같은 구절을 기억할 것이다.

- 사담과 그의 정책이지, 이라크 국민에 대항해 전쟁을 수행하는 것이 아니다.
- 이라크 국민의 살상과 재산 피해를 최소화하도록 노력해야 할 것이다.
- 미군과 다국적군의 인명 피해를 최소화해야 할 것이다.
- 전역(戰役: Campaign)은 미국의 강점을 최대한 활용해 수행될 것이며, 이라크가 요구하는 형태의 전투는 가능한 한 피할 것이다.

다국적군이 전략을 기획하고 그에 따른 전술 수준의 모든 의사를 결정하는 과정에서 이들 4가지의 '핵심 지령'은 기준이 되었는데, 당시 전쟁의 결과는 이들 지령에 힘입은 바 크다.

여러분이 몸담고 있는 조직에 적합한 형태의 '핵심 지령'은 무엇인가? 절대적으로 준수해야 할 법칙은 무엇인가? '핵심 지령'을 만드는 과정에서는 다음의 사항을 염두에 두어야 할 것이다.

- 이들의 숫자는 작아야 한다. 3 또는 4개를 초과하지 않는 것이 바람직하다.
- 이들은 조심스럽게 채택해야 한다. '핵심 지령'을 채택할 때는 이것으로 인해 유발될 결과를 깊이 생각해 보아야 한다.
- 일단 선언하고 그 내용을 전달한 이상 이것을 진지하게 간주해야 한다. '핵심 지령'은 선택 사항이 될 수 없다. 이들의 준수는 조직에 참여하기 위한 선결조건이다.

특정 법칙이 중요하다고 생각되는 반면 이것을 위배해도 해고되지 않는다면 이는 '핵심 지령'의 수준이 아니다. 이는 보다 일시적인 성격인 교전규칙(交戰規則: Rule of Engagement)에 해당한다.

인도 지침: 교전규칙

Guiding Precepts: Rules of Engagement

'핵심 지령'과 마찬가지로 '교전규칙'은 준수해야 할 성질의 것이다. 그러나 이는 상황에 따라 바뀔 수 있는 성질의 것이다. 교전규칙은 행동과 의사결정이 특정의 운영 맥락 안에서 진행되도록 하는 과정에서 매우 유용한 요소다.

시장에서 1위 또는 2위가 될 수 있는 분야에서만 영업하겠다는 제너럴일렉트릭(GE)의 정책은 기업 교전규칙의 좋은 사례다.

이 같은 기준 원칙으로 인해 지이 캐피털(GE Capital)과 같은 GE 자회사의 매니저들은 자신의 기업이 기준에 미달하는 경우 발생할 사항이 무엇인지를 잘 알고 있다. 마찬가지로 GE 부서에서 합병과 인수를 담당하고 있는 사람들은 시장에서 1위 또는 2위를 점유하고 있지 않은 회사의 경우 합병 이후 이 같은 수준으로 신속히 올라갈 가능성이 없는 한 인수를 제안하지 않을 것이다. 간략히 말해 이 같은 교전규칙은 GE 내부의 의사결정에 지대한 영향을 끼치는 강력한 형태의 차폐물(방호벽)이다.

우리의 고객인 바마 컴퍼니(Bama Company)의 경우는 맥도널드 회사에 물품을 공급해주는 주요 공급자인데, '미래의 청사진'의 일환으로 합병과 획득을 위한 부서를 신설하였다. 새로운 조직에 대해 이들이 설정한 교전규칙에는 바마(Bama)의 문화와 조화를 이룰 수 있는 기업만을 인수하겠다는 내용의 문장이 있다.

그런데 이곳의 문화는 안전, 정직 그리고 조직원 모두의 삶의 질에 대한 높은 수준의 열정을 강조하는 형태의 것이었다. 이 같은 여과 장치로 인해 이곳의 경우는 구입해야 할 회사의 성격에 관해 의사를 신속히 결정할 수 있게 되었다. 회사의 문화와 조화를 이룰 수 없는 형태의 회사를 놓고 협상을 벌이는 과정에서의 수천의 시간을 이 같은 '인도 지침'으로 인해 절약할 수 있었다고 바마(Bama)는 생각하였다.

주요 변혁을 주도할 당시 모토롤라는 긴급하고도 전략적 차원의 관심 사항인 리더의 보임이란 문제를 다루기 위한 교전규칙을 창안해내었다. 모토롤라 리더십 사무소(Office of Leadership)의 부서장인 샌디 오그(Sandy Ogg)는 레란드 러셀(Leland Russell)과의 인터뷰에서 다음과 같이 설명하였다.

리더십 측면에서의 융통성이 절실히 요구되었습니다. 예를 들면 무전기를 다루는 부서에서 나름의 기회 또는 위기가 발생한 경우 우리는 우리가 보유하고 있는 가장 우수한 자원을 그곳으로 신속히 이동시킬 수 있어야 할 것입니다. 이 같은 과정에서의 문제는 관료주의입니다. 이 경우 우수 요원을 거느리고 있는 상사의 허락을 받아야 할 것인데, 상사는 분명히 다음과 같이 답변할 것입니다.

"그는 준비가 되어 있지 않습니다" 또는 "그는 우리가 수행하고 있는 임무에 너무나 중요한 인물입니다" 또는 "그를 손실하는 경우 우리들 모두가 피해를 봅니다" 또는 "그가 자리를 옮기는 경우 대체할 수 있는 사람이 없습니다"

우수 요원의 부서 이전이 회사 측면에서 전략적으로 얼마나 중요한 사안인지에 상관없이 이 같은 일련의 변명으로 인해 사람을 이전시킬 수 없게 됩니다.

나의 경우는 모토롤라 내부에서의 리더의 이동과 관련된 교전규칙을 창안해내는 방식으로 이 문제를 해결하였습니다. 원칙은 매우 간단합니다. "이 순간 회사에 가장 중요한 사안은 무엇인가? 이들 사안을 해결할 수 있는 최선의 리더들은 누구인가?" 이들 리더를 규명한 이후 이들의 부서 이전을 추진하였습니다. 이 경우 부서의 이전에 거부권을 행사할 수 있는 사람은 오직 두 사람입니다. 이들 중 하나는 받아들일 부서의 매니저인데, 그의 경우는 이 사람이 일에 적합한 인물인지에 동의해야 할 것입니다. 또 다른 사람은 선발된 바로 그 리더입니다. 그의 경우는 이동을 거부해야 할 합법적이고도 개인적인 몇몇 이유가 있을 수 있을 것입니다.

이 같은 교전규칙을 설정해 적용함에 따라 회사의 성공이란 측면에서 지대한 효과가 있었습니다. 이제 어느 누가 나에게 와서 "폴(Paul)을 도와주기 위해 피터(Peter)를 빼앗아 가고 있다"고 말하면 "피터를 빼앗아 간 것은 회사의 입장에서 승리할 목적에서다"고 답변할 수 있게 되었습니다.

기본 원칙이 없이도 '미래의 청사진'에서 제기된 사항들을 달성할 수 있는가? 분명히 그러할 것이다. 그러나 그 과정에서 적지 않은 비용이 소요될 가능성도 없지 않다.

10억$ 자산의 회사가 되겠다는 자신의 '미래의 청사진'을 바마(Bama)는 회사 구입에 관한 문화적 차원의 요구사항을 명시하지 않고도 성취할 수 있을 것이다. 사실 이 같은 기준이 없는 경우 관련 회사들을 발굴해 보다 쉽게 매입할 수도 있을 것이다. 그러나 바마 사람들의 시각에서 보면 그 과정에서 너무나 많은 비용이 소요될 가능성도 없지 않았다. 따라서 하나의 그룹으로서 이들은 다음과 같은 의식 있는 선택을 하였다. "우리의 문화를 그대로 유지한 채 '미래의 청사진'에 도달함이 매우 중요하다"

교전규칙의 경우는 '미래의 청사진'에 초점을 맞추어 지원해야 한다. 예를 들면 회사의 '미래의 청사진'에 "우리는 고도로 모험적이 될 것이다"는 주요 서술자(敍述子)가 포함되어 있다고 가정해보자.

일반적으로 모험가란 주요 이익을 추구하는 과정에서 모험할 자세가 되어 있는 사람을 말한다. 그러나 여기서 수용 가능한 모험의 수준은 어느 정도인지? 수용 가능한 모험의 수준을 정의해주는 교전규칙이 부재한 경우 사람들은 전혀 수용할 수 없는 형태의 제품과 프로젝트에 시간과 자금을 투자하게 될 것이다.

"모험적이다"는 의미를 새로운 기회를 탐구할 자세가 되어 있지만 감수하게 될 위기의 수준에 어느 정도 제한을 두는 것으로 조직의 지휘부가 정의했다고 가정해보자. 이 경우 적정 형태의 교전규칙은 다음과 같을 것이다.

"회사의 운명을 담보로 할 정도의 모험적인 프로젝트는 없을 것이다. 기존 기업의 핵심 부서에 해가 될 정도의 프로젝트는 없을 것이다"

이 같은 교전규칙을 분명히 정의해 전달하게 되면 그것 자체로는 훌륭해 보이지만 의사결정과 관련된 특정 여과장치에 저촉되는 아이디어를 놓고 자신과 여타 사람의 시간을 낭비하고자 하는 사람은 거의 없게 될 것이다. 이들의 경우는 조직의 관점에서 올바로 일 하고 있다는 확신을 갖고 의사를 결정할 수 있게 될 것이다. 이 점에서 이들이 보다 신속히 일을 처리하게 될 가능성이 높아지게 된다.

MILITARY RULES OF ENGAGEMENT

교전규칙이란 군에서 유래된 용어인데, 이는 전투 상황에서 가능한 행동과 가능하지 않은 행동이 무엇인지를 정의해주고 있다. 이들 규칙은 고정적인 성격의 것이 아니다. 이들은 전투 상황에 따라 재차 고려되는 성질의 것이다.

1991년도의 걸프전 당시 이라크로 침공해 들어간 최초의 F-15 전투기들은 "레이더 또는 눈으로 항공기를 목격한 경우 격추시켜라"는 내용의 교전규칙을 갖고 있었다. 그 후 상황이 보다 복잡해지고 다국적군 항공기들이 공중에서 조우하는 경우가 빈번해짐에 따라 "항공기가 적기임을 전자적(電子的)으로 확인하지 않은 경우 발사하지 마라"는 내용에서 보듯이 교전규칙이 보다 엄격해졌다. 그 후 이라크 항공기의 비행 가능성이 없어지자 눈으로 직접 확인을 요구할 정도로 교전규칙이 보다 더 엄격해졌다.

교전규칙은 돌에 각인시켜 놓은 것이 아니라는 점, 다시 말해 수정 가능하다는 점은 엄청날 정도의 이점이다. 정적으로 고정되어 있는 형태의 상황은 거의 없다. 시장 역학이 근본적으로 전환되거나 조직이 전혀 새로운 상황으로 이전되는 경우는 교전규칙을 재차 평가해야 할 것이다. 어제의 규칙을 아직도 적용할 수 있을 것인가?

상황에 대처할 목적의 올바른 형태의 교전규칙을 갖도록 하고, 이들 교전규칙이 쉽게 이해될 수 있도록 하는 것은 리더의 임무다. 너무나 복잡하고 난해한 경우 이들 교전규칙은 거의 쓸모가 없게 된다. 리더는 교전규칙을 모든 조직원들이 인지 및 이해하도록 해야 하는데, 이는 가장 중요한 사항이다.

교전규칙을 재차 정의할 능력을 구비하고 있는 경우 얻을 수 있는 특별한 이점이 있는데, 이는 조직의 의사결정 유형을 전환시키는 과정에서 이것이 적지 않은 도움이 된다는 점이다. 이처럼 활용하는 경우 교전규칙은 대대로 전해 내려오는 형태의 사고방식을 청산하고, 조직 내부에서의 신속한 구조 변화를 관리하기 위한 강력한 형태의 도구가 될 수 있을 것이다. 교전규칙을 만드는 경우 다음의 사항을 염두에 두어야 한다.

- 교전규칙은 분명하고도 명쾌해야 한다. "간단해야 한다"는 원칙을 적용하라.
- 교전규칙은 영원 불변의 것이 아니다. 이는 특정 순간의 '일 처리 방식'이다. 상황이 이것의 변경을 요구하는 경우 교전규칙을 바꿀 수 있어야 한다.
- 삭제 또는 변경되기 이전에는 교전규칙의 개개 항목을 준수해야 한다. 일시적 성격의 것이라는 점이 이것을 간과할 수 있다는 의미는 아니다.

'인도 지침'을 각인시키기 위한 방안
HOW TO ENGRAVE THE GUIDING PRECEPTS

'인도 지침'(핵심지령과 교전규칙)을 단순히 정의하는 것만으로는 충분치가 않다. 이들 지침의 생활화가 중요한데, 이는 쉬운 일이 아니다. 이것이 얼마나 어려운 일인지를 이해하려면 '계산된 규칙(Calculated Rules)'과 '자명한 행동(Axiomatic Behavior)'간의 역학을 고려해볼 필요가 있다. '계산된 규칙'은 개인 또는 회사가 수행하겠다고 주장하는 바로 그 부분을 말한다. '자명한 행동'은 위급 상황에서 개인 또는 회사가 수행하는 부분을 말한다.

이들 둘이 어떻게 경합을 벌이는 지를 보여주는 간단한 사례가 있다. 저녁식사 전에 아기가 사탕을 달라고 조를 때 벌어지는 현상에 대해 우리들 모두는 어느 정도 친숙해져 있다. '계산된 규칙'에서는 "식사가 끝나기 이전에는 사탕을 줄 수 없다"고 주장하고 있다. 그러나 부모가 '계산된 규칙'을 포기하는 그 순간까지 아기는 지속적으로 사탕을 요구하게 된다. 때문에 부모는 '자명한 행동'인 "오직 하나만 먹어야 해"로 전환하게 된다.

지속적으로 강요해오면 가족과 마찬가지로 조직의 경우 또한 '계산된 규칙'의 유지가 어려워진다. '계산된 규칙'을 준수하면 다수의 바람직한 결과가 있음에도 불구하고 지속된 압력으로 인해 위기에 직면하는 경우에는 '자명한 행동'으로 전환하는 경향이 높다.

이것을 보여주는 전형적인 사례는 새로운 형태의 교전규칙에 관한 1980년도 초반의 IBM의 경우다. 당시 IBM은 "개인컴퓨터(PC) 시장을 공격적으로 개발해내라"는 교전규칙을 갖고 있었다.

IBM은 이 같은 '계산된 규칙'을 얼마 동안은 준수하였다. 그러나 IBM의 문화에는 "PC가 아니고 대형 컴퓨터가 우리의 주요 시장이다"는 믿음이 각인되어 있었다. 다시 말해 이는 IBM의 입장에서 보면 '자명한 행동'에 해당하였다.

IBM 내부에서 문화적인 충돌이 발생해 결과적으로는 '자명한 행동'이 승리하게 되었다. PC 분야에 근무하던 사람들은 아몽크(Armonk)에 위치해 있던 본부로 소환되었는데, 이곳의 경우는 보다 감독이 심했으며 개인들이 역량을 발휘해 일할 수 있는 분위기가 아니었다.

그 후 곧바로 IBM은 PC 분야에서의 자신의 막강한 입지를 상실하였다. 그 결과 IBM은 근10년에 걸쳐 주식가격이 하락하고, '시장 자본화(Market Capitalization)'가 떨어졌으며, 감원의 소용돌이 속에 휩싸이게 되었다.

특별한 기획을 갖고 있지 않는 한 대부분의 조직에서는 '자명한 행동'이 득세하게 마련이다. 조직 내부에 특정의 행동 유형을 정착시키려면 '인도 지침'은 벽에 걸려 있는 고상한 형태의 발언 이상이 되어야 할 것이다. 소위 말해 조직의 의식 구조에 이것이 각인되어야 할 것이다. 그렇다면 이 같은 목표를 달성하기 위한 방안은 무엇인가?

첫째, 이들 '인도 지침'을 정의하는 과정에서 가능한 한 많은 사람들을 포함시켜야 한다. 시작 첫 날부터 올바로 선택하고 주요 집단을 자신의 동지로 만들 수 있도록 '열린 기획'이란 방식을 사용해야 한다. 둘째, '인도 지침'의 준수에 일관성이 있어야 한다. 이들 지침은 조직의 '유전자 코드'의 일부분이 되어야 한다.

이 같은 과정에서 사람들은 몇몇 예측 가능한 단계를 거치게 될 것이다. 맨 처음 이들은 무의식적으로 이들 규칙을 위배하게 될 것인데, 그 이유는 이들 규칙에서 기대하는 사항들이 새로울 뿐 아니라 친숙치 않은 형태의 것이기 때문이다. 그 후 이들은 지침의 문제를 놓고 자신과 여타 사람들이 투쟁을 벌이는 모습을 목격하게 될 것이다.

이 단계에서는 "우리가 이것을 할 수 있을지? 이것의 수행이 가치가 있는가?"와 같은 질문에서 보듯이 나름의 의문이 시작될 것이다.

마지막으로 리더가 대화를 인도하고 일관성을 유지하는 경우 시간이 지남에 따라 '인도 지침'이 조직의 '유전자 코드'의 일부가 될 것이다. 우리가 의도하는 바는 바로 이것이다.

'인도 지침'의 각인 과정은 다음의 방식을 통해 용이해질 수 있다.

- 가능한 한 많은 사람들이 참여하는 전반적인 기획 과정의 일부로서 '인도 지침'을 개발해낸다.
- 일체 예외 없이 고위급 관리자들 모두가 '인도 지침'에 근거해 의사를 결정하고 행동해야 한다고 주장한다.(이들이 동의하지 않는 지

침은 처음부터 채택하지 말았어야 했을 것이다.)

• '인도 지침'의 준수와 관련해 포상 방안을 강구한다.

• 회합·대화 그리고 발간물을 통해 '미래의 청사진'과 마찬가지로 '인도 지침'의 준수를 지속적으로 강요한다.

• 행동의 전환을 위한 시간의 틀을 설정한다. 이 기간 동안에는 단점과 도전을 인정하는 과정에서 솔직해야 한다.

미래의 설계와 관련된 3가지 측면, 즉 "환경을 조망한다", "미래 청사진을 그린다", "인도 지침을 각인시킨다"란 문제를 우리는 다루었다. 8장에서는 미래의 설계와 관련된 마지막 측면 즉 '평가 방안' 정립이란 문제를 다루게 될 것이다.

제7장 요약 : 인도 지침

　'인도 지침'이란 행동의 시금석이다. 이는 '미래의 청사진'의 달성을 위한 과업을 수행하는 도중 허용 가능한 그리고 가능치 않은 행동이 무엇인지를 알려주는 간단한 형태의 문장이다.

　효과적인 형태의 '인도 지침'은 두 가지 조건을 충족하게 된다. 첫째 이것의 경우는 철학과 운용의 측면에서 최고의 의미가 있다고 생각되는 그 무엇을 가장 명확한 용어로 표현하고 있다. 둘째 이것의 경우는 가능한 한 여타 것과 차별화를 강조하고 있다.

　'프로메테우스 과정'에는 두 가지 수준의 '인도 지침'이 있는데, '핵심 지령'과 '교전규칙'이 바로 그것이다. '인도 지침' 중에서 가장 차원이 높은 '핵심 지령'은 너무나 중요한 형태의 기업 또는 행동 법칙이기 때문에 이것의 위배는 절대로 용납될 수가 없다. '교전규칙'은 행동과 의사결정이 특정의 운영 맥락 안에서 진행되도록 하는 과정에서 매우 유용한 요소다.

　'계산된 규칙'은 개인 또는 회사가 자신이 수행하겠다고 주장하는 바로 그 부분을 말한다. '자명한 행동'은 위급 상황에서 개인 또는 회사가 수행하는 부분을 말한다.

　리더는 '인도 지침'이 '자명한 행동'이 되는 최악의 순간까지 대화를 지속해야 한다.

최상의 평가방안

Measures of Merit

"얻어지는 결과는 평가방안에 따라 달라진다"

카르타고(Carthage)의 한니발(Hannibal)을 군 역사상 가장 위대한 지도자 중 한 사람으로 생각하는 사람들이 적지 않다.

카르타고가 로마에게 제해권(制海權)을 상실한 기원전 218년 한니발은 주도권을 장악하고는 스페인에서 출발해 피레네산맥을 너머 프랑스의 남부 지역을 지나 1,500여 마일의 육로를 거쳐 이탈리아를 침공하였다. 그는 병참 · 정보 및 심리전 측면에서 혁신적인 기교를 발휘했을 뿐 아니라 기병과 보병을 음악을 연주하듯이 매우 훌륭히 지휘하였다. 그 결과 당시 로마군의 입장에서 보면 그는 가장 가공할 능력을 구비한 적군이었다.

깐네(Cannae)에서 로마군은 80,000에 달하는 한니발 휘하 육군을 직접 공격하는 방식으로 격멸시키고자 노력하였다. 당시 한니발은 최대의 승리를 거두었다. 로마군은 병력 수에서 한니발의 군사력을 압도하고 있었다. 그러나 한니발은 로마군이 예전에 접하지 못한 형태의 전술 기동을 이용해 로마군을 완파해버렸다.

당시 한니발은 중앙으로 진격해오는 로마군에 대항해 중앙의 자군을 후퇴시키는 한편 양 측면의 군대를 이용해 이들 로마군을 포위하는 전술 기동을 활용하였다.

한니발이 사용한 전술은 오늘날에도 널리 연구되고 있을 정도로 매우 우수한 형태의 것이다. 1991년도의 걸프전에서 다국적군은 이라크군의 좌익 방향으로 진격해 이들을 포위한 바 있는데, 이는 2,200여 년 전에 한니발이 사용한 기동과 너무나 유사하다.

전략적 기준에 근거한 평가
MEASURING STRATEGIC SUCCESS

한니발이 전술 측면에서의 천재였음은 분명하다. 그러나 그가 진정 성공한 군사 지도자였는가? 여기에 대한 답변은 성공의 평가 방식에 따라 달라지게 된다. 근 10여 년의 기간 동안 한니발은 이탈리아반도에서 진행된 무수한 전투에서 승리를 거두었다. 그러나 전투에서의 승리에도 불구하고 여러분이 의도하는 전략목표, 즉 '미래의 청사진'을 구현할 수 없다면 이 같은 승리는 별로 소용이 없을 것이다.

1단계   2단계

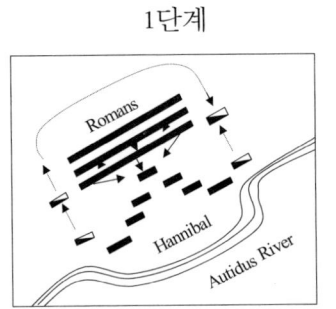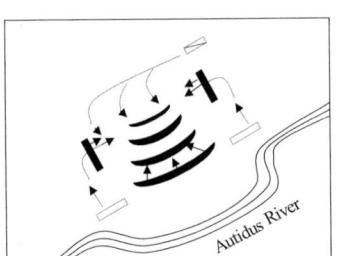

[그림 8.1] 깐네 전투

카르타고인들이 구상하고 있던 '미래의 청사진'은 로마군이 원칙을 좌우하는 그러한 세상이 아닌 자신들이 자유롭게 무역할 수 있는 세계를 만들어내는 것이었다. 이 같은 '미래의 청사진'을 놓고 볼 때 성공의 주요 평가 기준은 로마의 도시들이 그 근간을 이루고 있던 로마의 세력을 격파했는 지의 여부였다.

엄청날 정도의 로마 육군을 깐네에서 격멸시킨 이후 한니발은 로마로의 진격을 거부하였다. 이는 패배에 따른 심리적 충격으로 인해 자신에 대항하고 있던 로마군의 동맹이 와해될 것으로 그가 생각하고 있었기 때문이었다.

그러나 카르타고 군에서 한니발 다음으로 2인자였던 마하발 (Maharbal)은 로마군에 대항해 전략적으로 승리하려면 석양(夕陽)이 지기 이전에 로마로 진격해 들어가야 한다는 점을 인지하고 있었다.

이처럼 진격해야 한다는 점에 관해 한니발을 설득시키지 못하게 되자 그는 허탈한 심정에서 다음과 같이 말했다고 한다.

"신이 한 인간에게 모든 형태의 선물을 주는 경우는 거의 없다. 한니발에게는 전투에서 승리할 수 있는 능력은 부여하였지만 전승(戰勝)에 필요한 자질은 신이 유보하고 있다"

전역(戰役: Campaign) 수행 이전과 비교해볼 때 이것을 수행한 이후의 상태가 보다 더 좋아졌는지의 여부가 전략적인 승리를 평가하기 위한 한 방안인데, 여기에는 이견이 있을 수 없을 것이다.

근 10년에 걸쳐 한니발이 이탈리아 반도에서 수행한 전역은 대부분의 기준에서 보면 성공적이었다. 그러나 이 같은 결과로 인해 카르타고군은 절대 위기에 직면하게 되었다.

전승을 측정하기 위한 궁극적인 기준은 전투에서의 승리가 아니고 평화를 얻을 수 있는 지의 여부일 것이다. 승리를 전략적 측면에서 평가해보면 한니발은 비참히 패배하였다. 당시 상황은 어떠했는가?

로마 육군을 깐네에서 격파한 이후 한니발은 진정한 의미에서의 승리, 즉 전략적인 승리를 얻어낼 수 있는 절호의 기회를 맞이하고 있었다.

당시 로마는 무방비 상태에 있었다. 그곳으로 진격해 들어갔더라면 한니발은 적의 주요 중심(重心: Center of Gravity)을 격파할 수 있었을 것이다. 그러나 전쟁과 기업에 종사하는 다수의 사람들과 마찬가지로 한니발은 전술적인 승리를 전략적인 승리와 혼동하고 있었다. 전투에서 승리했다는 점으로 인해 한니발은 전쟁에서 승리했으며 그 결과 평화의 시대가 도래할 것으로 생각하였다.

당시의 역사를 통해 얻을 수 있는 매우 귀중한 교훈이 있는데, 이는 전술적인 승리와 전략적인 승리는 같지 않다는 점이다. 훌륭한 지도자라면 전술적인 승리에 도취되거나 지나칠 정도로 감명 받지 않을 것이다. 이상하게 들릴지 모르지만 전술적인 승리와 전략적인 승리간에는 거의 상관관계가 없다. 월남전 당시 미군에 대항해 북부월남이 거의 모든 전투에서 패배하였지만 전쟁에서 승리했다는 점을 상기해 볼 필요가 있다.

최상의 평가 방안 정립
ESTABLISHING THE MEASURES OF MERIT

미래를 설계하는 과정에서의 최종 단계는 '미래의 청사진'을 측정 가능한 형태가 되도록 하고, 모든 전술적인 사건과 의사결정들을 여과해줄 수 있는 전략적 성격의 '최상의 평가방안(Measures of Merit)'을 정립하는 것이다.

조직의 개개 단계에서 '최상의 평가방안' 정립이란 문제에 적정 시간과 노력을 투입하지 않는 경우는 전투에서 승리하고 전쟁에서 패배한 한니발과 같은 신세가 될 것이다.

전술적인 승리, 즉 전투에서의 승리가 전략적인 승리 즉 전쟁에서의 승리와 동일하지 않다는 점을 명심해야 할 것이다. 전술적인 승리와 전략적인 승리를 구분하기 위한 방안은 무엇인가? 이 경우는 특정 사건이 여러분이 구상한 '미래의 청사진'에 끼칠 충격을 생각해보아야 할 것이다. 카르타고인이 구상한 '미래의 청사진'(로마의 지배와 간섭으로부터 자유로운 세상)을 놓고 볼 때 깐네 전투에서의 승리 자체에는 특별한 의미가 없었다. 진정 중요한 것은 로마제국의 세력을 붕괴시키는 것이었다.

수단이 아니고 결과를 놓고 평가하라
MEASURE ENDS, NOT MEANS

설득력 있는 목적지(미래의 청사진) 그리고 분명한 형태의 기본 원칙(인도 지침)과 마찬가지로 '최상의 평가방안'은 전략적인 사고와 행동, 즉 장기적인 관점에서의 승리에 필요한 개념들과 행위들을 조장할 목적의 것이다. 이제 전략적인 평가방안, 즉 '최상의 평가방안'과 전술 수준의 평가 방안들을 구분하기 위한 방법은 무엇인가?란 문제를 재차 질문해보자.

전술적인 평가 방안에서는 전술 수준 행위들(이들은 수단에 불과함)의 품질과 횟수를 목적 그 자체로 평가하고 있다. '최상의 평가방안'에서는 이들 전술 행위에 의한 결과를 '미래의 청사진'이란 목표(최종적으로 추구해야 할 결과)의 관점에서 평가하게 된다.

고차원의 평가 방안들이 항상 쉽게 이해될 수 있는 성질의 것은 아니다. 제2차 세계대전 당시 독일에 대항한 영국의 전쟁 노력을 지원할 목적에서 미국은 '무기 대여(Lend Lease)' 프로그램을 시작하였다.

당시 독일은 전쟁 물자를 영국으로 운반하고 있던 미국의 상선(공식적으로 중립국이라는 점으로 인해 미국의 상선은 비무장 상태였다.) 들을 공격하고 있었다. 독일군의 잠수함과 독일의 장거리 폭격기들은 이들 상선에 엄청날 정도의 충격을 안겨주고 있었다. 무언가 나름의 조치를 강구해야만 하는 상황이었다. 그 결과 미 해군은 상선에 대공포를 설치하고 해군의 훈련된 포수들을 배치하였다.

일본군에 의한 진주만(眞珠灣) 공격 이후 미 해군은 태평양 전구(戰區: Theater)에서 즉각 사용할 목적에서 상선에 배치되어 있던 대공포와 해군 요원들을 철수시키라고 명령하였다. 여기에 대해 나름의 반대가 있게 되자 미 해군은 다음과 같이 변명하였다.

"대공포와 해군 요원이 상선에 배치되었음에도 불구하고 이들이 독일군의 폭격기를 별로 격추시키지 못했다"

독일군 폭격기의 격추란 전술적인 평가 기준에서 볼 때 대공포와 해군 요원을 상선에 배치시킨 행위는 일본군의 진격을 저지하고자 할 때 절실히 필요한 귀중한 자원들을 낭비한 행위와 다름이 없었다.

일련의 조치가 취해지기 전에 나름의 판단력을 구비하고 있던 사람이 당시의 상황에 개입하고는 다음과 같이 질문하였는데, 이는 매우 다행스런 일이었다.

"먼저 상선에 대공포를 설치한 전략적 차원의 목적은 무엇입니까? 이것이 독일군의 폭격기를 격추시킬 목적의 것입니까?"

이들 대공포를 상선에 설치할 당시의 전략 목적은 상선이 직면하고 있던 난관을 해소시켜 이들이 영국으로 안전히 갈 수 있도록 하는 것이었다. 상선에 대공포를 설치한 이후 독일군 폭격기에 의해 격침된 상선이 대폭 줄어들었다.

대공포 요원들이 독일군의 폭격기를 격추시키지 않았음에도 불구하고 상선의 격침 비율이 그처럼 감소한 것은 무슨 이유 때문인가?

여기에 대한 답변은 다음과 같다.

상선을 무장시키지 않았을 당시 독일공군의 조종사들은 배의 돛대 꼭대기 정도로 저공 비행할 수 있었다. 이 같은 고도에서 폭탄 또는 어뢰를 투하하는 경우 이들이 상선에 명중할 확률은 매우 높았다.

그러나 대공포 요원들이 이들 폭격기에 포를 발사하게 되자 조종사들은 자신들을 향해 날아오는 일군의 포탄을 목격하게 되었다. 그 결과 이들은 상선의 돛대 꼭대기에 해당할 정도의 저고도로 비행함이 바람직하지 않다는 점을 인지하게 되었다. 독일군 조종사들은 현명한 조종사들이 선택할 수 있는 방안, 즉 보다 높은 고도에서 공격함이 보다 안전할 것이라고 생각하게 되었다.

독일군들에게는 불행한 일이었지만 보다 높은 고도에서 폭탄 또는 어뢰를 투하하는 경우 이들이 의도하는 목표, 즉 상선에 명중할 확률은 높지 않았다. 그 결과 연합군 상선은 거의 격침되지 않았는데, 이는 다행스런 일이었다.

대공포의 효과를 전략적 측면에서 측정하게 되자 상선에서 이들 대공포를 제거하겠다던 결정이 철회되었다. 대공포의 철수와 관련된 내용을 보완하여 미 해군은 이들 대공포를 상선에 잔류하도록 하였다. 해군의 대공포 요원들은 자신들이 절실히 요구되던 태평양 지역으로 이동하였으며, 그 자리를 상선 요원들이 대체하였다.

이들 선원이 제대로 훈련되어 있지 않았다는 점은 중요한 문제가 아니었다. 왜냐하면 이들이 독일군의 폭격기를 격추시킬 수 있는 지의 여부는 전략 목표의 관점에서 볼 때 중요한 일이 아니었기 때문이다.

일반적인 규범: 전술적인 평가

대부분의 조직들은 전술 수준의 평가에 안주하는 경향이 있다. 이들의 경우를 보면 보다 높은 수준의 평가란 것이 전술 수준의 평가들을 모아놓은 형국이다. 예를 들면 최근까지만 해도 미 공군은 매일의 전투 작전을 항공기의 출격 횟수, 투하한 폭탄의 규모, 명중시킨 표적의 숫자 그리고 소비한 연료의 양이란 측면에서 측정하였다.

이들에 관한 통계수치는 유용하고도 필요할 것이다. 그러나 이들은 전략 결과와 관련된 정보를 제공해주지 못하고 있다. 이 같은 통계수치를 중시하는 관행에서는 일군의 아측 행위가 적에 끼친 실제 효과는 무엇인가?란 주요 질문을 고려하지 않고 있다.

1920년대 중반 북아메리카의 Marketing and Refining Group of Mobile Oil(현재 이것은 엑손모빌(ExxonMobil)이 되었음)은 조직이 전술적인 평가 방안에 초점을 맞추는 경우 발생 가능한 일이 무엇인지를 알아내었다. "역사적으로 우리가 사용한 평가 기준의 대부분은 진정 우리가 원하는 방향으로 사람들을 몰고 갈 수 있는 형태의 것이 아니다"고 이 회사의 중역인 브라이언 베이커(Brian Baker)는 회상하였다. 당시 평가 방안에 대한 반응으로 나타난 회사원들의 행동은 장기적이지 못했으며, 자기 중심적이었다. 베이커는 모든 사람들의 업적을 평가한 결과를 전반적인 전략과 연계시켰다. 그 후 정확히 2년 뒤이 회사는 기업 순위란 측면에서 최하위에서 최상위로 급등하였다.

계층적 구조를 유지하고 있던 대형의 한 의료센터의 경우는 병원 전체를 고려하지 않고 부서 차원에서의 독자적이고도 전술적인 판단에 근거한 평가 방안이 얼마나 비생산적인지를 많은 희생을 치른 뒤에 절감하게 되었다. 다수의 건강 관련 조직들과 마찬가지로 이곳에서는 비용 절감을 통해 재정 적자를 줄이고자 하였다.

이곳 의료센터의 모든 부서가 고통에 동참해야만 하였다. 개개 부서의 관리자들은 특정 비율로 경비를 신속히 삭감하라는 지시를 받았다. 개개 부서간에 상호 협조와 조율이 이루어지지 않는 연통형(Stovepipe) 구조로 인해 이곳 의료센터에서는 부서를 초월한 형태의 상호 조정은 발 디딜 틈이 없었다. 또한 상호 협조에 따른 보상도 찾아볼 수 없는 상황이었다.

비용 절감이란 전술적인 기준에 근거해 요원들을 평가하던 관행으로 인해 그리고 평가에 따른 압박으로 인해 방사선 부서의 관리자는 X-ray 결과를 오직 1카피만 준비해 이것을 병원의 중앙에 보관하는 방식으로 비용을 절감하기로 결정하였다. 이 같은 조치로 인해 방사선 부서의 비용은 즉각 줄어들었다. 그러나 그 결과 의료센터 전체가 크게 영향받게 되면서 전반적으로는 비용이 증대되었다.

예전의 병원 시스템에서는 의사가 X-ray를 요청하는 경우 필름을 여러 개 카피하여 이들에게 전달하였다. 새로운 시스템에서는 시간에 쫓기는 고소득의 의사들이 X-ray 결과를 검사할 목적에서 중앙의 보관소로 와야 하는 상황이 되었다. 그 결과 의사들이 진노하였으며 의료센터의 효율성이 크게 저하되었는데, 이는 당연한 현상이었다.

평가 기준에 따라 얻어낼 수 있는 효과는 달라진다. 여타 부서는 고려하지 않은 독자적인 평가 방안, 즉 전술 수준의 방안들을 사용하는 경우 여타 부서를 고려하지 않는 전술 수준의 행동이 수반되는데, 이는 당연한 현상이다. 방사선 부서의 경우는 단일의 전술 방안을 강구하였다. 이 같은 방안의 사용으로 인해 부서의 비용은 최적화되었다.

그러나 이는 의료센터란 전반적인 시스템에 끼칠 충격은 고려하지 않은 처사였다.

여러분이 몸담고 있는 조직의 조직원들이 쫓고 있는 평가 방안들을 생각해볼 필요가 있을 것이다. 이들 중 얼마나 많은 사람들이 전술 수준의 수단들(이는 투하된 폭탄의 규모, 소비된 연료의 양, 공격한 표적들 중 어느 정도 격파하였는지 등)을 평가하고 있는가? 기업의 세계에서 보면 대부분의 관리자들은 판촉 전화, 서비스의 효율, 물건의 단가 등과 같은 전술 수준의 평가 방안에 초점을 맞추고 있다.

이 같은 통계수치를 추적함에 나름의 의미가 없는 것은 아니다. 그러나 진정 추구하는 목표를 향해 어느 정도 전진할 수 있었는지를 추적해주는 평가 방안들이 보다 큰 의미가 있음을 명심해야 한다.

전략적인 시각

STRATEGIC PERSPECTIVE

25센트와 1달러를 놓고 선택하라고 하면 항상 25센트 동전을 선택하는 여섯 살의 소녀가 있었다. 그녀의 오빠는 여동생이 무언가 부족한 아이라고 생각하였다. 이처럼 25센트를 선택하는 행위가 너무나 재미있다 보니 오빠는 친구가 놀러올 때마다 어린 여동생에게 25센트와 1달러를 놓고 선택하도록 하여 친구들을 즐겁게 하였다.

그러나 이 소녀는 장기적인 성공 전략을 갖고 있었다. 다시 말해 가능한 한 많은 숫자의 25센트 동전을 갖도록 하겠다고 그녀는 생각하고 있었다. 1달러 지폐를 선택하지 않는 한 오빠는 자신에게 25센트를 지속적으로 줄 것이라고 그녀는 생각하였다.

대부분 사람들의 경우는 덤불이 무성한 잡초 속을 박차고 나와 커다란 숲을 제대로 바라본다는 것이 매우 어려운 일이 되고 있다.

이 같은 형태의 전술 수준의 심리 상태를 보여주는 좋은 사례를 1991년도 걸프전의 항공전역(航空戰役: Air Campaign)에서 찾아볼 수 있다. 당시의 주요 목표에는 바그다드와 이라크 여타 지역의 전기(電

氣)를 가능한 한 신속히 차단시킨다는 내용이 포함되어 있었다.

CNN이 전쟁 상황을 실시간에 보도해준 덕분으로 인해 그리고 정보의 지원으로 인해 이라크의 전기 시스템을 무력화시킨다는 목표가 전쟁 발발 얼마 지나지 않아 달성된 듯 보였다. 그러나 워싱턴의 관료 조직에 있던 사람들 중에는 항공전역에 의한 결과를 전략 또는 시스템 차원에서 바라본 사람이 단 한 명도 없었다.

전쟁 발발 10일이 지난 시점 와든은 우연히 백악관과 워싱턴 곳곳에 회람되고 있던 국방정보국(Defense Intelligence Agency)에서 작성된 보고서를 읽게 되었다. 종합해 보면 전기 시설을 겨냥한 당시의 전역(戰役)이 일대 실패였다고 보고서에는 언급되어 있었다. 와든은 보고서를 작성한 사람에게 전화를 걸어 이 같은 이상한 형태의 결론에 도달하게 된 이유를 물어보라고 자신의 동료들에게 부탁하였다. 당시의 대화는 전술 수준의 의식 구조를 극명히 보여주고 있다. 와든은 다음과 같이 회상하고 있다.

보고서의 이면에 숨어 있는 이유에 대해 질문을 받게 되자 보고서를 작성한 정보분석가는 버럭 화를 내었다. "이라크에 전기 관련 표적이 200군데 있다고 가정해봅시다. 그리고 당신이 이들 중 20군데를 격파하였다고 합시다. 이 경우 10일간의 전역을 통해 10%의 효과를 보았는데, 이는 내 생각으로는 일대 실패입니다!"라고 그는 말하였다. 전쟁이 시작된 날 바그다드 지역에 전기가 모두 나갔다는 사실을 TV를 통해 보지 못했는가?라는 질문을 받자, 그는 "맞습니다"라고 답변하였다.

이라크 어느 곳에서 불빛을 본 적이 있습니까?하고 질문하자, 그는 어느 곳에서도 불빛을 보지 못했다고 답변하였다. 그러자 "이라크의 모든 불빛이 사라졌다는 점이 전기를 겨냥한 항공전역이 100% 성공했음을 보여주는 것이 아닌가?"라고 그에게 질문하였다. 여기에 대해 그는 다음과 같이 반박하였다. "이 같은 결론은 말도 되지 않습니다! 수학적으로 생각해봅시다. 200군데의 표적에서 20군데를 격파하였다면 이는 10%의 성공입니다. 다시 말해 전기를 겨냥한 전역은 일대 실패입니다! 안녕히 가세요!"라고 그는 답변하였다.

이 분석가는 전술 수준의 사고 방식에 젖어 있었으며, 당시의 항공전역을 전술 수준에서 평가하고 있었다. 더욱이 그는 당시의 항공전역이 상대방 적에 유발한 시스템 차원의 효과는 간과하고 있었다.

전략적 측면에서 보면 얼마나 많은 시설을 격파하였는지 또는 격파하지 못했는지는 전혀 중요한 사항이 아니다. 의도했던 시스템 차원의 효과를 달성하였는지가 문제의 핵심이다.

당시의 공격으로 인해 분명히 이 같은 효과를 거둔 바 있다.

당시 시스템 차원에서 추구했던 목표는 이라크에 전기가 들어오지 않도록 하겠다는 것이었다. 이 같은 시스템 차원의 효과를 유발하는 과정에서는 가능한 한 노력이 적게들수록 보다 더 좋을 것이다.

사건들을 전략적인 시각에서 평가하라
EVALUATING EVENTS STRATEGICALLY

전략적인 시각을 견지하고 있는 경우는 전투 결과를 전략 목표란 맥락에서 평가하게 된다. 이 경우는 전술적인 승리 및 패배 또한 전략적인 렌즈를 통해 판단하는 경향이 있다.

"이 사건이 장기적인 관점에서 전략적으로 몰고 올 충격은 어떠한가?" 한니발과는 달리 이 경우 여러분은 일시적 형태의 전술적인 승리와 장기적 성격의 전략적인 승리를 혼동하는 오류를 범하지 않게 될 것이다. 마찬가지로 이 경우는 전술적인 패배를 전략적인 패배로 치부하는 현상도 방지할 수 있다. 사실 이 경우 여러분은 전술적인 어려움을 통해 전략적인 기회를 강구해낼 수도 있을 것이다.

설립 초반 사우스웨스트(Southwest) 항공사는 전술적인 난관을 나름의 기회로 전환시킨 바 있다. 1973년도 미국의 브레니프(Braniff) 항공사는 달라스에서 휴스턴까지의 항공 요금을 13$로 내리는 방식으로 사우스웨스트항공사를 파산시키고자 하였다.

당시는 사우스웨스트항공사가 설립된 지 2년이 채 되지 않던 시점이었다. 또한 이 항공사는 아직도 흑자를 내지 못하고 있는 등 재정적으로 매우 어려운 상황이었다. 달라스-휴스턴 구간은 사우스웨스트항공사가 흑자를 내던 유일한 구간이었다. 설상가상으로 당시 이 항공사의 자금 사정은 매우 열악하였는데, 이 점을 브레니프항공사 또한 잘 일고 있다.

달라스-휴스턴 구간의 항공 요금을 13$로 대폭 내림으로서 사우스웨스트항공사에 도산할 수밖에 없는 일격을 가하게 되었다고 브레니프항공사는 생각하였다. 그러나 사우스웨스트항공사는 여기에 대해 역습을 감행하였다.

직접 및 전술적으로 대응한 것이 아니고 사우스웨스트항공사는 자신을 몰아내겠다는 음흉하고도 전략적인 목적으로 브레니프항공사가 저가(低價)의 정책을 추구하고 있다는 사실을 텍사스 사람들에게 심어주었다. 한편 사우스웨스트항공사는 자신을 수익성 있는 기업으로 끌어올릴 수 있도록 브레니프항공사에 의한 당시의 공격을 이용하였다.

사우스웨스트항공사의 최고경영자(CEO)는 혁신적인 접근 방안을 이용해 '패배의 날카로운 발톱'으로부터 승리를 쟁취해내겠다고 결심하였다.

첫째 텍사스 사람들에게 나름의 이미지를 심어주고, 시장 점유율을 유지할 목적에서 사우스웨스트항공사는 수 페이지에 달하는 신문 광고란을 확보하였다. 사우스웨스트항공사는 요금을 놓고 브레니프와 벌이는 경쟁이 다윗(David)과 골리앗(Goliath)간의 경쟁과 유사하다는 점을 다음과 같은 교묘한 형태의 광고로 표현하였다. "야비한 목적의

13$이란 항공 요금으로 인해 사우스웨스트항공사를 하늘로부터 몰아 내고자 하는 사람들은 아마도 없을 것입니다"

당시의 광고는 텍사스의 언론매체와 다수 영향력 있는 고객들의 상상력을 끌기에 충분한 형태의 것이었다. 사우스웨스트항공사는 경쟁력 유지만을 목적으로 요금을 삭감하지 않았는데, 이는 자금 유통을 염두에 둔 조치였다. 그러나 고객들이 브레니프가 제시한 13$과 비교해 보다 높은 가격인 26$을 지불토록 할 목적에서 사우스웨스트항공사는 스카치(Scotch), 위스키 그리고 보드카 1/5 갤론을 항공기 표와 함께 제공하였다. 이 같은 조치에 대해 고객들은 매우 만족해하였다.

그 결과 사우스웨스트항공사는 자금난을 즉각 해결할 수 있을 정도의 많은 비행기 표를 판매하게 되었다.

당시의 비행기 표 판촉활동으로 인해 적어도 당분간은 사우스웨스트항공사가 시바스(Chivas), 크라운 로얄(Crown Royal) 그리고 스미노프(Smirnoff)와 같은 주류(酒類)를 텍사스 주에서 가장 많이 판매하는 업체가 되었다고 텍사스의 신문들은 대서 특필하였다. 우리는 여기서 전술 수준 전투에서의 승리를 자신의 전략 목표와 연결되도록 한 사우스웨스트항공사의 사례를 목격하였다.

전략적인 평가 방안 구축
BUILDING STRATEGIC MEASURES

조직의 모든 수준에 전략적인 시각을 불어넣기 위한 방안은 무엇인가? 여기에 대해 다음과 같은 3가지 사항을 제안할 수 있다.

• 전략적인 평가 방안들을 정의 및 설정하고는 그 내용을 모든 조직원들에게 전파한다.

• 다음과 같은 핵심 개념을 모든 사람이 인지하도록 한다. 전술적인

승리가 중요한 것은 사실이지만 성공을 평가하기 위한 진정한 척도
는 전략 목표다. 소위 말해 한니발의 경우는 로마로 진격해 들어갔
어야 마땅했을 것이다.

• 매일의 업적을 일관성 및 지속성 있게 전략적인 평가 방안과 연계
시켜 주는 통합된 형태의 평가 시스템을 개발해낸다. 특정 전술 행
위가 전략 목표에 도움이 되지 않는다면 이 같은 행위는 수행되지
않아야 하며, 어떠한 경우에도 이 같은 행위는 포상의 대상이 되어
서는 안 된다. 전술적인 노력을 인정하는 것은 좋지만 전략적인 승
리만을 포상해야 할 것이다.

'미래의 청사진'에서의 주요 서술자(敍述子)들 중 여타 것과 비교해
특별히 중요한 것은 없다. 이들 서술자들은 화판을 가득 메우게 될 화
가가 사용하는 색채와 유사하다. '최상의 평가방안들'의 경우도 마찬
가지다. 여타 것과 비교해 이들 중 어느 것만이 중요해 보일 수도 있
다. 그러나 승리를 평가한다는 차원에서 보면 이들은 모두가 다 중요
하다.

이 같은 인식이 중요한 것은 무슨 이유 때문인가? 단일의 평가 기준
에 지나치게 초점을 맞춘 결과로 인해 파멸에 도달한 조직들이 종종
없지 않다. 1993년도 초반 델(Dell) 컴퓨터는 성장에만 초점을 맞춘 전
략으로 인해 파산 직전에 있었다. 이 같은 단일의 평가 기준에 매료되
어 있던 이 회사의 지휘부는 이익과 유동자산이 사라지고, 신기술 투
자에 필요한 운영 자본이 충분치 않았으며, 주가가 급락하는 등 일련
의 복잡한 문제에 직면하게 되었다.

1993년도 이곳의 최고경영자(CEO)인 델(Michael Dell)은 외관상으로
는 성공한 것처럼 보임에도 불구하고 회사가 심각한 난관에 직면해
있다는 점을 인지하였다. 성장에 대한 지나친 집착이 문제를 유발하

는 요인이라는 점을 그는 직감하였다. 이 같은 성장 위주의 전략에 기반을 둔 의사결정으로 인해 회사가 파국에 직면하게 되었다고 그는 생각하였다. 그는 전략적인 평가 기준을 다음과 같이 곧바로 재조정하였다. "유동자산, 이윤 그리고 성장"의 순서로 중요하다. '델의 지시(Direct from Dell)'란 제목의 자신의 책에서 델은 이 같은 재조정에 따른 충격을 다음과 같이 설명하고 있다.

분명한 형태의 척도와 평가 기준을 설정하게 되자 어느 영업이 제대로 실적을 내고 그렇지 못한 지를 쉽게 알 수 있게 되었다. 이들 결과에 맞추어 전략을 변경할 수 있게 되었다. 예를 들면 우리 회사의 경우는 전화로 판매한 제품의 이윤을 판매원들이 직접 확인할 수 있도록 정보체계를 바꾸어 놓았다.

예전의 우리 회사에서는 1백만\$을 판매했음에도 불구하고 이윤이 28%인 경우뿐만 아니라 이윤이 고작 8%인 경우도 없지 않았다.

델의 보상 시스템은 가장 많은 판매를 강조하던 관행에서 이윤이란 보다 세련된 형태의 평가 방안으로 바뀌었으며, 모든 사람들이 판매를 통해 이 같은 목표를 달성할 수 있도록 나름의 동기를 부여하였다.

요약해 말하면 전략적 차원에서의 '최상의 평가방안'을 모든 사람들이 인지토록 함은 '미래의 청사진' 그리고 관련 전략을 직접 지원하는 형태의 사고와 행동을 촉진하기 위한 강력한 수단이다.

외부의 평가방안을 사용하라
USING EXTERNAL MEASURES

전략적인 성격의 '최상의 평가방안'은 가능한 한 객관적이어야 한다. 가장 객관적인 평가 방안은 외부의 것, 즉 조직의 외부에서 나온 것이다.

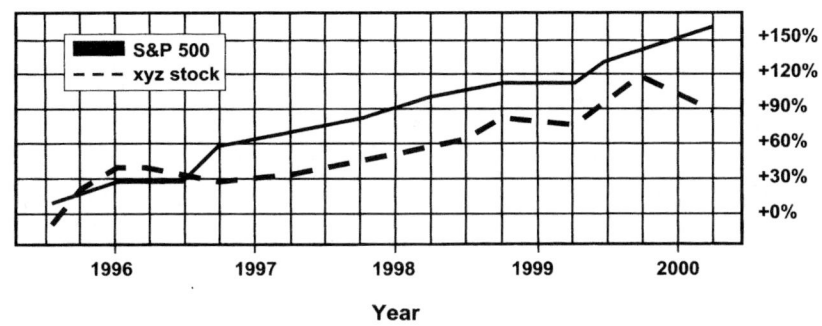

[그림 8.2] 외부 평가방안

예를 들면 여타 회사의 주가(株價)와 특정 조직의 주가를 비교해보면 비교적 공정한 관찰자인 외부인들이 특정 조직의 미래(주식시장이 미래에 관한 견해를 반영하고 있다고 가정할 때)를 어떻게 평가하고 있는 지를 알게될 것이다.

[그림 8.2]에서는 특정 회사의 주가를 S & P(Standard and Poor's) 500 Index와 비교하고 있다. 이 비교를 놓고 볼 때 시장에서는 이 회사의 주식을 S&P 500의 평균에 해당하는 주식보다 못한 것으로 생각하고 있음을 알게 된다. 이 회사는 자신이 시장에서 최상이라고 생각할 수도 있을 것이다. 그러나 이 같은 비교에서 보듯이 평균 이상의 이익을 돌려줄 주식을 통상 찾고 있는 투자자들에게 이 회사의 주식은 매력적이지 않다.

객관성을 보장하기 위한 또 다른 방안은 여러분 회사가 몸담고 있는 산업 분야 밖에서 여러분을 측정해보는 것이다. 특정 업적 측면에서 여러분 회사의 결과를 산업 분야는 다르다고 할지라도 지구상에서 최상의 회사들과 비교해볼 필요가 있다.

여타 산업에 종사하는 회사들의 업적에 관심을 가져야 하는 것은 무슨 이유 때문인가? 결국 이들과 여러분은 경쟁하게 되지 않을 것이다.

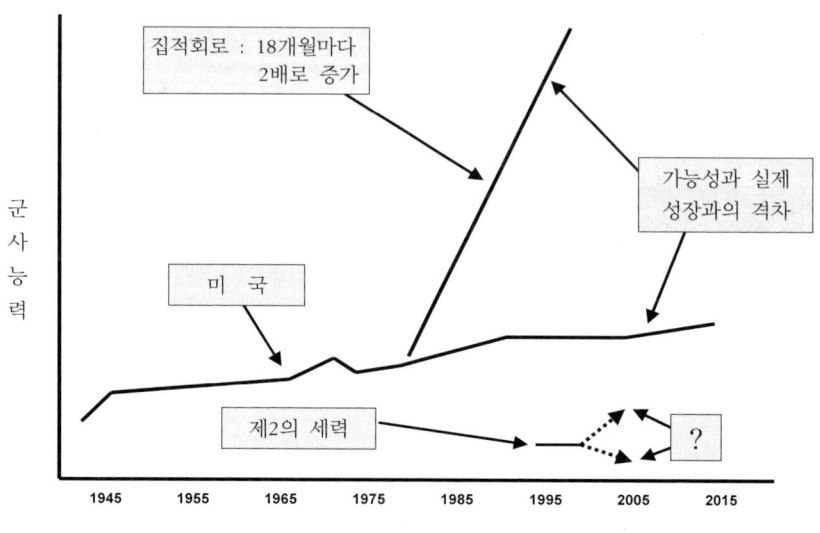

[그림 8.3] 특정 산업 내부에서의 평가의 위험성

몸담고 있는 산업 분야의 여타 회사와 비교해 여러분 회사가 우수한 경우 기분이 좋을 것이다. 그러나 여러분이 몸담고 있는 산업의 전반적인 성적이 최상급 산업에 종사하는 회사들과 비교해 저조한 경우 이는 전혀 의미가 없을 것이다.

특정 대상과 비교해 실적이 뒤쳐지는 경우 이 같은 격차를 발전의 기회로 생각할 수 있을 것이다. 실제 사례를 살펴보도록 하자.

[그림 8.3]은 미 국방 관련 과학기술 분야의 발전에 관한 예측을 보여주고 있다. 여타 국가 국방 관련 과학기술의 경우와 비교해보면 이는 인상적이다. 그러나 1975년도 이후의 집적회로(集積回路)와 관련된 산업의 기술발전과 비교해보면 미 국방 관련 과학기술의 진전은 인상적이지 않다.

정보화시대인 오늘날 최상을 향한 행진에는 끝이 없다. 특정 산업 분야에서 그 무엇이 예상외로 훌륭한 효과를 거둔 경우 여타 산업 분야의 공격적인 경쟁자들은 경쟁 우위 확보를 위해 이것을 활용하게 될 것이다. 품질 향상과 관련된 활동에서 벌어지고 있는 현상은 이와 같다. 이 같은 현상은 제록스(Xerox)에서 시작되었지만 여타 경쟁자 그리고 여타 산업 분야로 신속히 확산된 바 있다.

나름의 평가방안을 개발하라
DEVELOPING YOUR MEASURES OF MERIT

여러분의 조직에 필요한 '최상이 평가방안'을 개발해내기 위한 방안은 무엇인가? 우선 평가 시스템을 '미래의 청사진'이란 가장 높은 차원에서 시작해야 한다.

'미래의 청사진'에 관한 12가지 서술자(敍述子) 개개에 대한 '최상의 평가방안'을 정의하게 되면 여러분의 진척 상황을 평가하기 위한 그리고 모든 차원에서 의사결정의 여과기로 활용할 수 있는 전략적 의미가 있는 일군의 평가 방안을 갖게 될 것이다.

그 후 기존의 모든 평가 방안을 조직의 보다 낮은 제대에서 재평가하여 이들이 일관성이 있도록 해야 할 것이다.

제6장에서 소개한 파스트윈(FastWin)이란 명칭의 가상의 공기업을 위한 '최상의 평가방안'을 살펴보도록 하자.

재정 입지	
주요 서술자	최상의 평가방안
현재보다 2배 정도의 '시장 자본화'를 갖게 되고, 직원의 급여는 재정 입지의 현실화 정도에 비례해 증대될 것이다.	이곳의 주식 시가가 적절히 상승하였으며, 종업원의 보수 또한 그에 상응할 정도로 올랐다.

시장 입지	
주요 서술자	최상의 평가방안
시장을 주도하는 선도적인 회사가 될 것이다.	시장의 곳곳에서 이곳의 제품과 제도를 열심히 모방하고 있다. 이곳의 경우는 경쟁자에 일일이 대응할 필요가 없는 실정이다.

기업 영역	
주요 서술자	최상의 평가방안
전문 의료인들에게 필요한 고부가가치의 의료 장비들을 생산 및 판매하게 될 것이다. 또한 자기 자신을 돌보기 위한 의료 장비 시장을 탐색할 것이다.	수입의 90% 이상이 고부가가치 성격의 의료장비로부터 나오고 있다. 자기 자신을 돌볼 목적의 의료장비 분야에서 나름의 이윤을 내는 제품을 적어도 하나 이상 갖고 있다.

혁 신	
주요 서술자	최상의 평가방안
과학기술과 기업 절차, 제품과 서비스 분야에서 지속적으로 혁신하게 될 것인데, 이것이 모든 차원에서 기업 결과에 지대한 영향을 끼치게 될 것이다	매년 30% 정도의 매출이 전년도에 도입 또는 개선된 제품과 서비스에서 이루어지고 있다.

주식 소유자들의 시각	
주요 서술자	최상의 평가방안
주식 소유자들은 이곳이 시간·정열 및 자금의 투자에 매우 바람직한 조직으로 인식하게 될 것이다.	주식 소유자들의 전반적인 만족도가 90% 이상이다.

외부 시각	
주요 서술자	최상의 평가방안
첨단의 선도적인 제품들을 제공하는 재무구조가 튼튼한 곳으로 이름이 나게될 것이다.	동일 시장 영역에서 이곳의 주식은 20%가 높이 책정되어 있다. 주식을 객관적으로 평가하는 사람들이 이곳 제품의 가격과 품질을 인용하고 있다.

종업원들의 특성	
주요 서술자	최상의 평가방안
고도의 생산적이고도 도전적인 종업원들을 갖게 될 것이다.	지난 36개월 동안 종업원 1인당 순 이익이 2배로 올랐는데, 이는 매년 25% 정도 증가하였음을 의미한다. 기업 곳곳에서 종업원들이 새로운 개념과 절차를 제안해내고 있다.

브랜드	
주요 서술자	최상의 평가방안
의료장비 분야에서 좋은 평판을 얻게 될 것이다.	이곳의 이윤은 의료장비 산업에서 최상이다.

기업의 문화	
주요 서술자	최상의 평가방안
참신한 형태의 모험을 장려하는 개방된 문화를 갖게 될 것이다.	문이 개방되어 있고, 기획실이 널리 활용되며, 게임 기획을 모든 사람들이 알고 있다. 젊은 종업원들이 기업의 고위급 이사들에게 정규적으로 도전하고 있으며, 최선을 다하다 실패하는 경우 격려하는 분위기가 조성되어 있다

기업의 시민정신	
주요 서술자	최상의 평가방안
지역사회가 최신의 의료 기술을 획득하도록 지원할 것이다.	몇몇 지역 사회에서 이곳 기업이 무상 제공한 장비를 운용하고 있다. 이들 지역사회의 지도자들은 이곳 회사를 격찬하고 있다

소유권	
주요 서술자	최상의 평가방안
종업원들이 주식의 많은 부분을 소유하고 있는 공기업으로 남아 있을 것이다.	대부분의 종업원들이 주식을 갖고 있으며, 종업원을 주식 배당이란 방식으로 보상하고 있다.

동기부여를 위한 철학	
주요 서술자	최상의 평가방안
결과를 보상하고, 활동을 인정하며 종업원의 많은 사람들이 부유해지도록 노력할 것이다.	종업원에 대한 보상의 25% 정도를 보너스로 대신하는데, 이는 기업·팀 및 개인의 업적에 근거하고 있다. 보상에 비례해 회사에 대한 종업원들의 기여도가 높아지고 있다.

'최상의 평가방안'을 설정한 경우 '프로메테우스 과정'의 첫 번째 관문인 '미래 설계'란 부분은 완료된 것이나 다름이 없다. 이제 여러분은 두 번째 관문인 '성공을 염두에 둔 표적 선정'이란 부분을 다룰 준비가 되어 있다.

제8장 요약 : 최상의 평가방안

'최상의 평가방안'에서는 결과를 '미래의 청사진'이란 궁극적인 목표와 비교해 평가하게 된다. 전술적인 평가 방안에서는 목표에 도달하기 위한 수단에 불과한 전술 행위의 품질 또는 횟수를 거의 목표 그 자체로 평가하고 있다.

평가 기준에 따라 얻어질 수 있는 결과는 달라진다. '최상의 평가방안'에서는 전략적인 사고와 행동을 조장하고 있다. 여타 평가 방안과 무관한 전술적인 평가방안들을 사용하는 경우 전술적인 효과만을 유발하는 전술 수준의 행동이 있게 마련인데, 이는 결코 놀랄 일이 아닐 것이다.

정규적으로 전략적으로 평가하는 경우 여러분의 사고방식이 변하게 될 것이다. 일련의 사건들에 의한 누적 효과와 장기적인 성격의 결과들을 고려하는 경우 여러분의 시각이 크게 확장될 것이다.

일시적 성격의 것인 전술 수준의 성공과 장기적 성격의 것인 전략적인 성공을 혼동하지 말아야 한다. 마찬가지로 전술 수준의 난관을 전략적 차원의 실패로 잘못 판단해서도 안 된다. 전술 수준의 난관에서 전략적인 기회를 엿보도록 노력해야 할 것이다.

매일의 업적을 전략적 성격의 '최상의 평가방안'과 일관되고도 지속적으로 연계시켜주는 통합된 형태의 평가 시스템을 만들어내야 한다. 전략적 성격의 '최상의 평가방안'은 가능한 한 객관적이어야 한다. 조직의 밖에서 나온 평가방안들이 가장 객관적이다.

성공을 염두에 둔 표적(標的) 신정

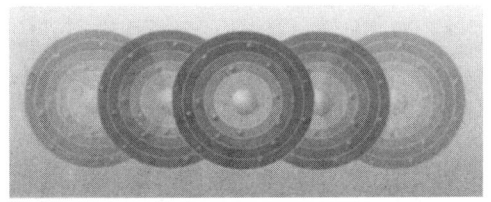

5개의 동심원

"올바른 표적들에 집중되어 있지 않다면
최상의 노력 또한 별로 소용이 없을 것이다"

    1991년 걸프전의 항공전역(航空戰役: Air Campaign)을 기획하는 과정에서는 여타 경우와 구분되는 특이 사항이 있었는데, 이는 '시스템 차원의 사고(System Thinking)' 방식이다.

당시의 전쟁에서 다국적군이 매우 신속하고도 결정적인 방식으로 승리할 수 있도록 한 요술방망이는 바로 이것이었다. 이 같은 사고 방식은 변화하는 시스템들에 관한 몇몇 기본 가정들에 근거하고 있었다.

"모든 시스템에는 중심(重心: Center of Gravity)이 있는데, 이들 중심이 변하는 경우 시스템이 변하게 된다"는 프로메테우스 법칙을 상기해볼 필요가 있다. 이 법칙을 전략에 적용하기 위한 방안은 무엇인가?

노력에 비해 엄청날 정도의 효과가 발생하는 부위, 즉 시스템의 중심들에 모든 노력을 경주해야 할 것이다. 이들 중심을 공격하면 여러분이 공략하는 시스템에 신속하고도 거의 영원한 형태의 변화가 유발되는 것을 목격하게 될 것이다. 대부분 중심에 해당하지 않는 표적(標

的: Target)들을 공략하는 경우 여러분의 노력에 무관하게 시스템에는 거의 변화가 없을 것이다.

"시스템의 변화 정도와 가능성은 영향을 끼친 중심의 숫자 그리고 어느 정도 신속히 영향을 끼쳤는지에 비례한다"는 프로메테우스의 법칙을 상기해보자.

시스템은 그 종류에 상관없이 관성(慣性)을 갖고 있으며, 변화에 나름의 방식으로 저항하게 된다. 중심에 서서히 영향을 끼치는 경우 이들 시스템은 자신을 복구하기 위한 방안을 신속히 터득하게 된다. 반면에 중심에 신속히 충격을 가하는 경우 시스템의 터득 능력 또는 반응 능력이 현저히 줄어들게 된다.

중심들을 공략 대상으로 삼아라
TARGETING CENTERS OF GRAVITY

다수 조직들을 연구하면서 우리는 리더를 포함한 대부분의 사람들이 공략할 표적(標的)으로서의 중심이란 개념을 쉽게 이해하지 못하고 있음을 알게 되었다. 중심이란 개념이 매우 색다른 형태의 사고란 점에서 이는 충분히 이해가 간다.

대부분의 사람들은 조직 회계감사, 리더가 정의한 창안들 등에 익숙해 있다. 사람들은 "리더가 우리에게 원하고 있는 것이 무엇인가?"란 질문을 한결같이 던지고 있다. 리더가 원하는 바를 인지한 경우 사람들은 즉각 행동 방안을 만들어내고는 이들 방안을 놓고 열정적으로 논쟁하는 경향이 있다. 또한 이들은 행동 방안들을 우선 순위에 입각해 배열하는 등 어떻게 해야 할 것인가의 문제, 즉 임무 정의에 돌입하고 있다.

그러나 이 시점에서 임무를 어떻게 수행할 것인가의 문제를 다루게 되면 이는 일대 실수다. 이는 말(馬) 앞에 마차를 위치해 놓는 격이라는 속담을 연상케 하는 행위다. 여기서 마차는 '어떻게 할 것인가'를 의미하며, 말은 여러분이 대상으로 하고 있는 시스템에 내재해 있는 표적들을 의미한다. 간략히 말해 임무 리스트를 만들어내기 이전에 공략해야 할 표적들을 모든 사람이 이해할 필요가 있다.

달리 표현하면 소중하고도 부족한 자원이 제대로 활용될 수 있으려면 중심의 규명이 매우 중요하다.

모든 시스템에는 통상 다수의 중심이 있는데, 이들은 상호 연계되어 있다. 이들 중에는 여타 중심과 비교해볼 때 '미래의 청사진'이 달성이란 측면에서 보다 영향력이 있는 것들이 있다.

예를 들면, 시스템에 노력 이상의 영향을 끼치고자 하는 경우는 영향력 있는 임원 또는 지휘부의 지원이 필요할 수도 있을 것이다. 이 경우는 또한 마케팅, 연구 및 개발 또는 내부 통신과 같은 조직의 주요 절차에 변화를 유발할 필요가 있을 것이다.

시스템에 지대한 영향을 끼치는 부위들을 규명해낸 경우 이들 중심에 관한 다음과 같은 몇몇 주요 질문을 다루어야 할 것이다.

• 노력에 비해 상대적으로 높은 효과를 유발하는 표적들은 무엇인가?
• 개개 표적 측면에서의 바람직한 효과, 의도하는 결과는 무엇인가?

이들 질문에 대한 답변을 확실히 알기 이전에는 '어떻게'란 임무 수준의 문제를 거론해서는 안 될 것이다. 자신이 달성하고자 하는 사항이 무엇인지를 분명히 알지 못하는 경우는 행동을 위한 일정(日程)의 작성은 시기상조일 뿐 아니라 엄청날 정도의 노력의 낭비다.

'쾌속 성공'을 원한다면 전략적 성격의 올바른 표적들의 선정이 매우 중요하다. 전략적인 의미가 있는 올바른 표적들을 갖고 있지 않은 경우는 시스템의 변화가 불가능한 것은 아니지만 어려울 것이다. 노력에 비해 상대적으로 높은 효과가 유발되는 표적들과 이들 표적에 대한 공략을 통해 얻어내고자 하는 바람직한 효과가 무엇인지를 기획 단계에서 정의하지 못하는 경우는 실행 단계에서 최적의 결과를 얻어 내지 못할 것이다. 일이 종료될 당시 모든 사람들은 매우 열심히 일했음에도 불구하고 거의 얻은 것이 없다는 점을 인지하게 될 것인데, 이는 잘못된 표적들에 노력을 투입했기 때문이다.

시스템 차원에서 공략해야 할 표적들을 선정하는 과정에서 리더의 임무는 무엇인가? 미래를 설계한 이후 모든 사람들이 중심의 규명에 최우선적으로 초점을 맞추도록 함은 무엇보다도 중요한 일이다.

이미 지적한 바처럼 대부분의 사람들은 표적선정 단계를 생략하고는 즉각 임무에 착수하고자 하는 충동을 느끼게 될 것이다. 행동 중심의 사람들에게 이는 매우 자연스런 현상이다. 이들은 무언가 발생토록 해야 한다는 생각에서 가능한 한 신속히 일에 착수하고자 한다.

불행히도 이 같은 일의 수행은 시스템의 관점에서 보면 올바른 형태가 아니다. 시스템 차원의 충격을 유발하려면 올바른 표적들을 선정하고 이들을 병행적으로 공략해야 한다. 다시 말해 가능한 한 동시에 다수의 표적들을 공략해야 한다. 이처럼 하면 성공 또는 승리의 가능성이 획기적으로 높아질 수 있다.

5개의 동심원 모델

THE FIVE RINGS MODEL

중심이란 개념이 추상적이라고 생각될 수도 있다. 따라서 복잡한 현상에 대한 개괄적인 형상을 제시하고 공략 기획의 우선 순위를 선정하는 과정에서 도움이 되는 시각적인 모델을 제시할 필요가 있을 것이다. '5개의 동심원(Five Ring)' 모델을 개발한 사람은 와든이다.

이 모델은 1991년도 걸프전 이전에 미 공군의 장기 기획을 작성하는 과정에서 사용되었다. 걸프전 당시 이라크를 나름의 시스템으로 이해하고, 이라크란 국가의 중심을 규명해내는 과정에서 이는 주요 도구였다.

1995년도 이후 이 모델은 첨단산업 · 유흥산업 · 금융산업 · 의료산업 · 식품산업 등에서 목격된 다수의 도전들을 염두에 둔 대책을 기획하는 과정에서 사용되고 있다.

'5개의 동심원' 모델로 인해 '시스템 차원의 사고'를 실생활에 적용할 수 있게 되었다. 모든 시스템이 유사한 형태의 부분들로 구성되어 있으며, 이들 시스템을 유사한 방식으로 분석 가능하다는 점을 '5개의 동심원' 모델은 분명히 하고 있다. 이 모델에서는 모든 동적(動的)인 시스템에서 목격되는 5개 부분을 가시화 해주고 있다.

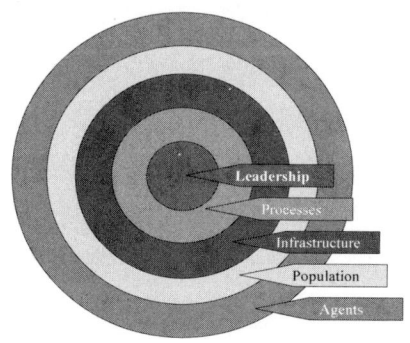

[그림 9.1] 5개의 동심원

- 모든 시스템에는 지휘부(Leadership)가 있는데, 이는 시스템에게 지시를 내리고 내 · 외부 환경의 변화에 대응하는 과정에서 시스템을 도와주는 부분이다.(Ring 1, 시스템의 중심에 해당)

- 모든 시스템에는 처리(Processes)가 있는데, 이는 한 형태에서 또 다른 형태로 에너지를 전환시키고, 시스템의 부분들로 하여금 상호작용토록 하는 부분이다.(Ring 2)

- 모든 시스템에는 기반구조(Infrastructure)가 있는데, 이는 시스템의 개개 부분들을 묶어주는 역할을 수행한다.(Ring 3)
- 모든 시스템에는 유사 그룹의 국민(Population)이 있는데, 이는 통상 사람을 의미한다.(Ring 4)
- 모든 시스템에는 대행인(Agent)이 있는데, 이는 시스템을 유지·발전 및 보호할 목적에서 힘을 행사하는 부분이다.(Ring 5)

개개 동심원에는 어떠한 방식으로든 변화를 주는 경우 전체 시스템에 지대한 영향을 끼치게 될 하나 이상의 중심이 있다. '5개의 동심원'을 시각적으로 묘사하면 우리가 시스템 전반을 상대해 일하고 있다는 점, 그리고 우리의 목표는 '원하는 방향으로 전체 시스템이 변하도록 하는 것'이라는 점을 상기하는 과정에서 도움이 된다.

한편 '5개 동심원'으로 시스템을 표현하게 되면 이들 동심원의 상대적인 중요도를 인지하는데 도움이 된다. 몇몇 경우에는 지휘부에 해당하는 동심원에 적정 형태의 일을 함으로서 시스템에 적정 변화를 유발할 수 있을 것이다.

혁신적인 제품을 대형 회사에 판매하고자 하는 경우를 가정해보자. 회사의 최고경영자(CEO)가 거주하는 사무실에 전화를 걸어 물건을 팔 수도 있을 것이다. 그러나 동심원들 중 5번째에 해당하는 회사 구매 부서의 신입 직원에게 전화를 거는 경우 물건을 팔게 될 가능성은 높지 않을 것이다. 이 경우는 제품을 반복해 제시해야 할 가능성도 없지 않다. 이제 상대적인 노력의 정도를 잠시 생각해보자.

주요 인사에게 단 한 번 전화하여 물건을 판매하는 것이 시간과 노력을 크게 절약하는 방안임은 분명한 사실이다. 여기서 생각되는 그럴듯한 반론은 판매를 목적으로 최고경영자(CEO)에게 전화할 수 없을 것이라는 점이다.

바마 컴퍼니(Bama Company)의 참맨(Paula Marshall-Chapman)은 자

신의 아버지가 맥도널드의 창업주인 크록스(Ray Kroc) - 분명히 지휘부는 중심이다 - 에게 바마(Bama)에서 생산한 새로운 파이를 시식해 보라고 개인적으로 요구하는 방식으로 이것을 맥도널드에 판매할 수 있었다고 말하고 있다.

예전에는 맥도널드에서 디저트의 판매를 고려하지 않던 크록은 파이를 좋아하게 되어 바마에 이것을 주문하였다. 맥도널드 조직의 어느 누구에게 아무리 많은 노력을 투자하였다고 할 지라도 이 같은 결과를 얻어내지는 못했을 것이다.

중심을 규명해낸 경우는 이것에 영향을 끼치기 위한 방안을 찾아낼 수 있다. 크록과 관련된 사례의 경우는 과감한 형태의 약간의 노력을 통해 많은 물건을 팔 수 있었다. 일반적으로 5개의 동심원 중에서 외곽의 동심원에 위치해 있는 중심에 영향을 끼치는 경우와 비교해볼 때 중앙의 동심원의 중심에 영향을 끼치는 경우 보다 큰 효과를 얻어 낼 수 있을 것이다.

그러나 모든 시스템이 변화에 나름의 방식으로 저항한다는 점을 상기해볼 필요가 있다. 물품 구매 요원들을 생략하고 회사의 고위급 요원을 직접 상대하고자 하는 경우는 나름의 문제가 유발될 수 있다. 따라서 이 같은 상황에 대비해야 할 것이다. 최상의 접근 방안은 시스템 전반을 고려해 임무 수행 차원에서 종합적으로 충격을 주는 방식이 되어야 한다.

5개의 동심원 모델: 보편적으로 적용 가능한 도구
THE FIVE RINGS MODEL: A UNIVERSAL TOOL

켄사스 · 뉴욕 및 앨라배마의 마약단속기관, 할리우드의 비디오게임 설계자 그리고 오클라호마의 식품회사에서 목격되는 공통점은 무엇인가? 이들 모두는 시스템 차원의 전략을 개발할 목적에서 동일한 형태의 기획 도구인 '5개 동심원' 모델을 성공적으로 적용한 바 있다.

몽고메리와 앨라배마의 마약단속 기동타격대의 경우는 마약조직을 송두리째 뽑아낼 수 있기를 열망하였다. 이들 기동타격대의 경우는 마약조직이란 시스템을 구성원 모두가 분명히 인지할 수 있도록 하는 과정에서 '5개 동심원' 모델을 활용하였다.

'5개 동심원' 중에서 첫 번째 동심원에 해당하는 지휘부(Leadership)는 체포하는 경우 마약조직의 붕괴를 유발할 가능성이 있는 사람을 의미한다고 이들은 생각하였다. 이들은 나머지 4개 동심원에 대해서도 중요한 효과가 유발되는 형태의 표적들을 규명해내었다.

이들은 처리(Processes)에 해당하는 동심원의 경우 마약을 생산해내고 돈을 세탁하는 부분을 중심으로, 기반구조(Infrastructure)에 해당하는 동심원의 경우는 항공기·함정 및 트럭과 같은 운반수단, 통신 장비 그리고 은신처를 중심으로, 국민(Population)에 해당하는 동심원에서의 중심은 마약 공급자·판매자·화학자 그리고 안내원을, 대행인(Agents)에 해당하는 동심원의 경우는 정찰 및 경호 요원들을 중심으로 규명해내었다. 중심을 규명해내고 이들 중심에 대한 공략을 통해 얻어내고자 하는 바람직한 효과를 정의한 이후 이들은 가장 핵심적인 표적들에 자원을 집중시켰다.

마약단속 기동타격대에게 '5개 동심원'의 사용에 관해 교육한 바 있는 정보 전문가인 아모리엘(Jason Amoriell)은 다음과 같이 말하고 있다.

"마약 단속이 민감한 반응을 야기하고 경찰들을 당혹스럽게 하는 경우도 없지 않았다. 마약 판매요원들을 체포하는 경우 다음날 또 다른 사람들이 나타나 마약을 노상에서 판매하고 있었다"

아모리엘의 경우는 켄사스시의 마약단속 기관, 뉴욕 경찰청, 몽고메리와 앨라배마의 마약단속 기동타격대에 '5개 동심원' 모델을 소개하였다. 당시 이들은 마약조직 전반을 붕괴시킬 수 있는 표적들에 자신들의 노력을 집중시키기 위한 방안을 곧바로 배울 수 있었다.

'5개의 동심원' 모델을 적용한 또 다른 사례를 살펴보자. TV 극작가이자 비디오게임의 설계자인 딜레(Flint Dille)는 이 모델을 이용해 다수의 성격과 시나리오로 구성되어 있는 시스템을 창안해내었다.

이 시스템은 '소련공격(Soviet Strike)'란 명칭의 비디오게임인데, 이것의 경우는 시중에 100만장 이상이 판매되었다. '5개의 동심원' 모델에서 목격되는 시스템 차원의 시각이 없었더라면 이 게임은 그처럼 포괄적이고도 재미있게 구상되지 못했을 것이라고 딜레는 다음과 같이 말하고 있다.

처음에 우리는 지휘부에 해당하는 동심원에서 시작하였다. 악당들에 관해 말한다면 이들 중 누가 리더(L)인가?를 우리는 질문하였다. 그 후 우리는 게임에 설계해 넣을 필요가 있는 주요 절차(P)들은 무엇인가?를 질문하였다. 우리는 기반구조(I)에 해당하는 동심원을 살펴보고는 창고·교량 그리고 본부는 어디에 있는가?를 질문하였다.

그 후 우리는 가상의 세계에서 활동하게 될 국민(Po)에 관한 동심원을 생각하였다. 얼마나 많은 선량한 사람들, 악한 사람 그리고 평범한 사람들이 있어야 할 것인가? 그리고 마지막으로 우리의 대행자(A)들을 어떻게 설계할 것인가? 이들의 모습은 어떠해야 할 것인가? 이들이 어떠한 방식으로 경쟁하게 될 것인가?를 질문하였다.

딜레는 또한 '5개의 동심원' 모델을 이용해 T.R.A.X란 게임에 등장하는 괴물들의 계보를 설계하였는데, 이것을 시카고선타임즈(Chicago Sun Times)는 1995년도의 최우수 게임으로 선정하였다. "'5개의 동심원' 모델은 모든 형태의 독창적인 활동에 적용 가능하다"고 그는 말하고 있다.

텍사스 인스트루먼트(Texas Instrument)의 지휘부는 반도체산업의 주요 중심을 규명해 낼 목적에서 '5개의 동심원' 모델을 사용하였다.

맥도널드의 공동 참모들, 공급자 그리고 판매책들은 이것을 전국적 차원의 공급 체인 시스템을 도시할 목적으로 사용하였다. 오락산업·금융산업·보건산업·건설산업 그리고 식품산업 등과 같은 다수 산업 분야의 많은 조직들이 '5개의 동심원' 모델을 사용해 나름의 성공을 거둔 바 있다.

걸프전 당시 와든은 당시의 전쟁에서 결정적인 역할을 수행한 항공전역의 기획이란 절박한 문제를 해결할 목적에서 '5개의 동심원' 모델을 사용하였다. 와든은 지정학적(地政學的)인 문제를 염두에 두고 항공전역을 설계하였는데, 당시 그는 지정학 측면 이상의 분야에 이들 항공전역이 끼치게 될 영향에 대해서는 생각하지 않았다.

걸프전 이후 미국을 포함한 전 세계의 다수 공군과 여타 군사전문가들은 '5개의 동심원' 모델에 근거한 시스템 차원의 설계 방안을 수용하였다. 군 관련 출판물에는 '5개의 동심원' 모델에 관한 다수의 책과 논문이 출간되었다. 걸프전에서의 항공전역이 엄청날 정도로 성공적이었다는 점을 고려해볼 때 이들 중 어느 것도 특별히 놀랄 일은 아니다. 그러나 '5개의 동심원' 모델이 비군사 세계에서 또한 효과적이고도 광범위하게 사용되고 있다는 점은 놀라운 사실일 것이다.

모든 시스템을 가시화하기 위한 간단하고도 신뢰성 있는 방안을 제공해주고 있다는 점에서 '5개의 동심원' 모델은 보편적인 적용이 가능하다. 이 모델을 사용하게 되면 변화를 유발할 필요가 있는 시스템의 주요 부분들에 대한 이해를 일군의 사람들이 공유할 수 있게 될 것이다. 또한 이 모델의 경우는 공동의 언어를 제공해주고 있다. 이 점에서 볼 때 복잡한 시스템의 문제를 논의한다는 측면에서도 이 것이 이들의 능력을 획기적으로 증진시켜주고 있다.

다수의 주요 인물들이 시스템의 역학을 확실히 인지하기 시작한다는 점에서 이 모델을 사용하는 경우는 문제의 근원보다는 증상을 놓고 고민하는 일반적인 경향이 사라지게 될 것인데, 이는 가장 중요한 사실이다.

'5개 동심원' 모델의 실제

THE FIVE RINGS MODEL IN PRACTICE

'5개 동심원' 모델을 보다 잘 이해하고자 할 목적에서 이것을 4 종류의 서로 상이한 시스템, 즉 인간의 신체, 국가, 산업 조직 그리고 시장에 적용해보자.

첫 번째 동심원인 지휘부(L)는 시스템의 방향을 결정하는 부분이다.

- 몸의 여타 부분에 지시를 내린다는 측면에서 볼 때 인간 신체에서의 주요 지휘부는 두뇌다.

- 국가란 시스템의 지휘부에 해당하는 동심원에는 대통령 또는 수상과 같은 최고위급 관리가 포함된다. 그러나 국가의 방향에 영향을 끼치는 다수의 많은 관료들이 또한 여기에 포함된다. 예를 들면 미국의 지휘부에는 대통령뿐만 아니라 언론, 의회, 재정 관련 기관 그리고 사법부와 같은 여타 그룹과 조직들이 포함된다. 이들의 의사 결정과 행위는 미국이란 국가에 지시하는 형태의 것이다.

- 기업의 지휘부에 해당하는 동심원에는 기업에 지시를 내리는 개인들이 포함된다. 대부분의 경우 최고경영자(CEO), 업무총괄담당 부사장(Chief Operating Officer)은 분명히 여기에 속할 것이다. 그러나 기업의 지휘부에 해당하는 사람들만 여기에 포함시킴은 분명히 오

류일 것이다. 기업에 소속되어 있지 않은 몇몇 비공식 성격의 리더와 영향력 있는 주요 인사들 또한 여기에 포함시켜야 할 것이다.

- 시장의 지휘부에 해당하는 동심원에는 시장의 방향을 좌우하는 조직과 사람들이 포함된다. 여기에는 시장을 선도하는 회사, 시장을 선도하는 고객 및 공급자, 시장을 선도하는 재무 조직, 시장에 긍정 및 부정적인 측면에서 영향을 끼치는 정치 지도자 그리고 시장에 관해 보도하는 주요 언론매체가 포함된다. 시장을 움직이고자 하는 경우는 이들 지휘부에 속하는 요소들 중 다수에 비교적 단기간에 영향을 끼쳐야 할 것이다.

'5개 동심원' 모델에서 가정하고 있는 주요 사항이 있는데, 이는 지휘부에 해당하는 동심원이 해당 시스템에 지대한 영향력을 행사한다는 점이다. 지휘부에 해당하는 동심원의 중심들은 거의 무한정의 능력으로 지원하거나 방해할 수 있는 입장에 있다. 따라서 이들 중심의 규명에 필요한 시간뿐만 아니라 이들 중심에 영향을 끼칠 목적에서의 에너지 투자가 매우 중요하다.

두 번째 동심원인 처리(P)는 시스템 내부에서 에너지를 변환시키는 부분들이다.

- 산소와 음식을 몸의 여타 부분이 사용하기 위한 에너지로 전환시키고 있다는 점에서 볼 때 인간 신체에서의 주요 처리는 순환계통이다.

- 국가란 시스템의 처리에 해당하는 동심원에는 통신(이것의 경우는 한 곳에서 표현된 사실들을 시스템의 또 다른 부분에서 인지될 수 있도록 하고, 시스템의 부분들이 상호 교신하도록 하는 역할을 수행한다.)처럼 에너지를 전환시키는 처리부들, 농업(여기서는 인간과 기계의 노력으로 인해 식물과 동물이 먹을 수 있는 음식으로 전환

되고 있다.) 그리고 전기생산(여기서는 연료와 수력에 의한 에너지를 회사를 움직이고 가정집을 밝게 해주는 형태로 전환시키고 있다.)이 있다. 이 같은 처리들이 없다면 국가란 체계는 일대 혼란에 빠지게 될 것이다.

• 산업 조직의 처리에 해당하는 동심원에는 아이디어 · 자금 또는 기업이 기능을 발휘하고, 판매 가능한 제품을 만들어내고자 할 때 필요한 부분들로 자원을 전환시켜주는 특정 기업의 과정 및 절차들이 망라되어 있다.

• 시장의 서리에 해낭하는 동심원에는 시장이 기능을 발휘하도록 하는 요소들, 즉 시장 유통, 아이디어 개발, 상품화, 판매, 생산 등에 관한 과정들이 포함된다. 시장에 주요 영향을 끼치려면 변화로 인해 조직이 이득을 볼 수 있는 방향으로 이들 과정 중 하나 이상에 영향을 끼칠 필요가 있을 것이다.

처리에 해당하는 동심원의 주요 부분들을 보면서 여러분은 이들을 여러분이 몸담고 있는 현존 조직의 구조에 대한 묘사 또는 가상의 조직 이론으로 생각하고 싶은 충동을 느낄 수 있을 것이다. 그러나 현재 여러분이 하고 있는 것이 처리 영역에서 여러분이 해야 할 일이라고 자동적으로 가정하지 않기 바란다. 여러분이 그린 '미래의 청사진'을 성취하려면 몇몇 처리의 경우 개선이 필요할 수 있으며, 몇몇 신규 처리들을 개발해 낼 필요가 있을 것이다.

세 번째 동심원인 기반구조(I)는 시스템을 함께 묶어주는 부분들이다.

• 건(腱)과 인대처럼 연결시켜주는 섬유와 피부는 뼈를 제자리에 위치시키고 인체에 모습을 만들어주는 기반구조를 형성하고 있다.
• 국가란 시스템의 기반구조에 해당하는 동심원에는 고속도로 · 철

도 · 비행장 · 운하 · 통신체계 그리고 여타의 물리적인 실체가 포함된다.

- 산업 조직과 시장의 기반구조에 해당하는 동심원에는 개체와 개체를 묶어주는 것들, 즉 계층적인 법칙, 기업의 모델 그리고 조직의 규약과 같은 비물리적인 요소들뿐만 아니라 컴퓨터네트워크 및 전화와 같은 물리적인 실체들이 포함된다.

기반구조에 해당하는 동심원의 부분들은 비교적 정적이며, 통상 빠르게 변하지 않는다는 특성을 갖고 있다. 이들의 경우는 회사 또는 시장과 직접 관련 없이 존재할 수도 있을 것이다. 물론 기반구조에 해당하는 요소들 또한 시간이 지남에 따라 변하고 있을 뿐 아니라 변화될 수 있다. 그러나 특정 순간에서 보면 이들은 고정되어 있으며, 신속한 변화가 쉽지 않다.

네 번째 동심원인 국민(Po)은 기능에 따라 분류될 수 있는 성질의 것이다.

- 인간의 신체에서 국민에 해당하는 동심원에는 다양한 형태의 세포들, 즉 피부 세포, 뼈세포, 신경 세포 등이 있다.
- 국가의 국민에 해당하는 동심원에는 공유된 특성과 성향을 견지하고 있는 다양한 형태의 인구 집단이 포함된다. 성별, 인종, 교육 수준, 경제 수준 그리고 전문 분야 등처럼 다양한 형태의 분류가 가능하다.
- 특정 조직의 국민에 해당하는 동심원에는 조직원들의 다수 집단이 포함된다. 이들은 특정 개인은 아니다. 그러나 이들은 상호 교류가 가능하고 집단으로서 상호간 어느 정도까지는 영향을 끼칠 수 있을 정도의 유사성을 갖고 있는 부류의 사람들이다. 예를 들면 엔지니어 부에 소속되어 있는 특정 요원인 스미스(Bob Smith)에 대항하도

록 모든 엔지니어들에 영향을 끼칠 수 있을 것이다.

• 시장의 국민에 해당하는 동심원에는 시장을 구성하는 사람들의 다수 그룹이 포함되어 있다. 시장 사람들의 그룹을 알게되면 개개 시장 사람들을 상대하지 않고도 국민이란 동심원의 중심을 경유해 시장에 영향력을 행사할 수 있을 것이다.

개개 요원들을 상대함이 보다 상세하고도 효과적일 수 있음은 분명하다. 그러나 실세계에서, 특히 보다 규모가 큰 조직의 경우 이것은 매우 어렵고도 제대로 진척되지 않는 형태의 방안이 될 수 있다.

소속 그룹을 통해 개개인을 접근할 수 있다면 효과를 가속하할 수 있을 것이며, 몇몇 경우에는 의도하는 바를 주요 대중이 보다 쉽게 수용할 수 있게 될 것이다.

'미래의 청사진'을 향해 나아가는 과정에서 국민에 해당하는 동심원이 결정적인 경우는 거의 없다. 그럼에도 불구하고 창의적으로 접근하는 경우 이것이 매우 중요한 역할을 수행할 수 있다. 다음의 사례를 생각해보자.

한 외국회사가 미국의 대형 식품체인에 음료수를 팔고싶어 하였다. 이 회사의 경우는 정규 채널을 통해 납품을 배정 받지 못했을 뿐 아니라 고위급 관리요원들에 직접 접근하지도 못했다.

그런데 이 미국의 대형 식품체인의 경우는 창출한 이윤을 회사와 종업원들이 함께 나누어 갖는 관행을 유지하고 있었다. 따라서 이 외국회사는 식품체인의 종업원들에 초점을 맞추었다. 이 음료수 회사는 넓은 장소에서 집회를 열고는 이 음료수의 경우 코카콜라 또는 펩시와 비교해볼 때 훨씬 이윤이 높다는 점에 초점을 맞춘 선전 활동을 전개하였다.

얼마 지나지 않아 식품체인에 근무하고 있던 사람들 모두는 이 음료수를 판매토록 해 달라고 식품체인의 관리 부서에 조르기 시작하였다. 이들의 기분을 맞추어줄 생각에서 식품체인의 관리 부서에서는 마침내 이들 음료수가 납품되도록 하였다. 결과적으로 이 음료수는 식품체인에서 일대 성공을 거두었다. 이 경우는 국민이란 동심원에 창의적으로 접근하고 있는데, 접근에 따른 효과가 적지 않았다.

다섯 번째 동심원인 대행인(A)은 시스템을 적극적으로 촉진 및 방어하는 부분들이다.

- 인간의 신체에는 병균에 대항해 시스템을 방어한다는 측면에서 나름의 능력이 있는 일군의 세포들이 있는데, 이는 분명히 대행인이다. 예를 들면 일부 백혈구의 경우 세포 내부로 침투한 병균들을 공격하며 또 다른 백혈구의 경우는 상처로 인해 피가 나는 경우 피가 응고되도록 하는 역할을 수행하고 있다.
- 국가란 시스템에서의 대행인에는 시스템의 협의 사항을 촉진 또는 방어할 임무를 수행하는 다양한 형태의 정부 기구뿐만 아니라 군대와 경찰이 포함될 것이다.
- 산업 조직과 시장의 대행인에 해당하는 동심원에는 시스템 내부에서 판매·구입·경비·광고 등의 활동을 책임지고 있는 부서들이 포함된다. 이들 부서의 경우는 군대 또는 경찰과 마찬가지로 조직을 위해 행동하고는 있지만 정책을 수립하지 않으며, 적어도 이처럼 정책을 수립해서는 안 될 것이다.

정책을 수립하지 않는다는 점에서 볼 때 대행인에 해당하는 동심원에 속해 있는 부분들의 경우는 지나칠 정도의 주의를 끌어서는 안 될 것이다. 이것이 여러분이 이들을 상대할 필요가 없다는 의미는 아니다. 이는 가능하다면 보다 내부에 있는 동심원들의 변화를 위해 노력함이 보다 더 효과적이란 의미다.

다섯 번째에 해당하는 동심원을 생각하기 위한 또 다른 방안은 이

것이 전술 수준의 영역이라는 점이다. 예를 들면 말단 소매상에서 근무하는 대행인인 판매원을 생각해보자.

의도하는 목표가 판매 실적을 두 배로 올리는 것인데, 이 같은 목표의 달성을 위해 고객의 서비스 개선을 위한 훈련 프로그램을 모든 종업원에게 제도화시켰다고 가정해보자. 이 같은 프로그램의 결과로 인해 고객에 대한 판매원들의 서비스가 2배로 높아졌다고 가정해보자.

이것이 판매에 끼칠 효과는? 그리고 효과가 신속히 발생할 수 있을까?

이 같은 노력을 통해 이 상점이 판매 실적을 2배로 늘리게 될 가능성은 지극히 작을 것이다. 이외에도 이 회사가 많은 점포를 갖고 있는 경우는 훌륭한 판매원들을 발굴해 훈련시키는 과정에서 요구되는 노력이 엄청날 뿐 아니라 고가(高價)일 것이다.

동일한 노력을 보다 내부의 동심원들에 초점을 맞추는 경우는 어떠한가? 예를 들면 선발과 가격 절차를 개선할 목적에서 처리에 해당하는 동심원에 초점을 맞추는 경우 모든 상점에 걸쳐 지대한 효과가 유발될 수 있을 것이다. 적절히 수행하는 경우 이들 절차의 개선을 통해 대부분의 점포에서 이윤이 증대될 수 있을 것인데, 이는 최상의 판매원을 보유하고 있지 않은 경우에서조차 가능한 현상이다.

여기서의 요지는 다음과 같다. 전술 수준의 표적이 집결되어 있는 장소인 다섯 번째의 동심원에 노력을 집중시키는 경우는 엄청날 정도의 대가가 수반되지 않는다면 의미 있는 또는 지속적인 효과가 유발되는 경우는 거의 없을 것이다.

'5개 동심원' 모델: 그 사용 방법

THE FIVE RINGS MODEL: HOW TO USE IT

'5개 동심원'이란 렌즈를 통해 여러분이 몸담고 있는 조직 또는 시장을 바라보는 경우 특정의 개인, 집단 그리고 물리적 실체들을 '5개 동심원' 중 하나의 동심원에 매우 쉽게 대응시킬 수 있을 것이다.

이들 대응은 시스템의 사상(寫像: Mapping)에 해당하는데, 이는 '미래의 청사진'을 달성할 목적에서 영향을 끼칠 필요가 있는 표적들, 즉 가상의 중심(重心: Center of Gravity)들을 규명해냄을 의미한다.

[표 2]와 [표 3]은 시스템의 사상(寫像)과 관련된 개념을 보여주고 있는데, 여기서는 전형적인 두 종류의 '5개 동심원' 시스템을 그 대상으로 하고 있다. 이들 중 첫 번째 대상은 전형적인 조직 시스템이고 두 번째 경우는 전형적인 시장 시스템이다.

이들 도표에 제시되어 있는 총칭 형태의 이름을 사고의 출발점으로 사용할 수 있을 것이다. 그러나 이들 총칭 형태의 명칭을 여러분 시스템의 구체적인 개인·그룹 및 물리적 실체와 대체함이 바람직하다.

[표 2] 전형적인 조직에 대한 '5개 동심원' 모델의 사상(寫像)

지 휘 부	오너/동업자, 회장, 임원, 최고경영자, 업무총괄담당 부사장(COO), 재무담당 부사장(CFO), 부회장, 집행위원회, 비공식적 성격의 지휘부, 외각 지휘부, 주요 주식 보유자, 노조 지도자, 주도적인 고객과 공급자
주요처리	통신, 품질, 상품화, 생산, 재정, 참모, 구매, 분배, 판매
기반구조	조직 구조, 내규 및 표준, 정착 기지, 물리적 형태의 시설, 운송망
국 민	고객, 관리자, 전문가, 기술자, 종업원, 육체 노동자, 월급 노동자, 시간 급 노동자, 상담요원
대 행 인	소매점, Division, 행상인, 유지 및 보안 요원, 구매 그룹, Outsourcer, 단속자, 선전요원

[표 3] 전형적인 시장에 대한 '5개 동심원' 모델의 사상(寫像)

지 휘 부	시장 지도자, 선도하는 고객, 선도하는 조합, 외부 지도자, 정치 지도자, 재정 지도자, 판매, 정부 기구
주요처리	통신, 관념화, 상품화, 생산, 구입, 분배, 혁신가, 참모, 노력 전환
기반구조	가격 네트워크, 조직, 물리적 시설, 정착 기지, 운송망, 종업원, 야전 구입, 설득 요원
국 민	고객, 소비자, 의사 결정권자, 전문가, 오너, 야전 마케팅, 선도 브랜드/아이디어, 노력 전환
대 행 인	비 선도 고객, 비 선도 경쟁자, 공급 회사, 시장 공급자, 판매 점포, 언론 지도자, 재정, 선전요원

'5개 동심원' 모델은 기획 도구에 불과하다는 점을 인지할 필요가 있다. 그러나 이 모델을 이용하게 되면 시스템의 중심들을 신속히 규명해낼 수 있을 것이다.

특정 중심이 속해 있는 동심원이 무엇인지 확신할 수 없는 경우 전혀 걱정할 필요는 없다. 이럴 경우 이들 '5개 동심원' 중 하나를 선택해 일을 시작할 필요가 있을 것이다. 시스템의 중심들에 관한 전반적인 관점의 견지가 매우 중요하다.

시스템의 사상(寫像) 절차

THE SYSTEM-MAPPING PROCESS

여러분이 합리적으로 관리할 수 있는 가장 큰 시스템을 그 대상으로 하여 사상(寫像) 절차를 시작할 필요가 있다. 그 후 필요하다면 보다 규모가 작은 서브시스템으로 내려가 작업을 수행해야 한다. 예를 들면 기업의 세계에서 가장 큰 시스템들에는 시장 및 조직 자체가 포함될 수 있을 것이다.

[그림 9.2]에는 일련의 '5개 동심원' 시스템들이 도시되어 있는데, 이들 개개 시스템은 분열도형의 성격을 띠고 있다. 소위 말해 규모가 큰 시스템에서 차원을 낮추어 이 시스템의 일부분에 해당하는 규모가 작은 시스템의 경우에서 또한 '5개 동심원' 모델을 반복적으로 적용할 수 있다. 특정 시스템에서 목격되는 일군의 특성들은 대형 시장에서 시작해 특정 회사, 회사의 임원진, 회사의 고위급 의사결정집단, 회사의 특정 부서 등에서도 목격이 가능하다.

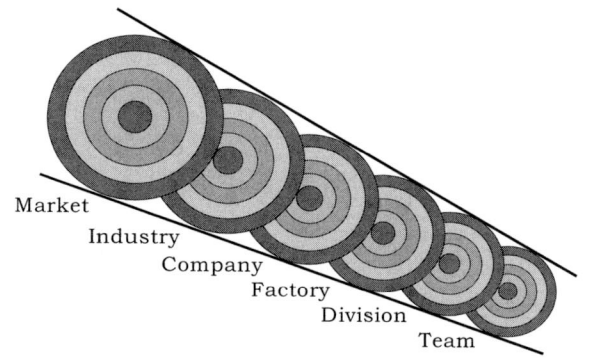

[그림 9.2] 중심(重心)은 분열도형의 형태를 띠고 있다.

　모든 시스템들이 분열도형의 성격을 띠고 있다 함은 특정 시스템의 특정 부분에 대해서도 '5개 동심원' 모델이 적용될 수 있다는 의미다.
　지금까지 우리는 시스템을 사상(寫像)하고, 중심을 규명해내는 문제를 생각해 보았다. 이제 우리는 이들 개개 중심의 공략을 통해 얻어내고자 하는 효과를 살펴볼 것이다.

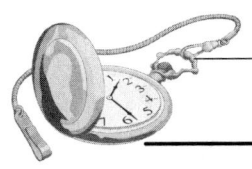

제9장 요약 : '5개 동심원'

전략적인 의미가 있는 올바른 표적들의 선정은 시간을 절약해 효과적으로 승리하고자 할 때의 핵심 사안이다. 전략적인 의미가 있는 올바른 표적들을 선정해내지 못한 경우는 시스템의 변화가 불가능하지는 않겠지만 어려울 것이다.

시스템에서 공략해야 할 표적들을 선정하는 과정에서 리더의 역할은 미래를 설계한 이후 모든 사람들이 중심의 규명에 최우선적으로 초점을 맞출 수 있도록 하는 것이다.

'5개 동심원' 모델에는 모든 동적인 시스템에서 목격이 가능한 지휘부 · 처리 · 기반구조 · 국민 그리고 대행인이란 요소가 제시되어 있다.

개개 동심원에는 하나 이상의 중심이 있다. 중심이란 시스템의 일부분으로서 특정 형태로 변형시켰을 때 시스템 전반에 가장 큰 충격을 유발하는 부분을 의미한다.

'5개 동심원' 모델로 인해 '시스템 차원의 사고'를 실제 세계에 적용할 수 있게 되었다.

특정 개인 · 집단 그리고 물리적 실체들을 '5개 동심원' 개개에 적절히 대입하여 시스템을 사상(寫像: Mapping)하게 된다.

여러분이 합리적으로 관리할 수 있는 가장 큰 시스템을 대상으로 사상 절차를 시작함이 중요하다. 그 후 필요하다면 보다 규모가 작은 서브시스템으로 내려가 작업을 지속해야 할 것이다.

10
Desired Effects

희망 효과

"효과를 염두에 둔 표적 선정"

1991년 걸프전이 발발되기 2년 전부터 와든(John Warden)은 '5개 동심원' 모델에 기반을 둔 시스템 차원의 분석 방안을 워싱턴에서 개발하고 있었다. 당시 그는 적의 시스템을 공격한 이후 공격에 의한 효과를 적절히 측정함이 매우 중요하다는 점을 강조하였다.

적의 시설을 공격하는 경우 이것의 격파 여부가 아니고 이것이 계속 기능하고 있는 지의 여부에 따라 성공을 평가해야 할 것이라고 그는 생각했다. 와든의 생각처럼 '희망 효과(Desired Effect)'를 성취한 경우에서만이 공격이 성공적이라고 말할 수 있을 것이다.

'효과에 기반을 둔 기획(Effect-Based Planning)'이 엄청날 정도의 위력이 있다는 점을 많은 사람들은 제대로 인지하지 못했다.

예를 들면 걸프전 당시 워싱턴에는 이라크 전기시설의 10%만이 공격받았다는 점에서 전기를 겨냥한 항공전역(航空戰役: Air Campaign)이 일대 실패였다고 주장한 정보장교(제8장에서 언급한 바처럼)와 유사한 자세를 견지하고 있던 사람들이 다수 있었다. 이는 "공격하게 될 표적들이 콩가루가 되기 이전에는 일은 끝나지 않았다"는 구시대의 군사 견해를 반영한 것이었다. 이것이 시스템 차원의 시각이 아님은 말할 나위 없으며, 이 같은 방식으로 전쟁을 수행하는 경우는 엄청날 정도의 자원이 낭비될 것이다.

　기업의 경우에도 '효과에 기반을 둔 기획'이 주는 의미는 지대하다. 변화를 유발할 필요가 있는 중심(重心: Center of Gravity)을 10개 규명해 내었다고 가정해보자. 이들 중심의 몇몇에 가용 자원을 집중시킴이 보다 좋겠는가, 아니면 보다 많은 대상의 표적들에 가용 자원을 배분해 활용함이 보다 더 성공적일 것인가?

　'효과에 기반을 둔 기획'에서는 **"이들 두 가지 방안 중 시스템 차원의 효과를 유발할 가능성이 가장 높은 경우는 어느 것인가?"**란 질문을 던지는 방식으로 이 같은 질문에 답변하고 있다. 이 같은 질문에 답변하는 과정에서 앞의 몇몇 장(章)에서 제시한 다음과 같은 몇몇의 주요 원칙들이 적용될 수 있다.

- 시스템에 유발한 변화의 정도와 가능성은 영향을 끼친 중심의 숫자와 어느 정도 신속히 영향을 끼쳤는지에 직접 비례한다. 지극히 일부분의 중심들에 지대한 영향을 끼친 경우 시스템은 아마도 이들 충격을 흡수하고는 나름의 방식으로 적응하게 될 것이다. 지휘부에 해당하는 동심원의 핵심 부위를 공격한 경우에서조차 이 같은 현상이 발생할 수 있을 것이다.

- 다수의 중심들을 공략하는 경우는 시스템 차원에서 바람직한 효과가 유발될 다수의 기회가 있게 된다. 이 경우는 개개 중심에 영향을 끼칠 때마다 전체 시스템이 느끼는 충격이 기하급수적으로 증대될 것이다. 소위 말해 이 같은 공략으로 인해 시스템 전반에 충격이 파도처럼 퍼져나갈 것이다.

- 다수의 중심을 동시에 공략하는 병행적인 접근 방안을 구사하는 경

우는 이들 공략 중 일부가 실패한다고 할 지라도 적의 시스템에 변화를 준다는 측면에서 성공적일 수 있을 것이다. 이것이 가능한 이유는 동시에 진행되는 여타 행동들 중 많은 부분이 성공을 거두게 될 것이기 때문이다. 간략히 말해 순차적으로 문제를 접근하는 경우와 비교해볼 때 병행적인 접근 방안에서는 완벽한 기획 및 집행이란 개념이 크게 중요하지 않다.

이 경우는 개개 공략에 의한 결과를 정확히 예측할 필요가 없을 것이다. 병행적으로 진행되는 노력들로 인해 시스템 전반이 충격을 받고 그 결과 시스템이 의도하는 방향으로 움직이고 있다는 점을 예견하는 것만으로도 충분할 것이다.

가용 자원의 적정 배분
LEVERAGING AVAILABLE RESOURCES

걸프전 당시 뎁투라(Dave Deptula) 중령(현역 미 공군 준장)은 전쟁 발발 2년 동안 와든과 함께 생활한 바 있는 매우 우수한 장교다. 그의 경우는 '효과에 기반을 둔 기획'을 매우 잘 이해하고 있었을 뿐 아니라 이것을 옹호한 주요 인물 중 한 사람이다.

전쟁 기획 과정을 시작할 당시 와든은 뎁투라에게 동참을 요청하였다. 뎁투라는 펜타곤의 지하에 있던 책메이트(Checkmate) 기획팀에서 핵심적인 역할을 담당하는 등 당시의 전쟁에서 가장 중요한 역할을 수행한 몇몇 되지 않는 사람들 중 한 사람이다. 뿐만 아니라 그의 경우는 사우디아라비아의 리야드에서 전쟁 기획과 집행이란 핵심적인 역할을 수행하였다.

정밀공격이 가능한 얼마 되지 않는 항공기와 정밀유도무기를 이용해 개전(開戰) 초반에 어떻게 최대한의 충격을 유발할 수 있을 것인지는 당시의 전쟁 기획가들이 직면하고 있던 가장 중요한 문제 중 하나였다. 이 문제는 특히 이라크의 방공(防空) 시스템과 관련해 불거져 나왔다. 정보에 따르면 이라크의 경우는 4개의 주요 첨단 작전지휘소를 운영하고 있었는데, 이들 개개 지휘소는 2개 이상의 보조 지휘소를 갖고 있었다. 이들 보조 지휘소는 주요 지휘소가 기능을 상실하는 경우 임무를 수행토록 설계되어 있었다.

대부분의 정보 요원들은 표적들이 콩가루가 되도록 공격해야 한다는 견해를 견지하고 있었다. 개개의 방공 본부에 어느 정도의 폭탄을 투하할 필요가 있는지 정보 분석가들에게 질문하였더니 이들은 개개 표적을 격파하려면 15발에서 20발의 정밀유도무기가 요구된다고 답변하였다. 이는 불가능한 형태의 해결안이었다. 당시는 주어진 시간 동안 이들 표적 모두를 격파할 수 있을 정도의 충분한 자원(이 경우는 스텔스항공기와 정밀유도무기를 지칭)이 없었다.

'효과에 기반을 둔 기획'을 이해하고 있던 뎁투라는 나름의 해결안을 제시하였다. 그는 방공본부에 대한 바람직한 효과의 쟁취에 초점을 맞추었다. 다시 말해 그는 이라크군의 방공본부가 방공 관련 노력을 통제하지 못하도록 해야겠다고 생각하였다. 이들 노력에 대한 '최상의 평가 방안'은 개개 방공본부가 제 기능을 수행하지 못하게 된다는 점, 즉 매우 간단하였다.

뎁투라는 자신의 생각을 다음과 같이 설명하고 있다.

무엇을 해야 할 것인가? 우리가 살고 있는 건물의 모퉁이에 누가 2,000파운드의 폭탄을 투하하였다면 건물이 격파되지는 않을 것이다. 그러나 이 같은 상황이 전개되는 경우 우리들 중에서 커피를 마시며 건물 안을 배회하는 사람은 거의 없을 것이다. 여기에 해결책이 있었다. 우리가 의도하는 모든 표적들을 물리적으로 격파할 필요는 없었다. 이들이 제 기능을 발휘하지 못하도록, 다시 말해 정상 운영되지 못하도록 하는 것만으로도 충분하였다. 따라서 통상 성공을 측정하는 기준인 물리적 파괴의 정도에 초점을 맞출 필요는 없다. 그 대신 시스템 차원의 효과 창출에 초점을 맞추어야 할 것이다.

효과에 기반을 둔 접근 방안을 이용해 뎁투라는 가용 자원을 최적의 방식으로 배정할 수 있었다. 격파할 목적이라면 개개 표적에 8대의 F-117 스텔스항공기를 배정해야만 하였을 것이다. 그러나 뎁투라는 이것이 아니고 단순히 제 기능을 수행하지 못하도록 할 목적에서 개개 표적에 단일의 F-117 항공기를 배정하였다. 이는 이처럼 귀중한 자산을 여타의 주요 표적, 특히 생물 및 화학무기 저장고를 겨냥해 사용할 수 있을 것이란 의미였다.

항공전역이 시작된 첫날 밤, 82개의 표적을 공격할 목적에서 F-117 항공기가 42쏘티* 비행하였다. 표적이 콩가루가 되기 이전에는 임무가 끝난 것이 아니라는 예전의 평가 방안을 준수하였을 경우와 비교해 볼 때 뎁투라는 40배 정도의 이라크 시설을 추가 자원이 없이도 작동되지 않도록 할 수 있었다.

시스템의 '에너지 이벤트'

SYSTEM 'ENERGY EVENTS'

'효과에 기반을 둔 기획'이란 개념을 기업에서 활용하기 위한 방안은 무엇인가? 여러분의 행위를 시스템의 '에너지 이벤트'란 측면에서 생각해 볼 필요가 있을 것이다.

특정의 중심을 격파, 무력화 또는 와해시키는 경우는 음성(陰性)의 '에너지 이벤트'가 생성된다. 다시 말해 에너지가 중심으로부터 빠져

---

*역자주: 항공기 1대가 이륙해 임무를 수행하고 비행장에 착륙하는 것을 1쏘티 라고 한다.

나아가게 된다. 1991년, 걸프전에서 통신시설 및 전기와 같은 다수의 중심을 무력화 및 와해시킬 목적에서 다국적군은 대규모 차원의 항공력을 이용해 공격하였는데, 이는 음성의 '에너지 이벤트'였다. 당시의 공격으로 인해 이라크란 시스템은 시스템의 작동에 필요한 에너지를 상실하였다.

특정 중심을 창조 · 발전 또는 확장시키는 경우에는 양성의 '에너지 이벤트'가 생성된다. 다시 말해 중심에 에너지가 첨가되는 현상이 발생하게 된다. 걸프전의 경우를 보면 미국은 동맹국들 뿐 아니라 사우디아라비아 및 아랍국가들의 지휘부와 같은 우방국의 중심을 겨냥한 대규모 차원의 외교 전역(戰役)을 수행하였다. 이들 외교적 차원의 노력은 양성의 '에너지 이벤트'였다. 다시 말해 이 같은 외교적 차원의 노력으로 인해 다국적군의 작전과 노력에 에너지가 추가되고 있었다.

여러분의 중심들에 적합한 형태의 '에너지 이벤트'는 무엇인가? 기업의 경우 대부분의 공략은 시장과 조직에 위치해 있는 중심들에 에너지를 불어넣을 목적으로 설계되어야 한다.

여러분과 경쟁하는 사람들은 진정한 의미에서 여러분의 주요 공략 대상이 아니다. 그 이유는 '미래의 청사진' 실현이 여러분의 가장 중요한 목표가 되어야 할 것이기 때문이다. 여러분의 경쟁자가 돈을 벌던 또는 잃고 있는지는 '미래의 청사진'을 달성하고 있는 한 여러분이 상관할 바가 아니다.

'희망 효과'들의 결정
DETERMINING DESIRED EFFECTS

효과를 고려해 공략해야 할 표적들을 선정해야 한다는 개념과 시스템의 '에너지 이벤트'란 개념을 이해한 경우 개개 중심에 적용할 행위

기획을 개발할 준비가 되어 있다고 말할 수 있을 것이다.

시스템을 '5개 동심원' 모델에 근거해 사상(寫像: Mapping)했다고 가정해보자. 나름의 중심들을 규명해낸 경우 이들 개개 중심에 강요해야 할 효과는 무엇인가? 이들 효과를 측정하기 위한 방안은 무엇인가? 이들 효과를 어느 정도 신속히, 그리고 어떠한 행위와 자원을 배정해 유발해야 할 것인가?

바람직한 효과를 결정하는 과정에서 가장 중점을 두어야 할 사항은 중심을 겨냥한 행위와 '미래의 청사진' 구현이란 두 가지 요소간에 전략적인 연계 관계가 있도록 해야 할 것이라는 점이다. 이 같은 연계를 맺지 못하는 경우는 장기적인 효과를 유발하지 못하는 활동들에 귀중한 자원을 낭비하는 결과가 초래될 것이다.

전략적인 연계 관계가 있도록 하기 위한 방안은 무엇인가? 여러분이 그린 '미래의 청사진', 즉 주요 서술자(敍述子) 그리고 관련 평가 방안의 검토를 중심으로 문제를 시작해야 할 것이다. "이 같은 '미래의 청사진'을 실현하고자 할 때의 중심의 변화 방안은 무엇인가?"를 자신에게 질문해보아야 할 것이다.

여러분이 달성하고자 하는 목표의 측면에서 주요 중심들을 규명하는 경우 나름의 행위 기획을 만들어낼 수 있을 것이다. 이 같은 기획의 창안에는 다음의 6단계가 있는데, 이들 단계의 순서 준수가 매우 중요하다.

1. *'희망 효과'를 결정한다.* 즉 여러분이 규명해 낸 개개 중심에 대한 공략을 통해 얻어내고자 하는 구체적인 효과를 정의한다. '희망 효과'를 얻어낸 경우 중심이 '미래의 청사진'을 향해 어떻게 이동하게 될 것인지, 즉 이들 효과와 '미래의 청사진'간의 전략적인 연계 관계를 생각해 보아야 한다. 이 시점에서는 "어떻게 해야 할 것인가"란 상

세 사항을 놓고 고민해서는 안 될 것이다. 이처럼 '어떻게'란 문제를 놓고 고민하는 경우는 사고가 제한될 수밖에 없다. 모든 것이 가능하다고 생각하고 이상적인 형태의 효과가 무엇인지를 먼저 파악해냄이 중요하다.

2. *'최상의 평가방안'을 분명히 한다.* 즉 여러분이 희망하는 효과를 성취했는지의 여부를 알아내기 위한 방안을 분명히 해야 한다. 일반적으로 평가 방안에 따라 얻어질 수 있는 효과는 달라진다. 따라서 여러분이 '희망 효과'를 성취했는지를 객관적으로 보여주는 기준은 무엇인가?란 질문에 신중히 답변해야 할 것이다. 이들 질문에 간략히 답변할 수 있는 경우 여러분은 '최상의 평가방안'을 갖고 있다고 말할 수 있을 것이다.

3. *시간의 틀을 결정한다.* 중심에 영향을 끼쳐야 할 시점을 결정해야 한다. 다시 말해 이들 중심에 곧바로, 나중에 또는 내년에 영향을 끼쳐야 할 것인가? 이것을 여러분이 생성해내고자 하는 '미래의 청사진'의 관점에서 사고해야 할 것이다. 예를 들면 전역 또는 퇴직을 염두에 둔 연금 기획으로의 전환은 추후 수행할 수 있는 성질의 것인 반면 전략적 의미가 있는 고객의 확보는 단기적으로 이루어져야 할 사항일 것이다.

4. *의미 있는 그리고 신뢰성 있는 정보를 수집한다.* 다시 말해 중심에 관한 정보를 확보하는데, 이것이 '미래의 청사진'과 관련해 바람직한 효과를 생성해내는 수준까지만 확보해야 할 것이다. 수집된 정보 중에 흥미로운 부분이 있을 수 있다는 단순한 기대에 근거해 정보를 수집하는 행위는 단연코 피해야 한다. 이 같은 관행은 시간과 노력의 낭비에 다름없다.

5. *'희망 효과'를 달성하기 위한 고차원의 지시들을 개발해낸다.* 그러나 전술을 구체적으로 언급해서는 안 될 것이다. 전술은 전역(戰役: Campaign)을 기획하는 사람들 또는 조직의 여타 사람들의 책임이다. 예를 들면 1991년도의 걸프전에서 중심에 관한 고차원의 지시는 부수적 피해를 거의 유발하지 않으면서 중심이 제 기능을 발휘하지 못하도록 하는 것이었다. 이들 목표를 달성하기 위해 사용해야 할 적정 항공기 · 미사일 또는 폭탄의 결정은 야전 요원들의 몫이다.

6. *자원의 요구정도를 측정한다.* 다시 말해 '희망 효과'를 얻고자 할 때 필요하다고 생각되는 기술 · 사고방식 · 권한 · 장비 그리고 예산을 측정해내야 할 것이다. 행위를 수행해야 할 사람 또는 집단의 이름을 아는 경우는 보다 더 구체적이어야 할 것이다.

중심에 기반을 둔 행위 기획의 사례
A SAMPLE CENTER OF GRAVITY ACTION PLAN

가상적으로 구상해본 회사인 파스트윈(FastWin) 주식회사의 중심에 기반을 둔 행위 기획이 다음에 나와 있다.

- **상 황**: 파스트윈의 '미래의 청사진'에 나와 있는 주요 서술자들 중 하나는 시장을 선도하는 회사가 되겠다는 것이다. 파스트윈의 최고 경영자(CEO)는 고위급 임원의 대부분이 시장의 흐름을 이해하고 있지 못할 뿐 아니라 파스트윈이 시장을 선도할 수 있도록 신속하고도 공세적으로 움직이고 있지 않다는 점을 인지하였다.

- **중 심**: 파스트윈의 고위급 임원 집단(지휘부 동심원에서 중심에 해당한다).

- **희망 효과** : 파스트윈 고위급 임원들의 주요 다수가 부상하고 있는 시장이 주는 의미를 이해하고, 기회를 포착할 수 있을 정도로 신속하고도 공세적으로 움직인다.
- **최상의 평가방안** : 시장에서 파스트윈의 전략 입지가 향후 2년 이내에 획기적으로 개선된다.
- **시간의 틀** : 향후 6개월 이내에 최초의 가시적인 결과가 나오도록 한다.
- **조 치** : 고위급 임원들에게 시장에 관해 교육시키고 바람직한 의식구조와 시장을 주도 및 선도하는 사람에게 필요한 일군의 기술을 제공해주는 신속하고도 정보에 기반을 둔 행위 습득 프로그램을 개발해 공급해준다.
- **자 원** : 시간(프로그램의 발전을 최고경영자와 임원으로 구성된 팀이 감독하는 데 소요되는 시간), 자금(프로그램을 설계 및 공급하는데 소요되는 예산), 전문가(집행 및 행위 학습을 설계하기 위한 전문가 선발)

여기서 추구하는 목표가 시스템 전반에 영향을 끼치는 것이란 점, 그리고 이 같은 특정 중심(FastWin의 고위급 임원 집단)은 성공을 보장하고자 할 때 영향을 끼쳐야 할 다수의 중심들 중 하나라는 점을 명심해야 할 것이다.

정교한 표적선정의 위력: 'Trim-Tab' 효과
THE POWER OF PRECISION TARGETING: THE 'TRIM-TAB' EFFECT

모든 중심을 '5개의 동심원' 모델을 이용해 쉽게 분석할 수 있는 것은 시스템들이 분열도형의 성격을 띠고 있다는 점 때문이다. 그러나 이처럼 상세 수준으로 내려가 수고해야 하는 이유는 무엇인가? 여기에 대한 답변은 다음과 같다.

표적을 정교히 정의한 정도에 비례해 이것에 영향을 끼치고자 할 때 소요되는 노력은 줄어든다. 대형 함정(艦艇)의 방향을 통제하는 방식에서 좋은 비유를 찾을 수 있을 것이다. 함정은 기계적인 시스템인데, 이것의 방향타는 주요 중심이다. 함정의 방향타를 이동시키는 경우 함정의 방향을 바꿀 수 있다. 그러나 그 중량이 엄청날 뿐 아니라 타성이 매우 크다는 점으로 인해 함정의 방향을 바꾸거나 멈추게 하려면 1마일 이상을 더 움직여야 할 것이다.

특히 고속 함정의 경우는 방향타를 움직이는 과정에서 엄청날 정도의 에너지가 요구된다. 그러나 방향타의 뒤쪽 끝에 붙어있는 또 다른 조그마한 방향타, 즉 트림탭(Trim-tab ; 방향타의 중심임)을 생각해보자. 트림탭의 이동에는 훨씬 작은 규모의 힘이 요구되는데, 이것의 경우는 방향타(시스템의 중심)를 임의로 움직여서 함정(시스템)의 방향을 바꾸고 있다.

1991년도 걸프전의 항공전역을 기획한 책메이트(Checkmate) 기획팀은 먼저 이라크의 중심을 규명해내었는데, 이들 중심에는 이미 언급한 바 있는 이라크의 전기 시스템이 있었다. 이 전기 시스템을 '5개 동심원' 모델에 근거해 신속히 분석해 보았더니 지휘부(L)에 해당하는 동심원(전기를 통제하는 관리자들), 처리(P)에 해당하는 동심원(열과 스팀을 생성해내는 시설들, 발전기 그리고 변압기), 기반구조(I)에 해당하는 동심원(전선), 국민에 해당하는 동심원(엔지니어에서 노동자에 이르는 다양한 종류의 사람들), 그리고 대행인(A)에 해당하는 동심원(수리 및 보안 팀들)이란 전형적인 부분들이 있었다.

이들 개개에 대해 즉각 관찰할 수 있는 사항은 무엇인가?

지휘부에 해당하는 동심원(관리자들) : 이들 모든 관리자에게 자신들의 소관 지역에 대한 전기를 단전하도록 설득할 수 있다면 문제는 해결될 것이다. 물론 이들을 찾아내어 설득하는 과정에서는 적지 않은 시간이 소요될 것이다. 따라서 이는 가능한 방안이 아니다.

처리에 해당하는 동심원(열과 스팀을 생성해내는 시설들) : 이들은 그 격파가 쉽지 않을 정도로 견고하다. 이외에도 이라크가 이것을 재차 작동시키기 위한 방안을 신속히 강구해낼 가능성도 없지 않다.

처리에 해당하는 동심원(발전기) : 이들이 대안인 것은 분명하다. 그러나 전후(戰後) 발전기의 대체에 오랜 기간과 많은 비용이 소요된다. 이 점에서 이는 가능한 한 적은 피해를 유발하며 전쟁을 종료시킨다는 '미래의 청사진'과 부합되지 않는다. 따라서 이는 잘못된 형태의 대안이다.

처리에 해당하는 동심원(변압기) : 만세! 이것의 경우는 공격이 용이한 반면 공격에 따른 충격은 엄청나다. 또한 단기간에는 수리가 어렵지만 전후 이것의 수리는 간단한 문제일 뿐 아니라 수리에 따른 비용 또한 저렴하다. 이는 '미래의 청사진'과 부합하고 있다.

기반구조에 해당하는 동심원(전선) : 수천 마일에 달하는데, 수리가 매우 용이하다.

국민에 해당하는 동심원(전기 기술자) : 이들에 대해 아는 바가 거의 없으며, 이들에 접근해 가기 위한 방안이 없다.

대행인에 해당하는 동심원(수리 및 보안 요원) : 한 지역에서 또 다른 지역으로 쉽게 이전하는 등 그 발견이 쉽지 않다.

이 같은 분석에 방대한 양의 데이터가 필요치 않다는 점 그리고 올바른 해답에 매우 빨리 도달하게 되었다는 점(변압기 공격)을 주목해 볼 필요가 있을 것이다.

걸프전 당시 항공전역을 기획한 책메이트 기획팀의 경우는 '열린 기획'이란 접근 방안을 사용하였다. 그 결과 당시의 기획에 참여한 요원들 중에는 앞에서 설명한 '5개 동심원'에 기반을 둔 분석이 가능할 정도로 이라크의 전기 시스템에 관해 충분한 지식을 갖고 있는 사람들이 다수 있었다. 이 같은 기본적인 분석이 종료된 이후 정보수집이 시작되었다. 정보 분석가들의 경우는 변압기가 위치해 있는 곳을 이들 기획팀에게 정확히 알려주는 임무를 부여받았다. "나에게 이라크의 전기 시스템에 관해 말해주시오"와 같은 요구를 받은 경우 여기에 따른 임무는 무한정 많을 것이다. 그러나 앞의 분석을 통한 요구의 경우는 그 해결에 비교적 제한된 규모의 임무만 수행하면 될 것이다.

중심들의 우선 순위를 결정한다
PRIORITIZING CENTERS OF GRAVITY

하루, 일주일 또는 한 달에 걸쳐 진행될 가능성이 있는 전략적 성격 작전의 첫 번째 단계는 적의 전반적인 시스템에 충격을 주는 형태가 되어야 한다.

시스템의 저항을 극복해내려면 다수의 중심에 영향을 끼칠 필요가 있는데, 아마도 공격해야 할 이들 중심이 개개 동심원에 하나 이상 존재해 있을 것이다. 이는 시스템의 가능한 한 많은 중심에 동시에 영향을 끼칠 목적에서 가용 자원(사람·자본금·장비 등)을 적절히 배분해 활용해야 할 것임을 의미한다.

물론 한 조직이 모든 중심을 동시에 공격할 수 있을 정도로 충분히 많은 자원을 갖고 있는 경우는 지극히 드물다. 제한된 자원을 갖고 무엇을 해야 할 것인가? 동시에 모든 것을 공격할 수 없다고 미리 포기하지 않기 바란다. 한편 일련의 순차적인 형태의 공격을 기획해서도 안 될 것이다.

Leadership	Processes	Infrastructure	Population	Agents
▷ 10	▷ 10	▷ 10	▷ 10	▷ 10
▷ 9	▷ 9	▷ 9	▷ 9	▷ 9
▷ 8	▷ 8	▷ 8	▷ 8	▷ 8
▷ 7	▷ 7	▷ 7	▷ 7	▷ 7
▷ 6	▷ 6	▷ 6	▷ 6	▷ 6
▷ 5	▷ 5	▷ 5	▷ 5	▷ 5
▷ 4	▷ 4	▷ 4	▷ 4	▷ 4
▷ 3	▷ 3	▷ 3	▷ 3	▷ 3
▷ 2	▷ 2	▷ 2	▷ 2	▷ 2
▷ 1	▷ 1	▷ 1	▷ 1	▷ 1

[그림10.1] 종합적인 공격기획

[그림 10.1]에는 '5개 동심원' 모델을 이용해 사상(寫像)된 50개의 표적들을 보여주고 있는데, 이들은 수직 테이블의 형태로 도시되어 있다. 이제 이들 5개의 수직 테이블에 배열되어 있는 중심들이 시스템의 모든 중심을 망라하고 있다고 가정해 보자.

여러분이 의도한 목표들을 충족시킬 목적에서 이 시스템을 공격해 신속히 변화시키고 싶지만 오직 10개의 폭탄만이 가용하다고 가정해 보자. 여기에 대한 해결안은 [그림 10.1]에 도시되어 있는 바처럼 개개 테이블에서 몇몇 중심을 선택해 이것의 합이 10이 되도록 하는 것이다.

여러분은 이들 표적을 가능한 한 동시에 병행적으로 공격하게 될 것이다. 이들 중 대부분을 명중시키는 경우 시스템에 충격을 주는 과정이 시작된다. 시스템이 회복되기 이전에 충격을 격화시키고, 시스템이 보다 신속히 마비되도록 할 목적에서 지휘부와 처리에 해당하는 중심들을 공격해야 할 것이다. 또한 상황에 따라 추가의 단계를 통해 공격을 재개할 수 있을 것이다.

여기서의 요지는 다음과 같다. 시스템에 영향을 주어 나름의 방향으로 움직이고자 할 때는 중심들에 우선 순위를 부여해 이들을 몇몇 단계에 걸쳐 공략해야 한다. 또한 통합된 형태로 그리고 순간적인 충격이 매우 큰 형태로 기획하여 시스템 전체가 원하는 방향으로 이동하도록 해야 한다. 이들의 수행 방안은 병행전역(戰役: Campaign)이란 제목의 제11장에서 다루어질 것이다.

제10장 요약 : 희망 효과

시스템을 '5개 동심원' 모델에 근거해 사상(寫像: Mapping)하여 나름의 중심들을 규명해낸 경우 이들 개개 중심에 대한 공략을 통해 얻어내고자 하는 효과, 즉 '희망 효과'를 결정해야 한다.

시스템의 '에너지 이벤트'란 중심을 공략하는 경우 발생하는 현상이다. 공격받은 중심의 입장에서 보면 여러분의 행위로 인해 에너지가 첨가되거나 빠져나갔다고 생각될 수 있을 것이다.

중심에 대한 공략을 통해 얻어내고자 하는 '희망 효과'와 '미래의 청사진'의 실현간에 전략적인 연계 관계, 즉 이들이 직접 연계될 수 있도록 해야 한다. 이에 따라 개개 중심에 대한 행위 기획을 만들어 내어야 한다. 행위 기획은 다음의 6단계를 통해 만들어진다.

1. '희망 효과'를 결정한다.
2. '최상의 평가방안'을 분명히 한다.
3. '시간의 틀'을 결정한다.
4. 의미 있는 그리고 신뢰성 있는 정보를 수집한다.
5. '희망 효과'를 달성하기 위한 고차원의 지시들을 개발해낸다.
6. 자원의 요구정도를 측정한다.

'5개 동심원' 모델을 이용하게 되면 중심을 분열도형의 경우(개개 수준별로)처럼 분석할 수 있게 된다. 공략해야 할 표적들을 보다 정확히 정의할수록 이것에 영향을 끼치고자 할 때 요구되는 에너지는 보다 더 작아진다.

자원을 최적화 하려면 중심들의 우선 순위를 결정하고 이들 중심을 몇 몇 단계(Phase)에 걸쳐 다루어야 한다. 시스템 전체가 원하는 방향으로 움직이도록 통합된 형태의 그리고 동시적인 형태의 공략 기획을 작성해야 한다.

　하루, 일주일 또는 한 달에 걸쳐 진행될 가능성이 있는 전략적 성격 작전의 첫 번째 단계는 적의 전반적인 시스템에 충격을 주는 형태가 되어야 할 것이다.

성공을 염두에 둔 전역

*"문제를 병행적으로 접근하게 되면 결과를 신속히
얻어낼 수 있을 뿐 아니라, 성공 가능성이 획기적으로 높아진다"*

개개 중심에 끼치고자 하는 효과, 즉 '희망 효과(Desired Effect)'들을 정의한 경우는 이들 효과를 얻어낼 수 있도록 자원을 효과적으로 적용하기 위한 방안의 문제를 놓고 고민해야 할 것이다. 병행전역(竝行戰役: Parallel Campaign)이라고 불리는 강력한 형태의 방안이 여기서 크게 도움이 될 수 있을 것이다.

전역(Campaign)이란 공격 대상인 몇몇 중심(重心: Center of Gravity)을 겨냥해 자원(인력·자금 그리고 장비)을 일시적으로 집중시켜 놓은 것이다. 가능한 한 신속히 결과를 얻어내고, 시스템의 에너지 수준을 변환시킬 목적에서 전역의 경우는 레이저의 불빛처럼 초점을 맞추어 수행된다. 다시 말해 전역에서는 공략해야 할 대상을 정확히 겨냥하게 된다.

동일한 전략 의도를 염두에 둔 다수의 전역이 병행적으로 운용되는 경우는 집중된 형태의 행위들이 신속히 진행됨에 따라 성공 가능성이 크게 높아지게 된다. 전역의 성공 여부를 측정하는 기준은 전역에 투입된 노력의 규모 또는 품질이 아니다. 결과를 얼마나 신속히 얻어낼 수 있는지, 그리고 이들 결과의 깊이는 어느 정도인지가 여기서의 평가기준이 되어야 한다.

시스템 전반에 걸쳐 신속하고도 심도 있는 결과를 유발하려면 전역을 병행적으로 수행해야 한다. 여기서의 핵심은 다수의 중심에 영향을 끼쳐야 한다는 점, 그리고 이들 중심을 거의 동시에 공략하여 공격에 의한 효과가 거의 동시에 일어나도록 해야 한다는 점이다.

병행전역의 경우는 성공을 염두에 두고 자원을 집중할 수 있도록 해준다. 병행전역 개념은 모든 자원(인력·자금 그리고 장비)을 테이블 위에 올려놓고는 이들을 올바른 우선 순위에 근거해 초점을 맞추어 사용하는 행위와 동일하다. 다수의 행위를 동시에 수행하는 경우 이들 행위는 단기간에 진행된다. 이 점에서 병행전역이란 개념을 이용하면 순차적인 접근 방안과 비교해볼 때 보다 적은 규모의 자원이 소요된다. 속담에도 있듯이 시간은 금이다.

병행전역은 빠르게 진행될 뿐 아니라 상황이 바뀌는 경우 즉각 방향 전환이 가능할 정도로 융통성이 있다. 이처럼 실시간의 적응 능력이 매우 중요하다. 실시간에 행동 및 생각하지 않으면 초고속으로 움직이는 오늘날의 세계에서는 생존이 불가능해질 것이다.

병행전역은 관료주의에 따른 문제점을 해소하기 위한 방안이다. 그 이유는 이것이 영구적인 성격을 띠지 않기 때문이다. 이것과는 반대로 병행전역은 일시적인 성격의 것이다. 병행전역의 경우는 이것의 종료 시점을 사전에 정해놓게 된다. 미리 설정한 시스템 차원의 효과를 달성하는 그 순간까지만 전역은 진행된다. 전역이 종료된 경우 여기에 활용된 자산들은 또 다른 곳에 사용될 수 있게 된다.

신속히 진행된다는 점으로 인해 병행전역을 수행하는 도중 조직간의 기득권 싸움은 뒷전으로 물러나게 된다. 개개 부서들이 그리고 개개 기능 집단들이 자원을 음악을 연주하듯이 사용하기 때문에 이들의 경우는 상호 협조하는 문화를 생성해내는 경향이 있다.

병행전역과 모토롤라

PARALLEL CAMPAIGNS @ MOTOROLA

1991년, 걸프전에서는 이라크를 신속히 무력화시킬 목적에서 병행전역이란 개념이 사용되었다. 모토롤라의 경우는 전반적으로 새로운 조직이 되도록 할 목적에서 이것과 동일한 형태의 접근 방안을 사용한 바 있다.

수년간 모토롤라는 독립된 형태의 생산라인들을 중심으로 조직되어 있었는데, 페이징(Paging) 부서, 라디오 부서, 무선전화기 부서, 무선전화기 기반구조 부서 그리고 인공위성 부서가 바로 그것이다.

이동통신 시장이 매우 빠르게 변모하고 있는 시대에서 모토롤라는 이 같은 구조로는 주요 고객들의 변화하는 욕구를 제대로 충족시킬 수 없었다. 이들 고객은 하나로 합쳐지고 있었다. 그 결과 고객들은 보다 통합된 형태의 통신 방안을 찾고 있었다.

한편 수요가 폭증하고, 경쟁이 가열되었으며 사용자들의 기대는 점차 높아지고 있었다. 사람들은 보다 저가의, 보다 작은 그리고 보다 보편적인 장비들을 원하고 있었다. 이들의 경우는 이미 이동통신 수요를 충족할 목적의 다수의 개인용 도구들, 즉 휴대용 무선호출기, 무선통신기, 손바닥만한 크기의 컴퓨터 등을 휴대하고자 하지 않았다. 이들은 관련 서비스들이 하나로 통합되기를 희망하고 있었다.

그러나 모토롤라는 조직 측면에서 나름의 문제를 안고 있었다.

모토롤라의 경우는 생산라인이 지하 격납고처럼 상호 분리되어 있었다. 때문에 고객들에게 통합된 형태의 해결안을 제공해준다는 것이 불가능하지는 않았지만 어려운 일이었다. 따라서 모토롤라는 모든 것을 함께 처리할 수 있는 통합된 기업 부서인 통신기업(Communication Enterprise)을 창안해내기로 결정하였다.

이 회사 리더십오피스(Office of Leadership)의 부회장이자 부장인 오그(Sandy Ogg)는 새로운 조직을 창안해낸 리더들 중 한 사람이었다. 통신기업 그룹을 창설해내겠다는 결정은 어려운 일이 아니었다. 그러나 이 같은 형태의 변화 유발은 신속하고도 방대한 규모의 변화-관리를 요구하는 일종의 도전이었다. 우리와 상의한 이후 오그는 이 책에 제시되어 있는 개념들 중 많은 부분을 적용하기로 결심하였다. 오그는 자신의 사고 과정을 다음과 같이 회고하고 있다.

이라크와 비교해볼 때 모토롤라는 방대한 **시스템**이 아니다. 그러나 조직의 기준에서 볼 때 80,000여 종업원과 220억$의 매출고를 자랑하는 이곳은 매우 방대한 조직이다. 모토롤라와 같은 시스템에서 가장 중요한 중심은 어디인가? 우리는 지휘부, 기업의 핵심 과정과 구조, 주요 세입자들 그리고 가격을 주도하는 사람들을 우선적으로 규명해내었다.

다음 단계로 우리는 충분할 정도의 에너지를 갖고 초점에 맞추어 통합된 방식으로 중심들에 충격을 줄 목적에서 5개의 병행전역을 개발해내었다. 여기서의 핵심은 이들 전역이 철저히 초점에 맞추어 진행될 수 있도록 하는 것이었다. 우리는 시스템에 충격을 줄 목적의 몇몇 대형의 전역들을 운영하였다.

이 같은 노력을 모토롤라는 어떠한 방식으로 조직하였을까?

여기에 대한 답변은 전역 수행을 위한 팀을 가동시키는 것이다.

최우선적인 단계는 모든 전역을 합주(合奏)하게 될 사람을 선정하는 일이다.

전역을 합주하는 사람

THE CAMPAIGN ORCHESTRATOR

자원의 제약이 거의 없는 이상적인 세계에서는 시스템을 완벽한 형태로 사상(寫像)한 경우 전역 팀들이 전역기획(Campaign Plan)을 여타 팀과 무관하게 수행할 수 있을 것이다. 실세계에서는 전역들 간에 나름의 중복된 부분이 있으며, 자원이 제한적이고, 특정 전역의 수행이 여타 전역에 어떠한 형태이던 영향을 끼치게 된다.

시스템이 느끼는 충격을 극대화하려면 전역들은 전략적으로 통합될 필요가 있다. 이 경우 이들 문제를 다루기 위한 특정인이 있어야 한다. 개개 전역이 여타 전역과 병행적으로 신속히 진행되도록 하고, 이들 전역을 통한 전략 결과를 종합적으로 얻어내는 일은 전역 합주자(合奏者: Orchestrator)의 임무다. 간략히 말해 전역 합주자는 전역들의 성공에 대해 전반적으로 책임을 지는 사람이다.

이 사람의 역할은 임무수행 방법에 관해 말해준다는 의미에서의 지시가 아니고 모든 사람이 일정에 맞추어 행동하고, 이들 요원이 필요한 사항을 실시간에 허락 받을 수 있도록 하며, 이들에 의한 노력이 상호 조화를 이루도록 하는 것이다.

훌륭한 합주자는 몇몇 공통적인 특성을 갖고 있다. 이들은 신속하고도 결정적인 형태로 의사를 결정한다. 이들은 창의성과 활력을 저해하는 관료적인 규제로부터 사람들을 해방시키고자 노력하게 된다. 이들은 역동적으로 변화하는 상황에서도 전략적인 시각을 견지할 능력을 구비하고 있다.

전역이 성공하려면 전역의 합주자들은 고위층의 허락이 없이도 전역과 관련된 대부분의 사안에 대해 거의 즉시 의사를 결정할 수 있어야 할 것이다. 전역의 합주자가 데이터와 정보를 전달하는 사람에 불과하다면 이 같은 사람이 기여할 수 있는 부분은 많지 않을 것이다. 실시간에 의사를 결정하려면 전역의 합주자는 다수의 질문에 답변하고, 질문을 제공하며, 필요한 경우 전략적인 선택이 가능하도록 전역 팀이 항상 접근할 수 있어야 한다.

1991년도의 걸프전 당시 항공전역을 기획하는 과정에서 와든(John Warden)은 전역 합주자의 역할을 수행하였다. 책메이트 기획팀의 팀장으로서 그는 명령을 내린 것이 아니고, "바쁘게 움직여 가능한 한 신속히 기획이 충실해지도록 하라"고 팀에게 말하였다.

거의 논란 없이 이들 팀은 임무를 소규모의 그룹으로 나누었는데, 이들 그룹은 변화하는 사건들에 신속히 대응할 수 있었다. 와든은 자신이 기획 과정을 지휘하는 사람으로 생각하였다.

"나의 경우는 연주 홀을 갖고 있지 않았으며, 음악가들에게 어떻게 악기를 다루라고 지시하지도 않았다. 나의 역할은 정보 교향곡을 인도하는 것이었다"

전역을 기획할 목적의 공동의 공간

THE CAMPAIGN ROOM

전역 합주자의 임무는 전역기획에 종사하는 사람들 모두가 공동으로 사용할 수 있는 공간이 마련되는 경우 매우 용이해지는데, 이는 전역 관련 활동이 이루어지는 핵심 장소다. 이 경우는 병행전역이 신속히 성공할 가능성이 크게 높아지게 된다.

이 같은 시설은 전역기획과 관련된 모든 사람들과 조직의 여타 사람들이 전역의 진행 상황뿐만 아니라 자신들의 기여 방안을 신속히 인지하도록 한다는 점에서 매우 중요하다.

1991년, 걸프전의 전쟁 기획 과정을 시작할 목적에서 와든은 다수의 사람들을 모아들였다. 당시(여기서 만들어낸 기획을 48시간 뒤에 슈워르츠코프 대장이 인가하였다.) 그는 이들이 일하게 될 장소로 펜타곤의 지하에 있던 대형의 브리핑 공간들 중에서 하나를 선택하였다.

그 후 '전역기획을 위한 공간(Campaign Room)'으로 알려지게 된 당시의 장소는 아름답지도 그리고 깨끗하지도 않았다. 그러나 이곳의 경우는 다수의 기립해 있는 사람들을 수용할 수 있었으며, 벽면 공간이 매우 넓었다. 벽면 공간은 다수의 백색 칠판(White Board), 청색 칠판(Cork Board) 그리고 지도들을 상황에 따라 집어넣고 뺄 수 있었다는 점에서 매우 좋았다. 그 결과 전시된 정보를 모든 사람들이 총체적인 시각에서 동시에 볼 수 있었다.

대부분 사람들은 사용 가능한 벽면 공간이 거의 없으며, 하루가 끝날 시점에는 비워주어야만 하는 조그만 회의실에서 진지한 형태의 기획을 하고자 노력하고 있다. 이들의 경우는 물리적으로 심각한 장애를 느끼게 된다. 즉 이들의 경우는 방이 너무나 비좁아 충분할 정도의 사람들을 수용하지 못할 뿐 아니라 너무나 벽면 공간이 좁다는 점으로 인해 상황 파악이 가능한 형태로 정보를 전시하지 못하게 된다.

또한 일시적 성격의 공간이란 점에서 하루만에 기획을 완료하지 못하는 경우는 노력의 중요성이 반감될 뿐 아니라 일이 크게 복잡해질 것이다.

'전역기획을 위한 공간'은 중요한 개념이다. 때문에 우리와 함께 일하기 위한 선결조건으로 우리는 도움을 요청하는 고객들에게 이 같은 공간을 준비해야 한다고 주장하고 있다.

'전역기획을 위한 공간'이 가용하지 않은 경우 어떻게 할 것인가? 이것의 중요성을 인지한다면 아마도 나름의 해결안을 강구해야 할 것이다. 예를 들면 우리의 고객 중에는 맥도널드에 물건을 공급하는 주요 공급자가 있는데, 이곳의 경우는 이동형 사무실을 임대하여 이것을 회사의 뒤편에 정차시켜 놓았다. 이곳 이동형 사무실의 경우는 필요한 공간뿐만 아니라 추가의 이점을 제공해 주었다. 이동형 사무실이 도착하는 순간 무언가 심각하고도 색다른 일이 진행되고 있음을 모든 사람이 인지하게 되었다.

전역을 합주하는 사람의 사무실은 어디에 위치해야 하는가? 이 같은 임무를 수행한 바 있는 와든은 자신의 책상을 '전역기획을 위한 공간'의 정 중앙에 위치시켜 놓았는데, 이곳은 전쟁 기간 내내 기획의 중심으로 남아있었다.

당시의 공간은 소란스러웠을 뿐 아니라 종종 혼란스러웠다. 그러나 '전역기획을 위한 공간'의 정 중앙에 위치해 있었다는 점으로 인해 결심 또는 답변이 필요하거나 의문 사항이 있는 사람들의 경우는 지위 고하에 관계없이 와든에게 즉각 접근할 수 있었다. 필요한 사람에게 즉각 접근할 수 있었다는 점으로 인해 기획이 빠른 속도로 발전해갈 수 있었다.

기획을 책임지고 있는 사람이 일반적인 지침을 주고는 일군의 그룹으로 하여금 몇 시간, 며칠, 몇 주 또는 몇 달간 한 곳에서 일하도록 하는 전형적인 접근 방안과 이것을 비교해보자. 전통적인 접근 방안에서는 담당 요원들이 나름의 결과를 갖고 책임자에게 보고하는 경우 "매우 잘 했습니다. 그러나 이처럼 하지 않은 이유는…?"과 같은 반응을 종종 목격하게 된다. 신속한 결과를 원하는 경우는 실시간 의사소통과 의사결정에 장애가 되는 모든 요소를 제거해야 한다.

가상의 전역기획 공간

VIRTUAL CAMPAIGN ROOMS

전역기획에 관여하는 모든 사람들을 한곳에 모을 수 없는 경우는 어떻게 할 것인가? 전역기획 요원들이 물리적으로 떨어져 있는 상황에서는 전역 합주자의 경우 문제가 보다 어려워질 것이다. 그러나 사안들을 논의하고 문제와 해결책들을 모든 사람들이 볼 수 있도록 전시하는 가상의 '전역기획 공간'의 마련이 불가능한 일은 아니다.

예를 들면 우리의 고객 중에는 전역기획과 관련된 모든 활동에 관해 알고 싶어하는 수준까지 모든 사람들이 접근할 수 있는 온라인 데이터베이스를 구축해낸 바 있다. 그러자 상황을 갱신할 목적에서 참모 회합을 주관할 필요가 없어졌으며, 보고서를 준비하면서 귀중한 시간을 낭비할 필요도 없게 되었다. 회사의 모든 부서에 근무하는 사람들은 전역에 관한 동일한 정보에 항상 접근이 가능해졌다. 이들의 경우는 모든 기획에 관해 보면서 논평할 수 있었으며, 모든 병목현상과 돌파구들에 관한 최신 정보를 인지할 수 있었다.

전역기획과 관련된 사고 방식

THE CAMPAIGN MIND-SET

어느 정도 제대로 수행하는 경우에서조차 병행전역은 놀라운 효과를 발휘하게 된다. 이들의 경우는 전통적인 접근 방안과 비교해볼 때 보다 신속히 그리고 보다 높은 성과를 거두고 있다. 그러나 전역이 성공하려면 새로운 형태의 사고 방식이 요구된다.

전역을 합주하는 사람과 전역을 주도하는 사람들은 공략할 대상인 중심을 '갖고' 있다. 이는 이들이 기획된 시간의 범주 안에서 '희망 효과'를 달성해 낼 책임이 있다는 의미다. 이들 효과의 쟁취에 필요한 자원을 갖고 있지 않은 경우 이들은 자원을 찾아야 할 것이다.

이들 전역의 성공 여부는 노력의 정도 또는 품질이 아니고 결과로 평가된다.

빠른 속도로 진행되는 전역에서는 직급과 직책은 별로 의미가 없다. 여기서는 무언가 신속히 진행될 수 있도록 하는 아이디어의 품질과 능력이 주요 관심 사항이다. 전역기획을 염두에 둔 조직은 중간 계층이 거의 없는 구조를 띠게 된다. 그 결과 이 경우는 대부분의 사람들이 가능하다고 또는 바람직하다고 생각하는 것 이상으로 '통제의 폭(Span of Control)'이 매우 넓다.

훌륭한 형태의 전역 합주자의 경우는 수백 명의 인력조차도 쉽게 관리할 수 있다는 점을 우리는 확인한 바 있다. 이 같은 성공의 비결 중 하나는 의사소통과 관련된 두 가지의 독특한 접근방안을 사용하고 있다는 점인데, 이는 '3제대 법칙(Three-Echelon Rule)'과 '홍팀(Red Team)'의 활용을 의미한다.

3제대 법칙

THREE-ECHELON RULE

일반적으로 사람들은 자신과 함께 일하는 또는 자신을 위해 일하고 있는 사람들에게 의사를 올바로 전달하지 못하고 있다.

여러분은 대다수 사람들이 진행 상황을 메모하지 않는 채 장시간 진행되는 수많은 참모 회합에 참석해본 바가 있을 것이다. 격렬히 진행되는 토론을 여러분은 경청하게 되는데, 여기서의 결정은 비밀스런, 조건부의 또는 뉘앙스에 따라 달라지는 성격의 것이다.

장시간에 걸친 기획 관련 회합에 참석했던 사람들은 그 후 회합에서 있었던 일을 하급자들에게 대략 2분에 걸쳐 요약해 설명해주게 된다. 그러나 아무리 생각해보아도 이처럼 해서는 상황을 정확히 설명할 수 없을 것이다. 얼마 지나지 않아 회합에 관해 설명을 들은 하급자들 중 어떤 사람(일의 수행 이유를 제대로 이해하지 못한 사람)은 회합에 참석했던 바로 그 사람에게 질문하게 된다. 이 사람 또한 제대로 알지도 못하면서 당시의 회합에 참석했던 또 다른 사람에게 상황을 묻고자 하지 않는데, 이처럼 하는 경우 우수한 사람이 아니라고 인식될 수 있기 때문이다.

결과적으로 이 하급자는 자신의 책상으로 돌아가 자신이 생각한 최선의 방식으로 일을 수행하게 된다. 이 사람의 시각에서 보면 매우 우수한 결과일지 모르지만 이것이 회합에서 참모들이 구상한 바와 거의 관계가 없을 가능성도 없지 않다.

지금으로부터 100여 년 전, 프로이센 군은 '3제대 법칙(3梯隊 法則)'을 개발 및 적용하여 이 문제를 해결한 바 있다.

이 법칙에서는 중요한 기획을 하는 경우 또는 의사를 결정하고자 하는 경우는 적어도 조직의 3개 계층에 해당하는 사람들이 참여해야 할 것이라고 말하고 있다. 회합에 참여한 경우 사람들은 회합에서 토의된 또는 결정된 사안의 뉘앙스와 그 의미를 구두 또는 서면으로 다른 사람으로부터 전해들은 경우와 비교해 볼 때 정확히 파악할 수 있을 것이다. 그 후 기획을 위한 회합에서 예상하지 못한 상황에 이들 하위 계층의 사람들이 직면하는 경우도 없지 않을 것이다.

이 같은 경우 이들은 그 의도와 사고를 충분히 이해하고 있다는 점으로 인해 희망하는 목표와 일치되는 형태의 현명한 결정을 내리게 될 것이다.

관련된 모든 사람들을 한 곳에 모으는 것이 너무나 많은 시간이 소요된다며 '3제대 법칙'의 적용을 꺼려하는 사람들도 몇몇 없지 않다.

물론 이들은 자신의 부하들이 왜 임무를 제대로 수행하지 못하는지를 그리고 어느 누구도 의사를 결정하고자 하지 않는 이유를 이해하지 못하고 있는 바로 그런 사람들이다. 사실 '3제대 법칙'이란 접근 방안을 이용하면 여타 접근 방안을 활용하는 경우와 비교해 볼 때 보다 신속히 그리고 보다 경제적으로 의사를 결정하게 되는데, 일의 결과를 놓고 판단하는 경우는 특히 그러하다. 빠르게 움직이는 동적인 조직에서 '3제대 법칙'의 적용은 필수적이다.

홍팀

THE RED TEAM

매우 빠른 속도로 진행된 걸프전을 기획할 당시 와든은 일의 진척에 방해되지 않겠다는 단순한 생각에서 휘하 기획팀이 진행 사항을 무조건 수용하는 집단 사고에 빠지게 되지 않을 가 우려하였다.

집단 사고에 대한 우려에 더불어 와든은 주요 사항 어느 것도 간과되는 상황이 발생하지 않도록 해야겠다고 생각하였다. 결국 와든이 이끌고 있던 책메이트란 이름의 기획팀은 수천에 달하는 인명의 목숨을 좌우할 중요한 사항을 기획하고 있었다.

집단 사고와 불필요한 형태의 오류를 방지할 목적에서 와든은 잘못 진행되고 있는 사항을 자신의 동료들에게 지적해주는 임무를 부여받은 일군의 사람들인 홍팀을 창안해내었다. (기획팀의 일부로 있는 경우와 비교해볼 때 제도적으로 상대방을 비판하라는 임무를 부여받는 경우 사람들은 이 같은 임무를 보다 잘 수행한다.)

책메이트 팀이 기획하고 있던 모든 사항에 통달해 있던 이들 홍팀의 경우는 제안된 기획이 작동되지 못하도록 어떻게 행동할 수 있는지를 지구상에서 가장 우수한 적의 입장에서 기획팀에게 말해주었다.

"홍팀이 지적한 사항들을 수용해야 하는 입장이라는 점이 당혹스러웠다"고 와든은 당시를 회상하였다.

몇 시간 또는 며칠에 걸쳐 여러분과 여러분의 우수한 동료들이 정립한 개념에 홍팀이 도전해 오는 경우 처음 몇 번은 반박하거나 도전을 거부하는 경향도 없지 않을 것이다. 물론 이는 올바른 형태의 반응은 아니다. 홍팀이 내린 결론들을 객관적으로 평가하고 곧바로 기획을 변경함이 올바른 자세일 것이다. 이외에도 지구상에서 가장 우수한 적이 수행할 수 있는 일을 홍팀이 지적한 경우는 적이 이 같은 것을 하지 못하도록 여러분의 기획을 변경함이 올바른 반응일 것이다.

몇몇 조직의 경우는 홍팀을 전담할 조직을 만들어낼 수 있을 정도의 인력이 가용하지 않은 경우도 없지 않을 것이다. 이 경우 기획의 종료 단계 또는 기획 단계의 후반에 기획팀의 모든 사람들로 하여금 홍팀의 모자를 쓰고 자신들이 동의한 사항들에 대해 도전하도록 하는 방안을 생각해볼 수 있다.

통상 동의한 사안의 25%를 재검토하게 될 정도로 이 같은 노력에 의한 결과는 매우 인상적이다. 얼마 지나지 않아 동의한 사안의 절반 정도는 새로운 방식으로 해결하게 되고 나머지 절반의 경우도 확실히 이해하게 되어 진정 동의하게 될 것이다.

앞에서 언급한 두 가지 방안 모두는 바람직한 형태의 것이다. 홍팀을 운영하는 경우가 운영하지 않는 경우보다 훨씬 바람직할 것이다.

가장 간단히 표현하면 전역(戰役)이란 일의 수행에 관한 것이다. '프로메테우스 과정'에서 보면 이는 신속하고도 엄청난 압력을 가해 시스템의 '탄성 한계'가 깨지도록 하여 시스템을 새로운 상태로 이동하도록 할 목적의 것이다. 이것이 가능하려면 다수의 노력이 필요할 것이다. 다시 말해 서로 상이한 일을 수행하는 다수의 전역이 진행되어야 할 것이다.

그러나 전역들은 전략적 측면에서 상호 일관성을 유지해야 하며 일군의 중심에 초점이 맞추어진 상태에서 수행되어야 한다. 성공하려면 이들 개개 전역은 빠른 속도의 작전이 되어야 할 것이다. 속도와 속력은 서로 다른 개념이라는 점을 인지해야 한다. 속력의 경우는 방향이 연계되어 있지 않다. 그러나 속도는 얼마나 빠르게 움직이고 있는지 뿐만 아니라 어느 방향으로 움직이고 있는지를 나타내는 개념이다. 많은 조직들이 속력은 내지만 진정 빠른 속도로 움직이는 경우는 지극히 드물다.

진행 속도의 증가에 따라 전역의 성공 가능성과 가용 자원의 생산성이 비례적으로 증대된다는 점을 명심해야 한다. 지금까지 우리가 논의한 전역 과정은 그것 자체로도 독립적으로 사용이 가능한 형태, 즉 우수한 개념이다. 최적의 결과를 얻어내고, 전반적으로 최상의 성공 가능성을 유지하려면 성공을 염두에 둔 조직을 구성할 필요가 있는데, 이는 12장의 주제다.

제11장 요약 : 병행전역

전역이란 공략해야 할 표적으로 선정된 몇몇 중심(重心)을 겨냥해 자원(인력·자금 그리고 장비)을 일시적으로 집중시켜 놓은 것이다. 가능한 한 신속히 결과를 얻어내고, 시스템의 에너지 수준을 변환시킬 목적에서 전역은 레이저의 불빛처럼 초점을 맞추어 수행된다. 다시 말해 전역에서는 공략해야 할 대상을 정확히 겨냥하게 된다.

병행전역에서 고려해야 할 두 가지 핵심 사항이 있는데, 이는 다수의 중심에 영향을 끼쳐야 한다는 점과 이들 중심을 거의 동시에 공략하여 공격에 의한 효과가 거의 동시에 나타나도록 해야 한다는 점이다.

전역의 성공에 대한 평가는 얼마나 신속히 그리고 어느 정도 심도 있는 결과를 얻어내었는지에 따라 달라지게 된다.

전역을 합주하는 사람은 전역들이 병행적으로 신속히 진행되고, 희망하는 형태의 전략 결과들이 얻어질 수 있도록 노력하게 된다.

전역이 성공하려면 전역의 합주자들은 고위급의 허락이 없이도 전역과 관련된 대부분의 사안들에 대해 거의 즉시 의사를 결정할 수 있을 정도의 권한을 가질 필요가 있다.

전역기획과 관련된 대부분의 활동이 수행되는 공동의 '전역기획 공간'의 구비가 중요하다.

훌륭한 전역의 합주자는 몇몇 공통적인 특질을 갖고 있다. 이들은 신속하고도 결정적인 형태로 의사를 결정한다. 이들은 창의성과 활력을 저해하는 관료적인 규제로부터 사람들을 해방시키고자 노력하게 된다. 이들은 동적으로 변화하는 상황에서도 전략적인 시각을 견지할 능력이 있는 사람들이다.

전역을 기획하는 과정에서 직분과 계급은 중요한 요소가 아니다. 전역 기획을 염두에 둔 조직은 중간 계층이 거의 없는 매우 평평한 구조를 띠게 된다. 여기서는 아이디어의 품질과 일의 신속한 진행 능력에 초점을 맞추고 있다. 전역기획이 성공하기 위한 비결 중 하나는 '3제대 법칙'과 '홍팀'의 활용이다.

• 3제대 법칙 : 이 법칙에서는 중요한 기획을 하는 경우 또는 의사를 결정하고자 하는 경우는 적어도 조직의 3개 계층에 해당하는 사람들이 참여해야 할 것이라고 말하고 있다.

• 홍팀: 이는 가정(假定) 사항들에 대해 나름의 방식으로 도전하고 가상의 문제점들을 지적하는 임무를 수행하는 일군의 사람들을 의미한다.

성공을 염두에 둔 조직
Organizing for Success

*"과거의 조직 구조는 긴박한 형태로 진행되는
미래 상황에 거의 적합하지 않다"*

로마제국 초창기의 제국 군단(Legion)의 지도자들은 대부분의 부대를 로마에 상주시키는 방식으로 승리를 염두에 둔 조직을 구성하였다. 이들의 경우는 기회를 포착하거나 문제 해결을 위해 필요하다고 생각되는 지역에는 어느 곳에나 파견을 염두에 두고 이들 군단을 유지하였다. 제대로 훈련되어 있을 뿐 아니라 무장된 군단의 경우는 우수하게 설계되어 있던 로마의 도로 시스템을 따라 여행하며 매우 빠른 속도로 로마제국의 변방에 도달할 수 있었다. 상황을 해결한 즉시 이들 군단은 로마로 되돌아 와서는 그 발생 장소에 무관하게 위기에 신속히 대응할 수 있도록 재차 준비하였다.

여러분이 작성한 전역(戰役: Campaign) 기획의 구현 또한 유사한 형태의 도전이다. 로마의 경우와 마찬가지로 여러분에게는 신속히, 민첩하게 그리고 지속적으로 적응할 수 있는 동적인 형태의 구조가 요구된다. 전역기획을 수행하려면 적정 자원을 올바른 중심(重心: Center of Gravity)들을 겨냥해 적시에 쉽게 배치할 수 있도록 하는 형태의 구조가 필요하다.

제11장에서 논의된 전역이란 개념은 강력하고도 적응 가능한 형태의 조직에 접근하고자 할 때 매우 가치가 있다. 이는 '쾌속 성공 (Winning in FastTime)'을 염두에 둔 조직의 기본골격에 해당한다. 전역은 특정의 전략 결과를 달성할 목적에서 일시적으로 자원(사람·자금 그리고 장비)을 집중시켜 놓은 것이다.

그러나 전역이 성공적으로 운용되려면 조직 측면에서 몇몇 구조적인 변화가 요구될 수도 있다.

새로운 상황, 새로운 구조
NEW SITUATION, NEW STRUCTURE

전역의 잠재 역량이 최대한 발휘되도록 하기 위한 방안은 무엇인가? 이 경우는 전역의 성공을 염두에 둔 조직 구조가 요구될 것이다.

인간의 행동을 형성하고, 특정 유형의 사건이 반복해 일어나도록 한다는 점에서 조직 구조는 중요한 요소다. 조직 구조의 변경을 통해 성공 가능성을 증진시켜주는 새로운 형태의 행동과 사건 유형을 생성해낼 수 있다.

조직 구조는 주어진 것이 아니고 선택해야 할 사안이다. "새로운 형태의 도전 또는 기회에 직면하는 경우 이들에 대처할 목적에서 현존 조직 구조에 의존해야 할 것이다"는 법칙은 없다. 이 같은 경직된 사고는 말도 되지 않는다. 그러나 말로 표현하고 있지는 않지만 적지 않은 사람들이 이처럼 가정하고 있다. 대부분 조직들의 경우는 신속하고도 근본적으로 구조를 바꾼다는 것이 어려운 일이 되고 있다. 그러나 현 조직 구조의 유지가 나름의 대안이 될 수 있는가?

새로운 전략을 설계하는 경우, 새로운 제품을 개발하고자 하는 경우, 또는 새로운 형태의 경쟁에 직면하는 경우 여러분이 유지하고 있는 예전의 조직 구조는 이미 존재하지도 않는 과거 상황을 가정해 설계되었다는 단순한 이유만으로도 진부한 형태의 것이다. 따라서 새로운 상황에서는 여러분의 성공 가능성을 증진시켜줄 새로운 형태의 구조가 절실히 요구된다.

'혁신가의 딜레마(Innovator's Dilemma)'란 책에서 크리스첸센(Clayton Christensen)은 성공을 염두에 둔 조직화의 가치를 보여주는 훌륭한 사례를 제시하고 있다.

1980년대 후반과 1990년대 초반 휴랫페카드(HP: Hewlett Packard)는 높은 이윤을 창출해내는 레이저프린터 산업을 유지하고 있었다.

그런데 이곳은 잉크젯프린터 기술의 도입에 관심이 있었다. 종전의 관료주의적인 접근 방안에서는 잉크젯을 기존의 프린터 담당 부서의 일부분으로 만들었을 것이다. 그러나 레이저프린터를 주로 운영하고 있던 기존의 프린터 담당 부서의 관리자들은 잉크젯프린터의 잠재역량을 극대화시키지 못할 것이라고 몇몇 사람들은 생각하였다.

그 이유는 무엇인가?

레이저프린터를 담당하는 사람들의 경우 잉크젯프린터를 레이저프린터의 기준에서 평가하고는 잉크젯프린터에 문제가 많다고 생각하게 될 것이다. 잉크젯프린터는 그 성공 여부를 또 다른 평가 방안을 적용해 측정해야만 하는 전혀 다른 형태의 제품이었다. 잉크젯프린터는 이윤이 적었을 뿐 아니라 해상도가 낮은 프린터로서 고객 시장을 주로 겨냥한 것이었다.

이 회사는 수백 마일 떨어져 있는 또 다른 도시에 잉크젯프린터만을 염두에 둔 별도의 그룹을 구성하기로 결정하였다. 그곳에서 이들 새로 구성된 그룹은 나름의 방식으로 제품을 개발하고, 독자적인 측정 방안에 근거해 성공을 평가하였으며, 매우 경쟁적으로 시장에 접근하였다. 잉크젯프린터 부서에서 레이저프린터 부서를 철저히 모방하고자 하는 경우는 그처럼 하도록 내버려두었다.

전반적으로 볼 때 휴랫페카드의 프린터 기기 산업은 성공적이었다. 결과적으로 보면 관련자들 모두에게 좋았다. 휴랫페카드의 잉크젯프린터는 크게 성공하였으며, 레이저프린터의 경우 또한 지속적으로 번성하였다.

전략적인 융통성
STRATEGIC FLEXIBILITY

오늘날 세상은 매우 빠르게 움직이고 있다. 따라서 여러분이 몸담고 있는 공장 및 조직은 보다 동적이어야 한다. 이것을 표현하는 용어에 '전략적인 융통성'이 있는데, 이는 필요한 경우 방향을 신속히 전환할 수 있는 능력을 의미한다.

1990년대 중반에 마이크로소프트에서 일어났던 사건을 생각해보자. 윈도(Window)의 성공에 힘입어 당시 이 회사는 기하급수적으로 성장을 거듭하고 있었다. 월드와이드웹(World Wide Web)이 최초 출현할 당시 마이크로소프트의 회장인 빌게이츠는 이것이 단순한 호기심 이상의 것이 되지 못할 것이라고 생각하였다. 당시 그는 다음과 같이 말한 바 있다.

"대부분의 TV광고에 URB(Web 주소)가 포함될 것인지를 어느 누가 나에게 질문하였다면 나의 경우 빙그레 웃었을 것이다"

그런데 갑자기 웹(Web)이 폭발적인 인기를 끌었다. "대략 2천만의 사람들이 마이크로소프트의 소프트웨어를 사용하지 않고도 인터넷을 섭렵하고 있었다"고 비즈니스윅(Business Week)은 보도하였다. 그러나 마이크로소프트가 가장 우려하던 사항은 이것이 아니었다. 선마이크로시스템(Sun Microsystems)이 웹에 기반을 둔 프로그래밍 언어, 즉 자바(Java)를 개발해내었는데, 이는 개인컴퓨터(PC)에 대한 윈도의 주도권에 정면 도전하는 형태의 것이었다.

빌게이츠는 시장 역학이 근본적으로 바뀌는 경우 시장을 주도하는 기업들이 휘청거리는 경향이 있다는 점을 잘 알고 있었다. 이는 마이크로소프트의 종업원과 주식 소유자들에게는 다행스런 일이었다. IBM, 제너럴모터 그리고 다수 기업들의 경우 이처럼 비틀거리는 현상을 겪었다. 그러나 빌게이츠는 이 같은 현상이 마이크로소프트에는 일어나지 않도록 하겠다고 결심하였다.

마이크로소프트는 방향을 전환하고는 밑바닥부터 자신을 재발견하는 작업을 6개월만에 완료하였다. 빌게이츠는 마이크로소프트사의 모든 PC 관련 소프트웨어를 웹 환경에 맞도록 바꾸어 놓았다. 브라우저(Browsers)에서 서버(Server)에 이르는 웹에 기반을 둔 신제품은 Internet Platform & Tools Division이 개발하였는데, 이곳에서는 넷스케이프, 야후 그리고 이들의 뒤를 잇고 있던 인터넷 관련 소프트웨어 회사 5개의 경우를 합친 것 이상의 컴퓨터프로그래머를 고용하였다.

"이들의 일 처리 방식은 결정적이고도, 신속했으며 숨막히는 형태의 것이었다"고 드림워크스(DreamWorks) SKG의 카젠버그(Jeffrey Katzenberg)는 말하였다. (마이크로소프트의 행위에는 그 후 몇 년 뒤 독점금지 조항의 위배로 인해 미 대법원에 의해 피소되도록 한 부분이 포함되어 있었다. 프로메테우스의 시스템 차원의 접근 방안을 사용했더라면 마이크로소프트사는 위기를 예측하고는 사전에 방지할 수 있었을 것이다.)

"'전략적인 융통성'은 이론적으로는 그럴 듯 해 보인다. 그러나 이 같은 것을 우리 회사의 사람들이 지원하지 않을 것이다"고 혹자는 생각할 것이다. 이 같은 사람들은 "기존 조직의 유지가 진정 전략적인 변화에 대한 대체 방안이 될 수 있는가?"를 자신에게 질문해 보아야 할 것이다.

새로운 과학기술, 새로운 구조
NEW TECHNOLOGIES, NEW STRUCTURES

새로운 목표 및 상황 또는 신기술에 직면할 때마다 선택할 수 있는 대안이 두 가지가 있는데, 예전의 조직을 이용해 일하는 경우 또는 새로운 조직을 창안해내는 경우가 바로 그것이다.

대부분의 사람들은 이들 두 방안 중 전자를 선택하고 있는데, 이 경우는 종종 실패로 끝나곤 한다. 반면에 새로운 조직을 창안해낸 사람들의 경우는 이들 조직이 그렇게 좋은 형태가 아닌 경우에서조차 성공을 거두는 경향이 있다.

이들 경우를 보여주는 사례가 있는데, 이는 1930년대 당시의 독일군과 프랑스군의 경우다. 당시 독일과 프랑스는 신형의 탱크와 항공기를 포함한 신기술들을 개발해내고 있었다.

전반적으로 독일군과 비교해 볼 때 프랑스군은 기술 측면에서 어느 정도 우위에 있었다. 그러나 프랑스군의 리더들은 신형의 탱크와 항공기를 예전의 조직 구조에서 활용하기로 결정하는 등 대담치 못한 결정을 내렸다. 반면에 독일군은 탱크와 항공기가 함께 공조함에 따른 잠재 역량을 최대한 활용하기 위한 전혀 새로운 형태의 조직을 창안해내었다.

독일군이 프랑스를 침공한 1940년 5월, 신속하고도 초점을 맞춘 신형의 독일군 조직은 저속으로 움직이는 분산된 형태의 프랑스군 조직을 곧바로 무력화시켜 버렸다. 당시 독일군이 승리할 수 있었던 것은 보다 우수한 또는 보다 많은 규모의 병사와 장비가 있었기 때문이 아니고 독일군의 조직 구조가 우수했다는 점 때문이었다.

여기서 확인되는 법칙이 있는데, 이는 새로운 목표 및 기술 또는 새로운 상황에 직면하게 되는 경우 구시대의 구조에 적응하고자 노력하는 사람들보다는 신형의 조직을 창안해내는 사람에게 '운명의 여신'이 미소를 짓는다는 점이다.

변화에 대한 저항
RESISTING CHANGE

과학기술이 변하는 경우 새로운 조직을 창안해내어야 할 것이라는 생각이 곧바로 떠오르게 된다. 그러나 새로운 조직을 창안해내는 과정에서는 조직의 모든 차원에서 문화적인 전환이 요구되는데, 이는 매우 어려운 일이다.

새로운 기술에 따른 변화에 대한 저항을 고려해 볼 필요가 있는데, 이 같은 저항은 보편적으로 목격이 가능한 현상이다. 몇 년 전 델 (Dell) 컴퓨터는 이것이 얼마나 심각한 문제인지를 보여주는 연구물을 산출해낸 바 있다.

세계적으로 미국은 과학기술 분야를 오랜 기간 동안 선도해오고 있다. 그럼에도 불구하고 설문 조사한 미국인 중 55%는 과학기술의 이점을 생활에 활용한다는 생각에 어느 정도 저항하고 있었다. 이들 중에는 병적인 공포심을 노출시킨 경우도 없지 않았다.

새로운 기술에 저항하는 현상은 군에서도 목격이 가능하다. 1800년대 말경 이미 모든 사람들은 말(馬)의 시대가 종료되었다는 점을 잘 알고 있었다. 그럼에도 불구하고 말에 기반을 두고 있던 기병 장교들은 그 후 50여 년이 경과된 1950년대까지도 이것의 폐기에 강력히 저항하였다. 1892년도까지만 해도 미 해군의 전통주의자들은 증기기관에서 풍력의 시대로 되돌아가야 한다고 투쟁하고 있었다.

이 같은 압력이 너무나 강력하다 보니 풍력으로 회귀하지 못하도록 하는 과정에서 해군장관 측근의 고위급 장교들의 도움이 필요한 실정이었다. 증기기관에서 나오는 석탄의 먼지로 인해 함정의 외부가 더러워짐에 따라 이것을 최상의 모습으로 유지할 수 없게 되었다며 이들 전통주의자들은 크게 분개하고 있었다.

오늘날의 관점에서 보면 이 같은 평가 기준에 근거해 풍력으로 회귀해야 한다는 주장이 우습게 보일 것이다. 그러나 또 다른 모습을 한 이 같은 형태의 주장이 오늘날의 대부분 산업에서 크게 보편화되어 있는 실정이다.

정보를 활용할 목적의 조직
ORGANIZING TO EXPLOIT INFORMATION

정보기술의 위력과 전략적인 융통성을 발휘할 목적의 새로운 조직을 구비해야 하는 가장 중요한 이유는 이들 기술이 사용자들로 하여금 시간과 공간을 초월해 사건들을 합주(合奏)할 수 있도록 해주기 때문이다.

이 같은 과학기술 분야의 혁신적인 발전으로 인해 예전과 비교해 볼 때 보다 많은 사항을 보다 짧은 순간에 보다 정확히 그리고 보다 많은 결과를 얻으면서 수행할 수 있게 되었다. 신속하고도, 정확한 그리고 병행적으로 진행되는 작전들은 이제 먼 나라의 이야기가 아니다.

그 결과 여러분과 여러분 경쟁자의 입장에서 보면 전략 게임이 크게 바뀌게 되었다. 신속하게 진행되는 변화로 인해 정보는 오늘날 부패 가능한 음식과 같이 되었다. 오늘날에는 이들 정보를 사용하던지 아니면 이것을 잃을 수밖에 없는 상황이다. 소위 말해 이것의 생명 주기가 매우 짧아졌다. 오늘날에는 이들 정보를 어느 곳에 숨겨 놓고는 이것이 몇 주 또는 몇 달 뒤에도 나름의 가치가 있을 것으로는 기대할 수 없게 되었다.

여타 경쟁자들과 비교해 볼 때 정보를 보다 신속히 활용하는 조직이 승리하게 될 것이다. 정보를 신속히 활용하려면 정보를 저장·처리 및 분배토록 해주는 첨단의 과학기술을 수용할 필요가 있다. 오늘날에는 정보를 실시간에 전달토록 해주는 기반구조가 조직에 절실히 요구된다.

모든 사람들이 가능한 한 많은 정보에 접할 수 있도록 하려면 전자메일에서 웹사이트(website) 그리고 동영상과 웹케스트(webcast)에 이르는 다양한 형태의 전자(電子) 도구들이 이들 기반구조에 포함되어야 할 것이다.

그러나 과학기술은 성공을 보장해주는 궁극적인 요소는 아니다. 진정 성공에 필요한 핵심 요소는 정보를 향한 현명한 자세다.

일부 몇몇 사람들은 "새로운 상황을 이해하고 여기에 대처하기 위한 능력"으로 정보를 정의하고 있다. 정보화 시대의 도래는 '새로운 상황'으로 간주될 수 있을 것이다. 한편 산업 분야의 모든 사람들은 "빠르게 움직이는 오늘날의 세상에서 실시간의 정보는 생명을 이어주는 혈액과 같다"는 오늘날의 정보가 갖는 다수 의미 중 하나를 인지해야 할 것이다.

여러분이 몸담고 있는 조직에서 정보를 움켜쥐고 있거나 이것의 유통을 방해하는 행위는 나름의 범죄로 간주해야 할 것이다. 정보에 기반을 두지 않은 상태에서 의사를 결정하면 의사결정으로 인해 조직에 도움이 되기보다는 적지 않은 손실이 있게 된다. 실시간의 정보 곡선에서 벗어나 있는 조직의 경우는 눈먼 장님과 같은 신세일 것이다.

1991년도의 걸프전 당시 이라크의 지도자인 사담은 자신의 군대가 무력화된 지 한참이 지난 순간에도 '모든 전투의 어머니'와 같은 표현을 사용해가며 다국적군을 위협하였다. 이것이 단순한 허풍 또는 선전 공세이었는가? 대부분의 정보 기구가 파괴되었다는 점에서 사담이 전쟁 이전의 정보에 근거해 주장을 전개하고 있었다는 해석이 여기에 대한 가장 그럴듯한 설명일 것이다. 전쟁 발발과 동시에 다국적군의 미사일들이 이들 정보 관련 표적들에 명중하면서 사담의 정보는 진부화의 길을 걷고 있었다.

반면에 미군의 경우는 정보의 유통을 보장할 뿐 아니라 이것의 정도를 향상시키고 있었다. 펜타곤의 책메이트 기획팀에 소속되어 있던 와든의 경우는 사우디아라비아의 리야드에 있던 뎁투라(Dave Deptula) 휘하 블랙홀그룹(Black Hole Group)과 사이버공간에서 긴밀히 연계되어 있었다. 책메이트 요원들이 이라크의 활동에 관한 일군의 정보를 획득한 경우 와든 휘하 팀에서는 공격해야 할 표적에 대한 기획과 함께 이들 정보를 블랙홀그룹에 즉각 전송하였다.

그 결과 리야드의 뎁투라 휘하 그룹에 정보 부서가 이들 정보를 제시해주기 며칠 전에 이들 표적은 번번이 격파되었다.

1999년 모토롤라는 회사의 이윤과 주식 소유자의 순수 이익을 보장하기 위한 공세적인 기획에 착수하였다. 모토롤라의 부회장이자 이사인 오그(Snady Ogg)는 자신들이 어떻게 정보를 공유하게 되었는지를 다음과 같이 설명하고 있다.

우리는 회사 소식을 회사의 인트라넷을 이용해 CNN처럼 실시간에 방송토록 하였는데, 이는 모든 사람들에게 다가가서 전역의 최근 진척 사항을 알려주며, 다음에 달성해야 할 일군의 목표들뿐만 아니라 나름의 기여 방안을 회사원들에게 설명해 줄 목적에서였다.

걸프전 당시의 일일 전쟁 브리핑과 마찬가지로 우리의 고위급 관료들은 지금까지 공략한 것이 무엇이며 다음의 공략 대상은 무엇인지를 회사원들에게 알려주었다. 회사원은 대략 80,000명이었는데, 이들 중 15,000명 정도는 책상 위에 설치되어 있는 컴퓨터를 통해 회사 소식을 담은 비디오를 수신하였다. 공장 근무 요원들은 작업장에서 편리한 곳에 위치해 있는 대형의 방에 모여서 이들 내용을 시청하였다.

게임의 기획 내용을 모든 사람들이 알고 있음이 매우 중요하다는 점을 고려해 우리는 최초 방영되는 내용의 경우는 사람들을 강제로 극장으로 밀어 넣어 시청토록 하였다. 모든 방송은 생방송으로 진행되었다. 기업의 리더인 길모어(Merle Gilmore)의 경우는 준비된 내용을 대략 30분간 발표하였는데, 그 후 사람들은 전자메일을 통해 그에게 질문하였다. 이들 질문에 대해 길모어는 실시간에 답변해주었다.

주요 사항을 기획하는 경우 또는 의사를 결정하고자 하는 경우는 적어도 조직의 3개 계층에 해당하는 사람들이 참여해야 할 것이라는 '3제대 법칙'이 여기서도 적용되고 있었다.

순차적인 전송은 정보 전달에 가장 방해가 되는 방안이다. 순차적인 전송에서는 조직에서 공유해야 할 아이디어를 다수의 계층을 통해 전달하고 있는데, 이 경우는 그 전달이 매우 느릴 뿐 아니라 도중에 내용이 종종 왜곡된다.

여기서 벌어지는 현상은 예전의 전화 게임의 경우와 유사하다. 이들 게임에서는 철수가 영희에게 이야기를 속삭이면, 영희는 동수에게 그 내용을 그리고 동수는 영순이에게 그 내용을 속삭이는 등 이 같은 행동이 반복해 진행되고 있다. 여기서 모든 사람들은 자신이 들었다고 생각되는 내용을 가능한 한 최선을 다해 반복하게 된다. 그러나 그 내용이 마지막 사람에게 전달될 당시 이는 최초 내용과는 전혀 다른 내용으로 바뀌어져 있다.

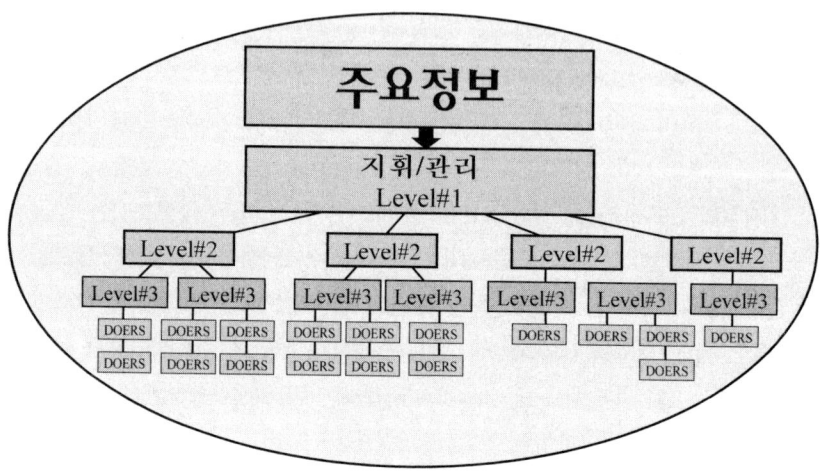

[그림 12.1] 주요 정보의 순차적인 유통

　기업의 경우도 동일한 상황이 반복되고 있다. 특정 회합에 참석했던 사람이 돌아와 이것을 바로 아래 사람에게 전달하는 경우, 이 정보는 [그림 12.1]에서 보듯이 아래로 반복해 전달된다.

　앞에서 설명한 절차를 보다 더 자세히 설명해보면 회합에 참여했던 Level 1 사람은 논의된 사항 중 일부만을 다음의 계층에 전달해주는데, 이들 내용 중 일부는 부정확한 형태의 것이다. 다시 말해 Level 2에 있는 사람들의 경우는 주요 정보를 거의 갖지 못하게 된다. 한편 Level 2 사람들은 자신이 들은 내용 중 일부를 Level 3에 전달하게 된다. Level 3의 사람들은 자신이 들었다고 생각되는 내용 중 일부를 실제 업무를 수행하게 될 실무자에게 전달하게 된다.

　Level 1의 사람을 포함한 중역 회의에서 논의되었던 내용과 비교해볼 때 다수의 여과 과정을 거쳐 실제 전달된 정보가 극소수라는 점을 주목해볼 필요가 있다. 정보가 다수의 여과 과정을 거침에 따른 문제는 바로 이것이다. 그러면 이 같은 현상을 방지하기 위한 방안은 무엇인가? 정보의 유통을 가속화하고 시간을 절약하며 작전을 수행하기 위한 3가지 지침이 다음에 제시되어 있다.

- 정보에 관한 열린 자세 견지: 정보를 공유 및 탐구한다.
- 계층 구조로 인해 정보 유통이 늦어지는 경우 계층 구조를 무시해 전송: 필요한 경우 대체 통신 채널을 창안해낸다.
- 순차적 형태의 정보 전파 지양: 가능한 한 많은 사람들에게 정보가 즉각 전달되도록 한다.

변화의 대가
THE COST OF CHANGE

조직 구조의 변화에는 감정 및 재정적 측면에서 적지 않은 대가가 따르는데, 이 점은 가볍게 생각할 사안이 아니다. 주요 변화를 기획 및 집행하기 위한 최상의 방안은 '열린 기획(Open Planning)'이란 전략의 사용이다.

새로운 형태의 대전략을 창안해내는 과정에서 많은 사람이 기여하였다면 그리고 그 과정에서 어느 누구도 배제시키지 않았다면 모든 사람들이 새로운 조직 구조의 창안에 협조하고자 할 것이다. 그 과정에서 이들은 자신들이 동의한 '미래의 청사진'의 실현을 맛볼 수 있을 것이다.

이미 언급한 바처럼 사기와 효율 측면에서 나름의 문제를 유발하는 가장 확실한 방안은 새로운 형태의 조직 구조를 비밀스럽게 기획하는 일일 것이다. 이들 접근 방안에는 다음과 같은 두 가지의 문제가 있다. 첫째, 이 같은 일은 비밀로 남아 있지 않을 것이다. 둘째, 사람들은 향후 예상되는 위협으로부터 자신들을 보호하기 위한 행동을 시작할 것이다. 물론 새로운 형태의 조직 구조는 '미래의 청사진'에 그려져 있는 주요 서술자(Key Descriptor)와 직접 연계되어야 한다.

기업의 미래로서 모험심이 있는 종업원들을 보유하고 현재와 비교해 볼 때 일 처리 시간이 매우 단축되는 상황을 구상해 보자. 이것이 진정 원하는 바이라면 조그마한 일을 시작하고자 하는 경우에서조차 다수의 승인을 받아야 하는 종전의 의사결정 과정은 타당성이 없을 것이다.

빠른 속도의 변화

HIGH-VELOCITY CHANGE

새로운 목표 또는 새로운 과학기술로 인해 조직에 변화가 요구된다고 생각되는 경우, 이 같은 변화를 신속히 유발함이 매우 중요하다.

언뜻 보아도 [그림 12.2]에 도시되어 있는 변화곡선은 이미 언급한 바 있는 '행위의 시간가치(Time Value of Action)' 그래프의 유형을 따르고 있는 듯 보인다.

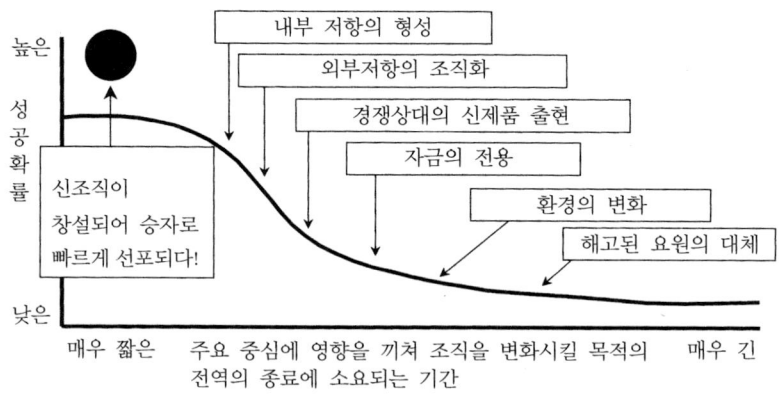

[그림 12.2] 고속의 변화

이 경우 또한 행동을 신속히 병행적으로 취하는 경우 성공 가능성이 높아질 것이다. 그러나 성공적으로 변화를 유발하지 않은 채 시간이 경과되는 경우는 성공 가능성이 점차 떨어지게 된다.

변화를 위한 작전이 장기간 지속됨에 따라 부정적인 결과가 초래되는 경우를 경험해본 적은 없는가?

여기서의 요지는 다음과 같다. 조직의 경우는 변화를 저지할 목적에서 나름의 방식으로 저항하는 경향이 있다. 이 같은 현상이 발생하기 이전에 나름의 충격을 주어 시스템이 올바른 방향으로 이동될 수 있도록 신속하고도 병행적으로 작전을 수행해야 한다 이처럼 할 때만이 조직을 변화시킬 수 있다. 변화에 관한 전문가들의 말에 따르면 합병을 포함한 주요 변화의 75% 이상이 목표를 달성하지 못하고 있다고 한다.

이처럼 변화와 관련된 실패율이 높은 이유 중 하나는 변화를 위한 대부분의 노력이 순차적인 형태의 것이라는 점이다. 조직의 변화를 위한 노력은 여타 시스템의 변화를 위한 노력을 설명해주는 동일한 형태의 확률 법칙을 따르게 된다. 이는 보다 순차적인 방식으로 행동할수록 그리고 그 과정에서 보다 시간이 지체될수록 성공 가능성이 보다 더 낮아진다는 의미다. 이외에도 조직의 변화에 따른 에너지 낭비와 고통은 시간이 경과함에 따라 급격히 높아지게 된다.

성공을 염두에 둔 조직화

ORGANIZE FOR SUCCESS

성공을 염두에 둔 조직화는 매우 중요하다. 조직의 구조는 어제가 아니고 오늘과 내일의 도전에 대처할 목적으로 설계되어야 할 것인데, 이는 아무리 강조해도 지나치지 않다. 간단히 말해 이상적인 조직 구조는 '구시대의 것'이 되어서는 안 될 것이다. 달리 표현하면 조직 구조는 부상하는 기회를 다룰 목적에서 구성 및 재구성되어야 한다.

조직 구조는 그 구성에 상관없이 매우 동적인 성격이어야 한다. 정적인 조직 구조로는 내일의 상황에 대처하지 못하기 때문이다. 동적인 조직 구조에서는 올바른 형태의 중심에 영향을 끼쳐 특정 목표를 달성할 수 있도록 적정 자원들(사람 · 자금 그리고 장비)을 모을 수 있도록 하고 있다.

잠재성이란 측면에서 볼 때 좋은 형태의 조직 구조가 다수 없지 않다. 그러나 동적인 조직은 합주(合奏)가 가능한 형태의 조직을 의미한다. 이것의 경우는 필요한 내용을 지시하는 리더(어떻게 연주하라고 말해주는 사람이 아니다)가 항상 가용한 실정이다.

동적인 조직에서는 상호 교류와 지식의 유통에 방해가 되는 물리적인 장벽이 거의 존재하지 않는다. 여기서는 여타 사람들이 수행하고 있는 사항을 모든 사람들이 잘 알고 있으며, 자신이 하는 일이 대전략 및 여타 임무와 어떠한 관계가 있는 지를 알고 있다.

성공을 염두에 두고 조직을 구성한 경우, 우리는 간과할 때 적지 않은 불운을 초래할 수 있는 문제, 즉 프로젝트, 제품, 기업의 특정 부서 또는 회사 전체를 어떻게 종료시켜야 할 것인 지의 문제를 다루어야 할 것이다. 이처럼 특정 사업 또는 일은 모든 사람들이 가장 좋은 결과를 얻는 방향으로 종료되어야 할 것이다.

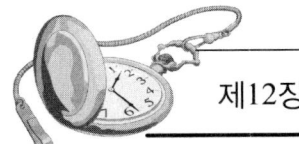

제12장 요약 : 성공을 염두에 둔 조직화

전역(戰役: Campaign)의 잠재 역량이 최대한 발휘되려면 이것의 성공을 염두에 둔 조직 구조가 요구된다.

인간의 행동을 형성해내고, 특정 유형의 사건이 반복해 일어나도록 한나는 섬에서 소식 十소는 중요한 요소다.

새로운 목표·기술 또는 상황에 직면하는 경우 구시대의 구조에 적응하고자 노력하는 사람들보다는 새로운 조직을 창안해내는 사람들에게 '운명의 여신'은 미소를 짓는다.

새로운 정보기술이 주는 위력 중에는 시간과 공간을 초월해 사건들을 합주(合奏)할 수 있도록 하는 능력이 있다.

신속한 변화로 인해 오늘날 정보의 생명 주기는 매우 짧다. 여타 경쟁자들과 비교해볼 때 정보를 보다 신속히 활용하는 조직이 승리하게 될 것이다.

다음과 같은 방안을 활용해 정보의 유통을 가속화하고 시간을 절약하며 효율적으로 작전을 지원할 수 있어야 할 것이다.

• "정보를 공유하고 추구한다"는 정보에 관한 열린 자세 견지
• 관료주의로 인해 정보 유통이 늦어지는 경우 대체 통신 채널 창안
• 순차적 형태의 정보 전파 지양.

멋진 종료

게임의 종료
The Endgame

"게임의 종료를 기획하기 이전에는 일을 시작하지 말라"

"지구상의 모든 것에는 시작과 끝이 있다"고 프로메테우스의 8번째 법칙은 말하고 있다. 이것의 9번째 법칙은 다음과 같다.

"특정의 미래를 특정 수단을 통해 가꿀 수 있는 것과 마찬가지로 특정 행위를 통해 특정 결과를 얻을 수 있을 것이다"

이들 두 법칙이 의미하는 바는 게임의 시작과 마찬가지로 게임의 종료를 신중히 기획해야 할 것이라는 점이다. 이는 매우 간단한 표현인 듯 보인다. 그러나 수천 년에 걸친 역사를 통해 배울 수 있음에도 불구하고 이 같은 교훈에 진지한 노력을 기울인 국가·회사 또는 개인은 거의 없는 실정이다.

여타 단계에 투입되는 노력과 비교해 볼 때, 게임의 종료를 기획할 목적의 노력은 그 가치가 적다고 생각할 수도 있다. 이것이 여러분 회사가 아니고 개인의 생각이라면 여러분은 훌륭한 회사에 근무하고 있다고 말할 수 있을 것이다. 군인과 정치가들 모두는 전쟁 종료에 관한 기획이란 측면에서 통상 실패를 경험하고 있다.

그 결과 사람들은 보다 많은 전쟁, 보다 많은 파괴를 겪게 되고 종종 감당하기 곤란한 수준의 대가를 지불하고 있다.

기업의 세계를 보아도 모든 전역(戰役: Campaign) · 제품 · 서비스 그리고 조직은 특정 기간이 지나면 종료되고 있다. 그러나 종료를 위한 기획이 매우 중요함을 보여주는 엄청날 정도의 증거에도 불구하고 이것의 기획에 시간을 할애하는 조직은 거의 없는 실정이다.

많은 과부와 고아들이 투자를 선호하던 대상인 미국의 철도는 영원히 번성할 수 있을 것으로 가정하고 있었다. 그러나 미국의 철도는 번영이 지속되지 않았다. 철도 회사가 종료를 위한 기획을 준비하지 않은 결과로 인해 다수의 미국의 과부와 고아들이 고통을 당한 바 있다.

본질적으로 인간은 게임의 종료를 염두에 둔 기획을 꺼려하는 경향이 있다. 프로젝트 또는 제품을 종료시키는 경우와 비교해볼 때 이들의 시작에서 사람들은 보다 많은 희열을 느끼고 있는데, 이는 당연한 현상이다. 더욱이 지금까지 성공적이던 것의 종료에 관한 문제로 고민하고 싶어하는 사람은 아무도 없을 것이다. 특히 어느 정도 주인의식을 느끼고 있는 경우는 더욱 그러할 것이다. 진행 상황을 가능한 한 존속시키고자 함은 인간의 본성일 것이다.

특정의 프로젝트 또는 제품에 문제가 있는 경우에서조차 향후 발생할 상황에 관해 확실히 알고 있지 못하다는 점으로 인해 인간들은 이것을 존속시키고자 각고의 노력을 경주하게 된다. 아마도 여기에는 보다 깊은 문제가 숨어 있는 듯 보인다. 게임의 종료에 대한 기획은 우리가 인생의 대부분 기간 동안 부정해온 죽음이란 문제를 연상케 한다.

필연적으로 발생하게 될 종료란 현실로부터 눈을 돌리고자 함에 따라 종종 가슴 아픈 결과가 초래되곤 한다. 우리는 이 같은 사실을 유명한 스포츠 선수들을 통해 여러 번 목격한 바 있다. 미국의 전설적인 야구선수인 베이비루스(Babe Ruth)와 관련된 이야기를 연상해 보자.

그는 자신의 전성기에 영광되게 물러난 것이 아니고 전성기가 훨씬 지난 순간까지도 야구를 고집하였다. 마침내 베이비루스가 소속되어 있던 구단인 뉴욕 양키즈(New York Yankees)는 그를 방출시켰다. 그 결과 그는 비교적 잘 알려져 있지 않은 보스턴 브레이브즈(Boston Braves)에서 선수 생활을 비참히 종료하였다.

멋진 끝맺음

FINISH WITH FINESSE

영원한 승자로 기억되려면 끝맺음을 멋지게 해야 한다. 싸인피일드(Jerry Seinfield)란 코미디언은 에미(Emmy)상을 수상한 바 있는 자신의 TV 쇼에 9개 시즌 연속 출연하고 있었다. 당시 그는 출연 중지를 발표하였는데, 이는 멋지게 끝맺음한 경우다.

당시 싸인피일드가 출연한 쇼는 "역사상 가장 이윤이 많이 남는 단일의 오락물"로 평가받고 있었다. 이 쇼를 중단하겠다고 발표하자 근 몇 달에 걸쳐 많은 팬들이 그 사실을 애석해하였으며, 그의 쇼를 묶어 편집한 내용을 재방영하면서 언론이 그 내용을 격찬하였다.

싸인피일드의 쇼에 출현했던 여타 배우들 또한 다음과 같은 그의 변명에 수긍하였다. 때문에 쇼를 중단하겠다는 그의 결정에 이들은 기꺼이 동의하였다.

수년간의 무대 생활을 통해 인지한 사항이 하나 있는데, 이는 관중들이 아직도 쇼를 즐기고 있으며, 무대를 떠나는 경우 이들이 환호하며 무대 앞으로 달려올 것만 같은 그러한 순간이 있다는 점입니다. 그러나 금전에 연연해 관객들에게 보다 많은 것을 보여주고자 하는 경우는 이들이 식상해 밖으로 도망갈 것입니다. 지금 내가 무대를 떠난다면 관객들로부터 기립 박수를 받을 가능성이 있다고 봅니다. 이것을 얻고자 노력해야 하는 것 아니겠습니까?

또 다른 사례로 미식축구 역사상 가장 유명한 쿼터백(Quarterback) 인 마리노(Dan Marino)의 경우를 보자. 그의 경우는 무릎 이상과 노령 으로 인해 1999년도에는 성적이 별로 좋지 않았다. 그러나 그 이전까 지만 해도 그는 마이애미 돌핀스(Miami Dolphins)에서 놀라운 성적을 거두고 있었다.

더 이상 팀에 머물러 성적이 나아질 것을 기다리는 것이 보다 더 타 당성이 있겠는가, 아니면 또 다른 기회를 찾아서 최상의 기록에 먹칠 하지 않으면서 떠나는 것이 좋겠는가? 그는 자신의 성공 주기가 절정 의 순간에 왔다는 점을 인지하고는 선수생활을 우아하게 종료하였다.

훌륭한 투자-예산 관리자들은 멋지게 끝내는 법을 잘 알고 있다. 주 식을 구입하기 이전 이들은 특정 기준이 충족되는 경우 이것을 팔고 또 다른 거래로 이전하기 위한 기획을 갖고 있다. 일의 종료와 관련된 최상의 전략을 갖고 있는 리더들이 종종 일대 성공을 거두는데, 이는 전혀 놀랄 일이 아니다.

그러나 기업의 경우는 다수 예외가 없지 않다. 여러 종류의 조직들 과 함께 일하면서 알게된 사실이 있는데, 이는 대부분 사람들의 경우 이미 성공적이지 않다고 생각되는 그러한 순간에도 친숙한 제품·서 비스 또는 조직을 포기하고자 하지 않는다는 점이다. 이 경우 일의 종 료 과정은 마지못해 하는 형태가 된다. 사람들은 모든 가능성이 사라 진 그 순간까지도 기존의 제품·조직 또는 서비스에 집착하는 경향이 있다.

포드 자동차회사 T Model의 경우를 생각해보자. 이 회사는 자동차 시대에 돌입하고 있던 미국이란 국가의 기본적인 욕구를 충족시켜주 는 매우 신뢰성 있는 저가의 차를 제시하여 일대 성공을 거두었다. 이

차에는 선택 사항 또는 외부 치장 항목이 전혀 없었다. 차의 외관도 검은 색뿐이었다. 당시 포드는 매우 좋은 차 그리고 매우 우수한 기업 모델을 갖고 있었다.

그러나 제1차 세계대전으로 인해 상황이 180도 바뀌었다. 전후(戰後)의 미국에는 자본이 폭발적으로 증대되고 있었다. 모든 사람들이 예전과 비교해 보다 많은 돈을 벌고 있었다. 갑자기 오락에 신경을 쓸 수 있을 정도의 여유 자금이 생겨나게 되었는데, 이들 자금은 다양한 형태의 자동차 모델, 선택 사항 그리고 차의 색깔을 제공하고 있던 제너럴모터스로 빠르게 이동하기 시작하였다.

10년도 채 되지 않아 포드자동차회사의 시장 점유율은 50% 이상에서 30% 이하로 급락하였으며, 이 회사는 도산 직전에 직면하게 되었다. 여기서의 문제는 포드가 T Model이 종료되는 상황을 고려해 나름의 기획을 하지 않았다는 점이었다.

이 경우에서 또한 프로메테우스는 검증된 방안을 제공해주고 있다.

종료 시점의 정의

DEFINING EXIT POINTS

'프로메테우스 과정'에서는 일의 종료 시점들을 사전에 정의하고 있다. 일의 종료 시점들이 정의되어 있지 않은 경우에는 이미 적절하지 못한 그 무엇을 얻고자 처절한 싸움을 벌이게 된다.

이 경우는 어제는 좋았지만 오늘은 이미 타당성이 없는 경로를 지속하고자 엄청날 정도의 노력을 기울이게 될 것이다. 반면에 일의 종료 시점들을 정의해 놓은 경우는 일을 우아하게 종료할 수 있을 뿐만 아니라 종료하는 경우 보다 이윤이 생기는 또는 흥미로운 그 무엇에 에너지를 투자할 수 있을 것이다. 때문에 일을 종료하는 과정에서 모든 사람들이 보다 편안한 감정을 느끼게 될 것이다.

따라서 일의 종료 시점은 가능한 한 일찍 기획되어야 한다. 전역의 시작 시점에서 일의 종료 시점에 관한 기준을 정의해야 할 것인데, 이는 투자에 비해 회수가 줄어들기 시작하는 시점이 될 수 있을 것이다.

일의 종료 시점을 제대로 정의해 놓으면 적지 않은 도움이 될 것이다.

- **일을 적정 순간에 종료하여 재정 이윤을 극대화 또는 유지토록 해야 한다.** 한 때 이윤이 창출되던 제품 또는 서비스에서 얻은 이득을 몰락하고 있는 그 무엇을 살리고자 노력하는 과정에서 소비하게 될 가능성도 없지 않다. 이는 "승리의 발톱에서 패배를 자초하는" 현상으로 알려져 있다.

- **신속히 포기함으로서 손실을 최소화해야 한다.** 종료 시점에 관한 기준을 정해 놓으면 무언가 잘못되고 있는 시점을 인지하는 과정에서 도움이 될 것이다. 실패에 따른 대가가 비교적 적은 시점에서 실패를 신속히 그리고 결정적으로 종료시키기 위한 합리적인 방안을 이것이 제공해줄 수 있을 것이다. 이 같은 종료 시점에 관한 기준이 없는 경우는 투자한 것을 잃지 않겠다는 생각에서 '손실의 덫'에 매료되어 패배적인 상황을 지속해 나아가게 된다.

- **상황이 좋은 순간에 게임을 종료시켜라.** 일을 올바른 시점에 종료하게 되면 가장 좋은 상황에서(재정 측면 뿐 아니라 심리적 측면에서도) 또 다른 노력을 시작할 수 있게 된다.

일의 종료 시점에 관한 기준을 정립해 놓지 않은 경우는 종료 순간을 평가할 수 있는 공적인 방안을 갖지 못하게 된다. 이 경우는 종료 순간을 인지한 경우에서조차 "한 번 더 시도해보겠다"는 인간의 본성이 상황을 지배하게 된다.

기업의 세계에서 승자는 수입이 좋을 때 일을 종료하는 경향이 있다. 일의 종료 시점이 도래했음을 알기 위한 방안은 무엇인가? 제품·서비스 또는 조직의 측면에서 종료 시점을 인지하기 위한 다음과 같은 몇몇 신호가 없지 않다.

- 평가 가치가 정점(頂點)에 도달한 순간
- 자금 회수가 감소되기 시작하는 순간
- 시장이 변천되는 순간

일의 종료 시점: 평가 가치의 정점
EXIT POINT: VALUATION ZENITH

일의 종료 시점을 정의하기 위한 방법에는 제품·과정 또는 조직의 가치가 극대인 점을 찾는 방안이 있다. 이 경우는 총체적인 가치의 측면에서 생각해야 할 것이다.

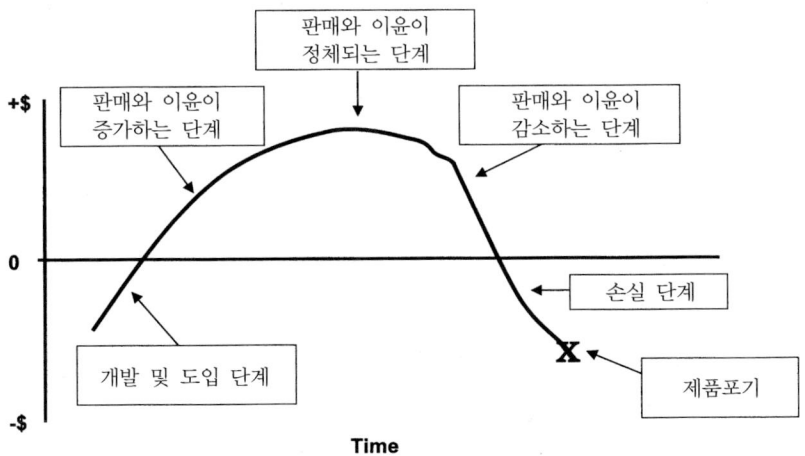

[그림 13.1] 생명주기(Life Cycle)

다시 말해 창출된 세입이 아니고 제품·과정 또는 조직을 매각함으로 인해 또는 최악의 경우 이것을 포기함에 따라 얻을 수 있는 것이란 관점에서 생각해야 한다.

제품과 서비스들은 비교적 예측 가능한 형태의 곡선을 따르는 경향이 있다. 이미 우리에게 친숙한 형태인 [그림 13.1]에 도시되어 있는 유형에서 좌측 부분은 탄생된 제품을 시장이 수용하고 이것의 판매가 늘어나는 현상을, 가운데 부분은 판매가 정점에 도달한 순간(종종 이곳은 이윤이 극대화되는 시점이다)을 그리고 우측 부분은 이윤과 판매가 하강하고 있음을 보여주고 있다.

특정 제품 또는 서비스가 성공 주기의 후반부에 도달하는 순간(더 이상 성숙되지 않고 하강을 시작하는 순간)이 일의 종료를 위한 기획을 가동시킬 적정 시기가 될 수 있다. 이 순간 일을 종료하지 못하는 경우는 성장 단계에서 창출한 이윤만큼이나 종반 단계에서 손실을 보게 될 가능성도 없지 않다. 이 경우는 금전을 잃을 뿐 아니라 종착역에 도달한 그 무엇을 놓고 노력하는 과정에서 귀중한 관리 시간(이는 오늘날 보다 귀중한 자산이다.)을 잃는 현상이 벌어질 것이다.

보다 많은 매출과 이윤을 창출해줄 것으로 예상되는 대체 항목에 귀중한 재능을 투입함이 중요하다. 이 같은 단계에 도달했음을 알기 위한 방법은 무엇인가? 수치가 하강하는 순간을 기다린다면 일의 종료 시점을 실기(失機)할 가능성도 없지 않다. 따라서 실제 상황을 어느 정도 기간이 지난 뒤에 반영해주는 형태의 징표인 연말 결산과 같은 것에 의존하지 말고 고객들의 이동 현황, 시장의 경향 그리고 혁신과 같은 시장을 선도하는 징표들에 초점을 맞추어야 할 것이다.

예를 들면 시장을 지속적으로 관찰하는 경우 여러분의 제품 또는 서비스의 매력이 떨어지기 시작하는 시점 또는 고객들의 분포가 전환되는 시점을 주목할 수 있을 것이다. 이 같은 조기경보 시스템을 운용하게 되면 보다 많이 판매할 수 있는 신제품과 서비스를 인지하게 될 것이다.

전략적 측면에서 향후 여러분에게 위협이 될 가능성이 있는 새로운 형태의 혁신들을 또한 주목해보아야 한다. 한 때 사람들은 컴퓨터 데이터를 저장할 목적으로 마그네틱테이프가 최상이라고 생각한 바 있다. 하드디스크가 출현할 당시 마그네틱테이프의 제조업자들은 이 같은 부상하는 혁신을 주목했어야 마땅했을 것이다.

초기의 하드디스크는 용량이 작았으며 가격이 비쌌다. 그러나 그 발전 상황을 잠시나마 주목해보았더라면 이것이 매우 빠르게 성장하는 시장이라는 점 그리고 마그네틱테이프를 시장에서 몰아낼 잠재성이 있는 요소라는 점을 인지할 수 있었을 것이다.

과학기술 외에 성공 주기의 종료를 예고할 수 있는 또 다른 요소들이 있는데, 지정학이 바로 그것이다. 베를린장벽이 무너져 내린 1989년도 당시 대부분의 국방 관련 회사들은 방위산업의 호황기가 종료되고 있다는 점을 인지하지 못했다.

1993년 9월 미국의 국방차관인 페리(Bill Perry)는 미국의 주요 항공산업들의 최고경영자(CEO)들과 '마지막 저녁(Last Supper)'이라고 지칭되는 회합을 가졌는데, 이들 총수들이 정신을 차린 것은 바로 그 순간이었다. 당시 모였던 최고경영자들에게 페리는 이들 기업 중 많은 것들이 내년에 영업하지 못하게 될 것이라는 점, 이들 모든 기업을 유지시킬 수 있을 정도의 국방비가 없다는 점 그리고 이들 중 일부는 합병되던가 아니면 기업에서 손을 떼어야 할 것이라는 점을 말해주었다.

이 같은 페리의 발언으로 인해 미 국방 역사상 최대 규모의 병합의 바람이 불기 시작하였다. 당시의 회합에 참석했던 사람들은 신속히 줄어들고 있던 방위산업 시장에서 경쟁력을 유지하고자 각고의 노력을 경주하였다. 병합 과정에서 50여 개의 방위산업체가 5개로 대폭 줄어들게 되었다. 방위산업 관련 생명 주기와 관련된 신호를 보다 일찍 주목했더라면 이들 회사들이 자신의 운명을 보다 잘 통제할 수 있었을 것이다.

생명 주기 곡선이 하강하기 시작하는 순간에 일을 종료시켜야 할 것이다. 한편 생명 주기에 반응하기보다는 이것을 통제함이 종종 가능할 뿐 아니라 여기에 따른 이득이 적지 않다. 월트디즈니사의 경우는 '백설공주와 일곱 난쟁이' 같은 고전 만화영화를 주기적으로 철회하거나 재차 상영하곤 하였다. 월트디즈니의 경우는 시장을 고의적으로 통제하고 있었다.

그러나 가장 극적인 사례는 주식회사 인텔(Intel)의 경우다.

이 회사의 경우는 높은 가치, 높은 이윤의 새로운 칩들을 시장에 가속적으로 도입하는 방식으로 컴퓨터의 중앙처리장치(CPU: Central Processing Unit)에 들어가는 칩 시장을 근 20년 동안 주도하였다.

복제를 일삼는 사람들이 인텔의 제품을 모방하기 시작하자 이 회사는 기존 모델의 가격을 대폭 인하하는 한편 보다 높은 이윤을 내는 신제품을 시장에 도입하는 방식으로 일의 '종료 과정(Exit Process)'을 시작하였다. 이처럼 고의적으로 '종료 과정'을 시작함에 따라 인텔은 시장을 주도하고, 최적의 가격을 부과할 수 있는 그리고 고객의 수요가 있는 제품을 가질 수 있었다.

일의 종료 시점: 자금 회수의 감소
EXIT POINT: DECLINING RETURNS

특정 제품·서비스 또는 조직의 종료를 암시하는 또 다른 신호는 자금 회수와 관련이 있다. 자금 회수가 감소하고 관련 회사들간에 경쟁이 격화되면서 이윤이 수용 불가능한 수준으로 줄어드는 등 문제의 원인이 전략적인 성격을 띠는 경우는 현재의 일에서 손을 떼고는 보다 이윤이 높은 제품으로 전환해야 할 것이다.

여기서 말하는 이윤은 보다 폭넓은 의미의 개념이다. 예를 들면 충분히 많은 제품을 판매하는 경우는 개개 이윤은 적다고 할 지라도 돈을 벌 수 있을 것이다. 그러나 제품 또는 서비스의 수요가 특정 수준 이하로 떨어지는 경우는 현재 하던 일을 종료시켜야 할 것이다. 이 같은 시점을 인지케 하는 수용 가능한 수준의 이윤과 판매 규모를 사전에 설정해 놓아야 한다.

제품 또는 서비스에 투자한 자금을 회수하기까지는 하던 일을 중단하지 않겠다는 생각에 빠지는 경우가 없도록 유의해야 할 것이다. 일이 사향 길에 접어들었다고 생각되는 경우는 투자한 시간·에너지·자금 그리고 열정의 정도에 상관없이 일을 종료시켜야 한다.

회수 불가능한 형태의 비용은 잃어버린 것과 다름이 없다. 이처럼 회수 가능성이 없는 일에 지속적으로 매달리는 경우는 여타 기회에 투자할 수 있는 자금과 에너지가 소모되는 반면 손실만 증대될 것이다.

하던 일에서 손을 뗀다는 것이 아무 것도 건질 수 없다는 의미는 아니다. 특정인의 입장에서 보면 쓰레기인 것이 또 다른 사람이 볼 때는 보물이 될 수도 있다. 사실 우리의 고객 중 하나는 전략적으로 타당성이 없을 뿐 아니라 정규적으로(비록 항상은 아니지만) 손해를 보는 제품과 조직을 갖고 있었다.

이 회사는 조직과 제품을 매각하는 방식으로 일을 종료시키겠다고 결정하였다. 그런데 이 회사는 이 제품을 이용해 돈을 벌 수 있다고 생각하는 한 조직을 발견해낼 수 있었다. 우리의 고객은 조직과 제품을 매각해 관리에 따른 에너지를 절약한 결과 보다 수익성 있는 제품에 노력을 집중시킬 수 있었다. 결과적으로 보면 이 제품 및 조직의 매각과 관련해 모든 사람이 행복해 하였다.

이 같은 매각은 타당성이 있는 반면 특정의 것을 포기하는 경우는 회수가 불가능하다는 점에서 이 같은 현상이 적용되지 않을 것이라고 주장할 수도 있다. 그러나 이는 사실이 아니다. 특정의 것을 유지하는 과정에는 나름의 비용이 소요된다. 이 같은 비용은 관리에 따른 시간과 에너지를 포함하는 기회 손실을 의미한다.

여러분의 경우는 이미 사양길에 접어든 제품 · 서비스 또는 조직을 지원할 목적의 관리비용을 향후 보다 많은 이윤을 창출하게 될 그 무엇에 투자할 수 있는 입장인가? 상황이 그러하다면 현재 하던 일을 신속히 그리고 결정적으로 종료하지 못할 특별한 이유라도 있는가?

일의 종료 시점: 시장의 변천

EXIT POINT: MARKET SHIFTS

우리의 고객 중에는 전적으로 퇴역 군인만을 상대로 하는 비영리 조직이 있었는데, 이곳의 경우는 특정 종류의 질병에 관심이 집중되어 있었다. 이 조직으로 하여금 자신의 미래를 전략적으로 생각하도록 함에 따라 두 가지의 뚜렷한 현상이 목격되었는데, 이 같은 질병을 갖고 있는 퇴역 군인의 숫자가 급격히 감소하기 시작했다는 점, 그리고 의료 분야의 진전으로 인해 이 같은 질병을 갖고 있는 퇴역 군인의 숫자가 향후에는 보다 더 감소하게 될 것이라는 점이 바로 그것이었다.

어떤 의미에서 보면 이 조직은 성공적이었으며, 조직이 추구하는 목표를 제대로 달성하고 있었다.

변화의 현실에 직면하게 되자 이곳에서는 먼저 현존 조직을 지속해 나아가기 위한 방안을 강구하였다. 그러나 나중에 알게 된 사실이지만 현존 상태를 지속하려면 조직의 구성원·리더십 그리고 문화 측면에서 일대 변화가 요구되었다. 따라서 최정상에 있을 당시 일을 우아하게 종료시키던지 아니면 어느 누구도 원하지 않는 그러한 상태가 되던지 둘 중 하나를 선택하지 않을 수 없는 상황이었다.

이들이 선택한 방안은 무엇인가? 외적인 변화 정도가 크지 않았다는 점으로 인해 이 그룹의 경우는 몇 년간 재정적으로 안정적이었는데, 당시의 기간 중 주요 결정을 내릴 수 있었을 것이다. 그러나 이 조직의 경우는 거의 어느 누구도 하지 않는 형태의 것, 즉 특정 질병을 갖고 있는 퇴역 군인의 감소를 고려해 일부 병실을 폐쇄하고는 기존의 일을 지속하는 방안을 의도적으로 선택하였다.

시장의 변화와 관련된 또 다른 사례에 서양 사람들이 즐겨하는 '피자'의 경우가 있다. 몇 년 전까지만 해도 피자는 몇몇의 레스토랑에서만 가용한 항목이었다. 예전에는 미국인들 중에서 피자를 정규적으로 먹는 사람이 거의 없었다. 사람들은 이 같은 이상한 음식에 친숙해 있지 않았으며, 레스토랑에 따라 피자의 품질에 차이가 있었다. 미국의 경우는 국가적으로 피자 시장이 조성되어 있지 않았다.

그런데 양질의 피자가 널리 보편화되기 시작하였다.

광고를 통해 그리고 구전으로 이 같은 새로운 형태의 점심 또는 저녁 식사에 관한 정보가 널리 전파되었으며, 보다 많은 미국인들이 이 음식을 좋아하게 되었다. 얼마 지나지 않아 피자 시장은 더 이상 노력하지 않아도 확장이 가능한 수준이 되었다.

이 같은 시점에 피자 시장에 뛰어든 사람들은 나름의 재미를 보았다. 그러나 잠재 시장이 너무나 크다 보니(많은 고객·자금 그리고 세 품 형태로 인해) 그 후 뛰어든 그룹들 또한 어느 정도 재미를 볼 수 있었다. 결과적으로 양질의 피자를 보다 쉽게 그리고 보다 저렴한 가격으로 구입할 수 있게됨에 따라 피자 시장이 확장되었다.

피자 영업을 하기에 상황이 좋았다. 그러나 점차 피자를 즐겨하는 미국인이 포화상태에 접어들면서 피자 시장이 정체되기 시작하였다.

이 시점에서 모든 피자 업자들은 특정 규모의 시장을 놓고 나름의 투쟁을 전개하였다. 그 결과 이윤이 감소되었다. 소위 말해 피자 기업은 투자가 또는 혁신적인 관리자들의 입장에서 보면 별로 재미가 없는 분야로 전락하게 되었다. 특정 시점에서 고객의 취향이 바뀌면서 시장이 실질적으로 감소하게 되자 피자 기업의 가치가 보다 더 떨어지게 되었다.

투자가 · 관리자 그리고 종업원의 관점에서 보면 최고의 가치에서 피자 기업에서 손을 떼기 위한 시점은 정체 현상이 시작되기 바로 직전의 순간이었다.

대부분 기업의 리더와 관리자들은 다수의 현명한 결정을 내릴 뿐 아니라 주변에서 진행되는 사항에 무지하지 않은 우수한 사람들이다. 그런데 일의 종료 시점임을 보여주는 다수의 징표에 이들 현명한 사람들이 제대로 반응하지 못하고 있는 것은 무슨 이유 때문인가?

대부분 이는 일의 종료에 관한 기획을 충분히 배우지 않았거나, 논의하지 않았거나 제대로 이해하지 못했기 때문에 생기는 현상이다. 또한 이는 지나친 자신감, 즉 할 수 있다는 자세 때문이기도 한데, 이 같은 자세를 견지하는 경우는 종종 영업이 실패로 끝나곤 한다.

여기에 또 따른 요소가 없지 않은데, 이는 '제품 고착화 현상'으로서 전투 조종사들 세계에서 목격되는 '표적 고착화 현상'과 동일한 형태의 것이다. 표적을 격파하겠다는 일념이 너무나 지나친 경우는 눈에 표적만이 보이게 되고 주변 상황은 인지하지 못하게 된다.

강하하며 폭탄을 투하하는 과정에서 많은 조종사들이 고도(高度)를 제대로 인지하지 못한 결과로 인해 지면에 충돌하고 있는데, 이는 공격하고자 하는 표적에 너무나 고착되어 있기 때문에 생기는 현상이다.

어느 순간 조종사는 주변 상황을 인지해 기수를 들어올리지만 항공기는 고도를 회복하지 못하고 땅에 추락하게 된다.

사양길에 접어든 제품을 살리고자 필사적으로 노력하는 기업들에서도 동일한 현상이 목격되고 있다. 이들의 경우는 모든 관심과 에너지의 초점을 제품의 회생에 맞추고 있다. 그 결과 이들은 이들 제품이 이미 타당성이 없을 정도로 주변 상황이 변했다는 점뿐만 아니라 보다 조기에 노력을 전환하는 경우 성공 가능성이 높은 새로운 분야를 공략할 수 있을 것이라는 점을 인지하지 못하고 있다.

물론 모든 관련자들이 인지할 수 있도록 일의 종료 시점을 사전에 결정해놓은 경우는 '제품의 고착화'란 치명적인 현상이 발생하게 될 가능성은 크게 줄어든다.

정상에서의 우아한 종료

EXIT ON TOP WITH STYLE

일을 정상에서 우아하게 종료한다 함은 쓸데없이 돈을 낭비하지 않으며, 종착역에 무사히 도달하도록 나름의 기여를 한 모든 사람에게 적정 방식으로 보상함을 의미한다.

성공은 일종의 주기를 탄다. 이 같은 성공 주기의 종반 단계 관리는 시작 및 중반 단계의 관리에 못지 않게 중요하다.

"마지막이 좋으면 모두가 좋다"는 말을 고려해 마지막을 우아하게 장식하기 위한 공식적인 기획이 있어야 할 것인데, 이는 의도한 목표를 달성한 경우 해야 할 일에 대한 구상을 의미한다.

이들 기획에서는 다음과 같은 몇몇 주요 질문들에 답변하게 된다.

일의 종료 시점을 인지하기 위한 방안은?

진행되고 있는 업무를 종료하고자 할 때 강구해야 할 조치들은?

이득은 유지하면서 퇴보를 방지하기 위한 방안은?

일의 종료 단계를 관리하는 과정에서는 현재 운용되고 있는 사항들을 적절히 종결짓고자 할 때 필요한 적정 자원의 유지가 중요하다.

일의 종반 단계에서는 예기치 못한 혼란의 가능성도 없지 않은데, 이 같은 상황에 대한 대비가 매우 중요하다. 또한 새로운 것을 시작하고자 할 때 요구되는 에너지와 열정을 간직하고 있어야 할 것이다. 일을 성공적으로 종료하기까지 나름의 기여를 한 사람들을 보상하고 그 은혜에 감사해야 할 것이다.

일은 즐겁고도 추억에 남는 형태로 종료되어야 한다.

영화 기업의 경우는 이 같은 일을 매우 잘 하고 있다. 특정 영화가 종료되는 경우 연출자는 몇 주 또는 몇 달간 함께 열심히 일했던 사람들을 위해 나름의 파티를 열고 있다. 영화에 참여했던 사람들은 기분 좋은 상태에서 프로젝트를 떠나고는 또 다른 프로젝트를 열정적으로 준비하게 된다.

프로젝트가 종료될 때마다 나름의 파티를 통해 자축하는 일을 잊지 말기 바란다.

제13장 요약 : 게임의 종료

모든 전역 · 제품 · 서비스 그리고 조직은 일정 기간이 지나면 종료될 수밖에 없다.

게임의 종료와 관련된 기획을 사람들은 다음과 같은 두 가지 이유로 인해 기피하는 경향이 있다. 첫째, 사람들은 게임의 종료보다는 특정 프로젝트 또는 제품의 시작에서 보다 많은 희열을 느끼게 된다. 둘째, 사람들은 향후 상황에 대해 일종의 두려움뿐만 아니라 불확실성을 느끼고 있다.

영원한 승자로 남아 있고자 하는 경우는 일을 멋지게 종료해야 할 것인데, 이는 다음의 두 가지를 의미한다.

• 일의 종료를 위한 시점, 즉 이 시점을 초과해 일을 진행하는 경우 자금 회수가 감소될 것으로 생각되는 그러한 시점을 가능한 한 조기에 정의한다.

• 정상에서 우아하게 일을 종료시킨다. 다시 말해 쓸데없이 돈을 낭비하지 않으며, 일을 성공적으로 종료하는 과정에서 나름의 기여를 한 모든 사람들에게 적정 방식으로 보상한다.

제품 · 서비스 또는 조직을 종료하기 위한 시점임을 보여주는 몇몇 징표가 없지 않은데, 이는 다음과 같다.

• 평가 가치가 정점에 달한 순간
• 사금 회수가 감소되기 시작하는 순간
• 시장이 변천되는 순간

주요 법칙들
Cardinal Rules

"성공 방법에 관해 잘 알지 못해 실패했다면 이는 슬픈 일이다"

이미 살펴본 바처럼 변화에 단순히 반응하거나 내일의 상황을 추정해보고는 이것에 적응하는 방식으로는 승리할 수 없다. 승리하고자 하는 경우는 희망하는 내일의 모습을 결정하고는 이것이 성취될 수 있도록 미래를 적극 창조해야 할 것이다.

'프로메테우스 과정'은 창조하고자 하는 '미래의 청사진'을 구상하고, 그곳에 도달하기 위한 기획을 설계하며, 전역(戰役: Campaign)을 병행적으로 수행하고, 정상에서 일을 종료한다는 승리를 위한 나름의 과정을 제공해주고 있다.

이제 여러분은 이들 일련의 흐름을 인지하였을 것이다. 지금부터는 프로메테우스와 관련된 주요 법칙들이 여러분을 올바른 길로 인도해주고 여러분의 성공 가능성을 높여줄 것이다.

벽돌 쌓는 사람이 아니고 건축가처럼 사고하라.
"Think Like an Architect - Not Like a Bricklayer"

건축가들은 '탑다운(Top-Down)' 방식으로 사고(思考)하고 있다. 다시 말해 이들의 경우는 건물의 모습에 관한 커다란 개념에서 시작해 최종적으로 창문의 크기와 위치, 전자 제품들이 놓이게 될 위치 등과 같은 상세 사항을 다루게 된다.

'바텀업(Bottom-up)'으로 사고하는 경우는 주어진 주제에 관한 무수히 많은 사실과 자료로 인해 사고 과정이 크게 늦어질 뿐 아니라 비효율적이 된다. 이 같은 이유 때문에서라도 기업의 경우 '탑다운' 방식의 사고는 필수적이다.

'바텀업' 사고에서는 문제와 직·간접적으로 연관되는 모든 사실들을 면밀히 검토해보아야 한다. 무수히 많은 사실들을 수집 및 조사하는 과정에서는 엄청날 정도의 노력이 요구되는데, 이는 가용 시간의 범주에서 거의 불가능한 일이다. 따라서 사람들은 쉽게 가용한 또는 분명히 인지 가능한 몇몇 사실들을 중심으로 빠른 길을 선택하게 된다. 상황과 관련된 지극히 일부분의 사실을 이용해 이들은 보다 규모가 큰 형태의 답변들을 구상해내고자 노력하게 된다.

몇몇 자료를 종합해 커다란 문제에 대한 답변을 구상하는 경우 정확성 측면에서 나름의 문제가 없지 않은데, 이처럼 생각하는 고위급 관리들도 없지 않다. 이들의 경우는 자신의 우려를 해소할 목적에서 보다 많은 자료를 요구하게 된다. 이 경우 하급 요원들은 자료 제출과 관련된 요구를 성실히 수행하고자 노력하게 된다. '바텀업' 사고로 인해 보다 많은 시간이 소모된 반면, 처음부터 잘못된 과정이 몇몇 추가 자료를 준비한다고 개선될 가능성은 거의 없을 것이다.

반면에 '탑다운' 사고의 경우는 구조적이고도 연역적인 방식에 의

존하게 된다. 이 경우는 운영하게 될 시스템에 대한 폭넓은 이해로부터 시작하고는 차원을 낮추어 문제와 관련된 몇몇 사실들을 찾아내게 된다.

보다 구체적으로 말하면 이 경우는 시스템의 유형에 대한 이해로부터 시작하여 시스템과 일치하는 또는 일치하지 않는 데이터들이 무엇인지를 인지하게 된다. 인간은 천성적으로 패턴인식에 매우 뛰어난 능력을 보이고 있다. 따라서 문제의 유형과 일치하는 또는 일치되지 않는 것이 무엇인지를 인지하게 되면 반드시 필요한 데이터와 답변을 매우 빠르게 얻을 수 있게 된다. 이 경우와는 달리 나름의 의미를 찾을 목적에서 다수의 원초적 자료를 찾고자 노력하는 경우에는 심각한 문제에 봉착하게 된다.

어느 정도 좋다고 생각되는 기획은 실행에 옮겨라
Execute "Good Enough" Plans

"지혜는 있지만 소심한 사람들의 경우 논쟁을 일삼는 반면 무지하지만 용기 있는 사람들은 임무를 완료한다" 이 격언은 수백 년 전과 마찬가지로 오늘날에도 타당성이 있다. 어느 정도 좋다고 생각되는 기획을 작성해낸 경우에는 이것을 실행에 옮겨야 한다. 그 후 한발 씩 앞으로 전진해 나아가면서 그 내용을 개선해야 한다.

오늘날 우리들 주변에는 이 같은 형태로 일을 처리하지 못하는 사람들이 너무나 많다. 이들은 간과한 사항이 전혀 없다고 생각되는 경우에만 기획을 행동으로 옮기고자 하고 있다. 공학도들과 마찬가지로 이들은 곡선의 경사를 정확히 알아낼 목적에서 보다 많은 데이터를 확보해야 한다고 생각하고 있다. 그런데 가용한 정보가 엄청나게 많을 수 있다는 점이 문제다. 더욱이 기획 과정이 장기화될수록 보유 정보의 보다 많은 부분이 진부해지고 갱신이 요구될 것이다.

완벽한 형태의 기획을 생성해낼 목적에서 여러분이 보다 많은 정보를 수집하고 있는 동안 선두 주자(走者)의 이점을 어느 누군가가 누리고 있을 가능성도 없지 않을 것이다. 어느 정도 우수한 형태의 기획을 신속히 수행함이 완벽한 형태의 기획을 작성해낼 목적에서 실행을 연기함보다 훨씬 더 좋은 것은 이 같은 이유 때문이다.

공세적인 자세를 견지하라

경쟁적으로 일이 진행되는 상황에서 어느 것이 올바른 행위인지 확신이 서지 않는 경우 어떻게 해야 할 것인가? 근 100여 년에 걸쳐 군사적 측면에서 '우수성'의 상징이 되어온 프로이센군의 경우는 다음과 같이 결론을 내린 바 있다.

"확신이 서지 않는 경우는 공격하라"

이것이 무뢰한 강도들이 사용하는 접근 방안처럼 들릴 가능성도 없지 않다. 그러나 이것의 이면에 숨어 있는 개념, 즉 항상 공세 정신을 견지하라는 개념에는 전혀 잘못된 부분이 없다. 공세 정신을 견지하는 경우는 의사 일정과 시간표를 주도적으로 결정하고 있다는 점에서 여러분이 원하는 바를 정확히 달성할 가능성이 높아지게 된다.

예를 들면 두 명의 경쟁자가 잠시 멍한 상태에서 상대방을 바라보고 있다고 가정해보자. 이들 경쟁자는 무엇을 해야 할 것인지 그리고 상대방이 무엇을 할 것인지를 결정하고자 노력하고 있다. 여기서 한 발 앞서서 의사를 결정하는 사람은 나름의 우위에 서게 되며, 자신이 원하는 바를 정확히 달성할 수 있는 기회를 갖게 된다. 반면에 선제 공격의 기회를 빼앗긴 상대방의 반응은 다분히 반사적인 형태가 될 것이다. 더욱이 여기서 상대방이 선택할 수 있는 대안에는 나름의 한계가 있는데, "패배하지 않겠다"는 것이 생각할 수 있는 최상의 방안일 것이다.

그러나 기업에서 공세를 견지한다 함은 경쟁 상황에서 단순히 한발 먼저 행동한다는 의미만은 아니다. 이는 혁신하고, 새로운 제품을 시작하며, 새로운 시장을 개척하는 등의 방식을 통해 이윤 성장을 추구함을 의미한다. 이처럼 미래를 예측하며 수행하는 행동, 즉 지속적인 이윤 성장을 추구할 목적에서 공세적으로 공략하는 접근 방안과 상대방의 도전에 반사적으로 반응하는 접근 방안은 근본적으로 다르다. 후자의 경우는 가격 인하 및 비용절감과 같은 수세적인 방안을 통해 기존 상태를 유지하고자 노력하게 된다.

성공을 기획하라: 자신의 기획을 상대방에 강요하라
Plan to Win: Impose Your Plan

"적과 교전하게 되는 순간 기존의 기획은 대부분 그 의미를 상실하게 된다" 이 같은 사실에 근거해 기업가뿐만 아니라 군은 향후 몇몇 단계 이상의 상황에 대해서는 시간을 할애해 기획하고자 하지 않고 있다. 이들은 최초 취할 행위를 결정하고는 상황 전개에 따라 나름의 방식으로 행동하겠다는 기획을 갖고 있다. 이들의 경우는 미래에 대한 책임을 시장 또는 자신들의 적에게 떠넘기고 있다.

사실 대부분 기획의 실패 이유를 살펴보면 기획가들이 주도권을 상대방에게 양보하고는 이들의 행동에 반사적으로 반응하기 때문이라는 점을 알게 된다.

진정 성공을 열망한다면 성공을 염두에 두어 기획하고 이것을 상대방에게 강요해야 할 것이다. 즉 기획한 바대로 상대방이 행동하도록 함이 중요하다.

1991년도 걸프전의 항공전역(航空戰役: Air Campaign)이 성공적으로 종료될 수 있었던 비결은 바로 이것이었다. 당시의 전역을 기획하였던 책메이트(Checkmate) 기획팀의 경우는 성공을 염두에 둔 기획, 즉 아측이 주도권을 곧바로 장악하고 추진력을 유지할 수 있도록 하며, 전세(戰勢)를 재차 가다듬고자 할 때 필요한 정도의 시간을 적에게 허용하지 않는 형태의 전략을 설계하였다.

당시의 기획은 과감하게 집행되었는데, 이는 보다 더 중요한 사실이다. 당시 다국적군은 신속하고도 정밀한 형태의 병행적인 접근 방안을 통해 이라크의 중심(重心: Center of Gravity)을 공세적이고도 반복적으로 공격하였다. 이 같은 공격으로 인해 이라크는 다국적군이 구상한 기획에 따라 행동할 수밖에 없었다.

기획 과정 또는 기획을 집행하는 과정에서는 추호의 주저함도 있어서는 안 될 것이다. 걸프전 당시의 리더들과 마찬가지로 신속하고도 결정적인 방식으로 상대방을 공략함이 중요하다.

성공에 필요한 사항들을 과소평가하지 마라
Don't Underestimate What It Takes To Win

성공을 위해서는 충분할 정도의 수준에 관여할 필요가 있는데, 여기에 따른 비용을 주의 깊게 예견해 보아야 한다. 이 점을 앞의 주요 법칙은 요구하고 있다. 생존이 위협받을 정도로 상대방을 한 구석으로 몰고 가는 경우 그는 생존을 위해 전력을 투구하게 될 것이다.

경쟁하고자 하는 경우는 승리에 필요한 대가를 지불할 자세가 되어 있어야 한다. 경쟁 상대들 모두가 경쟁 결과에 동일한 수준에서 관심을 갖는 경우는 거의 없다. 나름의 성공적인 제품을 보유하고 있는 소형 회사의 경우는 새로운 형태의 경쟁자의 출현을 생존에 대한 위협으로 인지할 가능성도 없지 않다. 일반적으로 소형 회사의 경우는 제품의 품질을 높이고, 가격을 인하하는 등 새로운 경쟁자가 성공하지 못하도록 할 목적의 모든 방안을 강구하게 된다. 생존을 위해 투쟁하고 있다는 점에서 이 회사의 경우는 거의 모든 수단을 강구해 대항하게 된다.

반면에 대형 회사의 경우는 분위기 파악 차원에서 시장에 시험적으로 뛰어드는 경우도 없지 않다. 시험이 성공하는 경우 이 회사는 투자를 늘리게 될 것이다. 그렇지 않은 경우 이 회사는 일에서 손을 떼게 된다.

이 같은 접근 방안의 문제는 무엇인가? 경쟁 상대들이 전력투구해 대항해 오는 경우 이들 회사는 아마도 실패하게 될 것이다. 이 경우는 쉽게 효과를 볼 수 있을 것으로 보이던 시장이 갑자기 매우 어려운 상황으로 바뀌게 될 것이다. 이 회사는 이 같은 시장에 나름의 방식으로 대응하지만 예상되던 판매는 구체적으로 실현되지 않게 된다. 그 결과 이 회사의 본부에서는 얼마 지나지 않아 노력이 잘못되었다고 생각하게 될 것이다.

여러분이 몸담고 있는 회사에서 새로운 것을 시도하고자 하는 경우는 다음의 질문에 답변해 보아야 한다. 여러분 회사와 여러분의 경쟁 회사 중에서 성공을 위해 보다 전력투구하는 곳은 어디인가? 여러분의 경쟁 회사가 보다 더 전력투구하고 있다면 시도하고자 하는 사안을 재검토해 보아야 할 것이다. 간략히 말해 성공에 따른 대가를 결코 과소 평가해서는 안 될 것이다. 성공에 따른 대가를 지불할 자세가 되어 있지 않은 경우는 행동으로 옮기지 말아야 한다.

적군과 아군을 선택하라

적군과 아군을 선택하는 문제는 보다 고위층에서 수행해야 할 일이며, 이것과 관련해 우리가 할 수 있는 일이 많지 않다고 생각하는 경향도 없지 않다. 그러나 이들을 선택하지 않을 수 없을 것이다.

예를 들면 마이크로소프트사는 매우 우수한 형태의 조직이다. 그러나 이 회사의 경우는 수년에 걸친 오만과 지나칠 정도의 공격적인 관행으로 인해 다수의 적을 만들어내었다. 그 결과 미국의 대법원이 독점 금지와 관련된 법을 위배했다며 제소할 당시 마이크로소프트사는 자신을 변호해줄 증인들을 찾는 과정에서 적지 않은 어려움을 겪었다. 마이크로소프트사를 변호해주겠다고 선뜻 나서는 저명 인사가 거의 없었다.

마이크로소프트사가 이처럼 다수의 적군을 만들어내지 않았더라면 미 대법원은 이 같은 독점 금지 조항의 위배와 관련된 사안을 집행할 수 없었을 것이다. 너무나 많은 사람들을 격분케 했다는 점으로 인해 마이크로소프트사의 경우는 자신을 방어할 목적에서 엄청날 정도의 에너지와 자금을 소비해야만 하였다.

마이크로소프트사와 반대되는 경우를 뉴욕의 퀸(Queen)에 있는 쟈마이카 메디컬센터(Jamaica Medical Center)의 사례에서 찾아볼 수 있다. 이 곳의 경우는 몇 년 전까지만 해도 재정적으로 매우 어려운 상황에 처해 있었다. 다행히도 뉴욕의 주 정부는 이곳이 회생하고, 확장하여 지역 사회에 보다 많은 양질의 서비스를 제공할 수 있도록 도와주겠다고 약속하였다. 이 같은 지원이 가능했던 주된 이유는 지난 15년 동안 이곳 병원의 리더들이 알바니(Albany)에 있는 뉴욕시청(State Capital)의 주요 정부관리들을 주기적으로 방문했다는 점 때문이었다.

당시의 방문에서 이들은 특정 사항을 요구하지 않았다. 이들은 단순히 인사하면서 지역 사회의 건강 소요에 관해 이들 관리들이 인지할 수 있도록 하였다. 쟈마이카 메디컬센터가 어려움에 직면하게 되자 도움을 주겠다고 다수의 고위급 정부관리들이 자청해 나섰는데, 이는 전혀 놀랄 일이 아니었다.

여기서 얻게되는 전략적 차원의 교훈은 다음과 같다. 친구는 좋은 것이며 아무리 많아도 지나치지 않다. 한편 적이 있는 경우는 나름의 노력을 전개해 이들을 친구로 만들어야 한다.

간접 접근 방안을 사용하라

Use an Indirect Approach

전략에는 직접 또는 간접 접근 방안이 있다. 직접 공격은 상대방 선수와 정면에서 펀치를 상호 교환하는 프로권투 선수와 유사하다. 이들 선수가 완력·체격 그리고 기술 측면에서 대등하다고 가정해보면 상대방의 펀치를 가장 잘 흡수할 수 있는 사람이 승리하게 될 것이다.

직접 공격의 경우는 가장 많은 저항을 유발하며, 가장 많은 적을 만들어낸다. 그런데 대부분의 사람들이 직접 공격이란 방식을 사용하고 있는 것은 무슨 이유 때문인가? 이는 자신들이 선택할 수 있는 전략적 차원의 대안에 관해 곰곰이 생각해보는 사람들이 거의 없기 때문이다.

직접 공격의 경우는 그 성격이 매우 분명하다. 그 결과 기획과 집행이 비교적 용이하다. 여기에는 남성 의식이 또한 작용하고 있다. 소위 말해 직접 공격에는 남성다움이 깃들여 있는 듯 보인다.

시간과 자원이 제한적이며, 승리에 따른 대가가 우려되는 경우는 간접 공격이란 방식이 보다 더 좋을 것이다.

간접 공격이란 무엇인가? 간접 공격과 관련해 일본의 자동차 메이커들이 미국 시장의 침투에 어떻게 성공했는지를 상기해볼 필요가 있다. 일본의 자동차 메이커들은 미국 자동차의 본산인 디트로이트가 매력적이라고 생각하지 않았던 소형차를 도입하는 방식으로 미국 시장의 침투에 성공하였다. 당시 일본이 채택한 방안은 기존의 자동차 리더들에 대한 간접 공격이었다. 디트로이트가 자신의 실책을 인지할 당시 일본은 주요 시장의 중심(重心)을 확보하고 있었으며, 보다 이윤이 많이 나는 대형차 시장으로 이전할 준비가 되어 있었다. 일본 자동차 메이커의 경우는 간접 접근 방식을 통해 미국 시장의 침투에 성공하였다.

간접 접근 방안의 경우는 보다 많은 사고(思考)와 보다 사려 깊은 준비가 필요하게 될 가능성도 없지 않다. 그러나 이는 보다 안전하고도 효과적인 방안이다. 이것이 효과를 보지 못하는 경우에서조차 여러분은 지나칠 정도의 출혈과 부질없는 난투는 모면할 수 있을 것이다.

발칸의 상황은 적극 회피하라

Stay Out of the Balkans

'발칸'은 여러분의 청사진을 실현하는 과정에서 결코 도움이 되지 않는 형태의 활동 또는 프로젝트를 비유하는 표현이다.

제2차 세계대전 당시 독일군은 발칸지역을 격파할 목적에서 러시아에 대항한 전역(戰役: Campaign)으로부터 근 100만에 달하는 병력을 전용하였다. '발칸'이란 표현은 독일군에 의한 당시의 불운한 결정에서 유래하고 있다. 전략적 측면에서 볼 때 발칸 지역은 독일군에 중요하지 않았다. 반면에 제2차 세계대전에서 독일군이 패배하는 과정에서는 당시의 부질없는 노력이 일조했음에 틀림이 없다.

많은 조직들 또는 대부분의 조직들은 발칸에서의 독일군과 매우 유사한 방식으로 행동하고 있다. 이들은 전략적으로 중요치 않은 작전에 몰두해 있다. 그 결과 이들은 전략적으로 중요한 의미가 있는 경쟁에서 패배하거나 자신들의 역량을 최대한 발휘하지 못하고 있다.

독일군이 발칸 지역의 국가들을 몇 개월 이내에 정복했더라면 제2차 세계대전에서 승리할 수 있었을까? 반대로 발칸에서 패배했더라면 또는 그곳 지역에 들어가지 않았더라면 이들이 당시의 전쟁에서 패배하였을까? 이들 두 질문에 대한 답변은 분명히 부정적일 것이다.

그러나 당시 발칸 지역의 독일군 지휘관들에게 발칸에서의 작전은 적절하고도 중요한 듯 보였다. 전략적 측면에서의 기회와 위기가 놓여 있는 곳을 인지하는 문제는 고위급 본부의 몫이다. 너무나 많은 경우에서 우리들은 발칸 지역의 독일군 지휘관들처럼 행동하고 있다. 우리들은 그것 자체로는 적절한 듯 보이지만 조직이 추구하는 전략 목표와 전혀 관계가 없는 프로젝트 또는 작전에 매료되어 있다.

여러분의 조직을 포함한 모든 조직에는 나름의 발칸에 해당하는 부분이 없지 않다. '미래의 청사진'을 그리다 보면 이들이 보다 더 분명해질 것이다. 그것 자체로는 좋아 보이는 프로젝트 또는 활동들이 장기적인 성공이란 관점에서 전혀 도움이 되지 않고 있음을 여러분은 불현듯 인지하게 될 것이다. 사실 귀중한 시간과 자원을 낭비토록 한다는 점에서 장기적으로 보면 이들은 실제로는 성공을 크게 저해하는 요소다.

여러분의 기업이 추구하는 전략 목표들과 거의 관계가 없는 프로젝트를 규명해내는 과정에 어느 정도 시간을 투자할 필요가 있을 것이다. 이들 프로젝트의 경우 나름의 이윤을 창출해내고 있으며, 이곳에 훌륭한 사람들이 일하고 있을 가능성도 없지 않다. 그러나 이들 프로젝트의 경우는 조직의 전략 및 자원이란 측면에서 볼 때 타당성이 없는 형태의 것이다. 이들 프로젝트로부터 손을 떼기 위한 첫 번째 단계는 이들 프로젝트의 본질을 이해하는 일일 것이다.

발칸과 같은 상황에 몰입하는 경우가 없도록 유의해야 한다. 이 같은 상황에 이미 빠져 있다면 여기서 빨리 빠져 나와야 한다.

'주요 전력'이란 개념을 적극 활용하라
Exploit Your "Key Force"

모든 조직에는 일의 성격에 따라 또는 책임을 담당하고 있는 제품에 따라 조직화된 일군의 집단, 즉 전력이 있다. 예를 들면 군의 경우는 항공 · 지상 및 해상 전력을 보유하고 있다.

이들 개개 그룹은 나름의 능력을 구비하고 있다. 이들은 자신들이 기여할 수 있는 부분에 대해 자랑스럽게 생각하고 있는데, 이는 당연한 일이다. 이들의 경우는 모든 전투작전에의 참여를 열망하고 있는데, 이는 전혀 놀랄 일이 아닐 것이다. 그 결과 "내부 평화를 유지할 목적에서" 전쟁기획은 군의 모든 병과들이 주도적인 역할을 수행하는 형태로 종종 설계되곤 한다.

모든 전력이 모든 형태의 분쟁에 참여해야 할 것인가? 분쟁의 모든 단계에서 이들 전력의 가치가 동일한가? 통상 그렇지는 않을 것이다. 따라서 특정 순간에 가장 중요한 집단이 어느 그룹인지를 결정하고는 이들을 주요 전력으로 지정함이 중요하다.

1991년도 당시의 걸프전에서 슈워르츠코프 대장은 이 같은 일을 매우 잘 수행하였다. 이라크군이 거의 마비(痲痺)가 되어 다국적군의 지상군 전력에 제대로 저항할 수 없게 된 바로 그 순간까지 다국적군의 주요 전력은 항공력이었다. 당시 슈워르츠코프 대장은 육군과 해병대가 전투에 돌진하지 못하도록 이들을 견제해야만 하였다. 이처럼 하지 않았더라면 당시의 전쟁에서는 보다 많은 인명이 살상되었을 것이다.

특정 기업에서 전력은 무엇을 의미하는가? 몇몇을 거론해본다면 여기에는 연구개발·제조업·마케팅 그리고 재정을 담당하는 그룹들이 포함될 것이다. 군의 경우와 마찬가지로 기업에서도 역할의 우선 순위란 문제가 있다. 전략적으로 인식시키지 않은 경우 A 부서의 책임자는 B 부서가 회사의 장기 목표를 촉진시킨다는 측면에서 보다 더 기여할 수 있는 상황임에도 불구하고 예산을 동일하게 배정해주기를 기대하게 될 것이다.

여러분이 의도하는 목표가 가능한 한 신속히 그리고 저렴하게 승리하는 것이라면 주어진 순간에 여러분의 전략 목표를 가장 잘 발전시켜 줄 수 있는 그룹 또는 집단을 선택해야 한다. 이들을 특정 순간에서의 주요 전력으로 선포하고는 일의 수행에 필요한 기회와 자원을 이들에게 배정해주어야 한다.

예비전력을 유지 및 활용하라

Maintain and Use Reserves

군의 전역(戰役)에서 우리는 예비전력의 활용이란 용어에 친숙해져 있는데, 이는 전역의 주요 순간을 위해 의도적으로 준비해놓은 자원을 의미한다. 이들 자원의 경우는 전역에 극적인 효과를 유발할 목적에서 주요 순간에 투입하게 된다. 예기치 못한 상황, 즉 역경과 기회에 대처할 목적에서의 예비 전력의 유지는 나름의 가치가 있을 뿐 아니라 필수적인데, 이 점을 군의 지도자들은 잘 알고 있다.

1940년도의 영국전투(Battle of Britain) 당시 독일군은 가용한 모든 자원을 동원해 영국에 대항한 격렬한 형태의 항공전역을 감행하였다. 국가의 존망이 좌우될 정도의 위기에 직면해 있었음에도 불구하고 영국은 보유 조종사와 항공기의 근 25% 정도를 예비 전력으로 할당해 놓고 있었다. 독일군 조종사들의 기력이 거의 쇠진된 순간 그리고 영국군이 절망의 위기에 처해 있다고 독일군이 생각하게 된 바로 그 순간 영국군은 예비전력을 대거 투입하였다. 자신들이 보지 못했던 엄청난 규모의 항공기와 대적하게 된 순간 독일군들이 느꼈던 충격을 상상해 보라. 그 순간 독일 공군은 예비 전력을 전혀 보유하고 있지 않았다. 바로 다음날 독일군은 장기간 준비해온 영국에 대한 공격을 취하하였다.

여기서 얻을 수 있는 몇몇 교훈이 없지 않은데, 시점이 중요하다는 점, 그리고 가장 큰 충격을 유발할 수 있는 시점에 예비 전력을 투입해야 할 것이란 점이 바로 그것이다. 예비 전력의 투입 시점 뿐 아니라 투입 방법에 관한 의사 결정을 통해 투입 효과가 극대화될 수 있을 것이다.

조금씩 단계적으로 투입하는 방안은 통상 효과적이지 못하다. 예비 전력을 대거 투입함이 종종 결정적인 차이를 유발하고 있다. 광고와 관련된 예비 자산을 근 1년에 걸쳐 신문 또는 잡지에 간헐적으로 투입하는 경우는 나름의 의미 있는 효과를 얻어내지 못할 것이다.

반면에 적시에 고도의 효과를 유발할 수 있는 일련의 광고를 목적으로 이들 광고비를 투입하는 경우는 상황을 근본적으로 변환시킬 수 있다.

재정적인 의미를 제외하면 기업의 세계에서 예비전력이란 개념은 비교적 생소하다. 사실 모든 가용 자원은 최대한 활용되어야 한다는 것이 일반적인 상식이다. 더욱이 가격 인하에 초점을 맞추고 있는 방어적 성격의 전술에서는 즉각적으로 효과를 유발하는 곳에 활용되지 않는 것들은 그 성격에 상관없이 부정적으로 바라보고 있다.

그러나 이 경우는 조직의 자원이 거의 바닥이 나게 되면서 전략적인 효과를 노리고자 할 때 필요한 여력이 거의 남아 있지 않을 것이다.

특정 조직이 진정 성공을 원한다면 이곳의 경우는 예비 전력의 가치를 이해하고 있을 뿐 아니라 성공을 강화하거나 패배를 억제할 목적에서 이들 자원을 투입할 의지가 있는 리더와 관리자들이 필요할 것이다.

미래에 초점을 맞춰라

Focus on the Future

너무나 자주 사람들은 예전의 사건에 관해 분석 및 논쟁하거나 과거의 결정과 기업 관행의 방어에 귀중한 시간을 낭비하고 있다.

뒤쪽에 붙어있는 조그만 거울을 바라보지 말고 후미의 거울과 비교해볼 때 대략 30배정도 큰 전방의 거울을 바라봄이 보다 더 좋은데, 이는 자명한 사실이다. 과거 사실보다는 향후 나아가게 될 곳을 제대로 아는 것이 보다 더 중요하다.

과거를 바꿀 수 있는 방법은 없다. 따라서 과거는 과거대로 남겨두고 '미래의 청사진' 달성에 여러분의 창의적인 노력을 집중시켜야 한다. 미래에 초점을 맞추도록 하는 과정에서는 다음의 방식이 도움이 된다.

- 미래의 설계 과정에 모든 사람들이 참여하도록 한다. 이 과정에 보다 많은 사람들이 동참할수록 결과는 보다 더 좋을 것이다.
- 내일에 관해 생각하도록 하는 새로운 단어를 도입한다. "환경을 조망하라", "미래의 모습을 그려라", "인도 지침을 각인시켜라"처럼 미래에 초점을 맞추고 있는 구절들을 사용하는 경우 엄청날 정도의 효과가 있다. 이들 용어는 과거의 좁은 거울이 아니고 도로 앞에 놓여 있는 미래를 향한 커다란 거울을 사람들이 바라보도록 하는 효과가 있을 것이다.

추진력은 유지하고 장애물은 피해가라

Maintain Momentum — Bypass Obstacles

일의 추진력을 유지하라! 기획 과정에서 뿐 아니라 기획을 집행하는 과정에서 여러분은 나름의 저항에 직면하게 될 것이다. 예를 들면 일부 사항들의 경우는 예상된 방식으로 작동하지 않을 것이다.

예전처럼 일을 순차적으로 처리하는 경우에는 단일의 저항으로 인해 일이 중단되는데, 이것을 극복하고자 사람들은 노력하게 된다. 병행적으로 일이 처리되는 오늘날의 세계에서는 앞에 놓여 있는 장애물들은 피해가야 할 대상이다. 여러분의 목표는 추진력을 유지하고는 시스템이 여러분의 노력에 저항하기 이전에 신속히 성공하는 일이 되어야 한다.

앞으로 나아가기 이전에 모든 것을 교정해 놓아야 한다는 통상적인 관념에서 탈피해야 한다. 이것과는 달리 특정 장애물에 직면하는 경우 이것을 피해 앞으로 전진해 나아가야 할 것이다. 성공을 가로막는 장벽으로 생각되던 많은 장애물들이 결과적으로 보면 별다른 의미가 없는 성질의 것임을 알고는 여러분은 크게 놀라게 될 것이다.

물론 해결되지 않은 문제들을 뒤로 남겨둔다는 생각에 불안해하는 사람들도 없지 않을 것이다. 이런 경우 빠르게 움직이고, 시스템 차원의 효과를 유발함이 중요하다는 점을 강조하는 방식으로 이들을 격려해야 할 것이다. 병행적으로 일을 추진하면 이들 중 몇몇이 제대로 작동되지 않아도 별다른 문제가 되지 않는다.

"지속적으로 움직여라! 속도를 내라!"

이들 주요 법칙을 사용하게 될 시점과 장소는 어디인가?

'프로메테우스 과정' 전반에 걸쳐 이들 법칙을 적용해야 할 것이다. 조직의 모든 수준에서 이들 법칙을 적용해야 한다. 이들 주요 법칙을 이해하고 있는 사람이 많을수록 여러분의 조직은 보다 효과적이 될 것이다. "우리가 발칸과 같은 상황에 놓여 있다"고 사람들이 외쳐되는 경우 여러분은 기뻐해야 할 것이다. 이 경우 여러분이 몸담고 있는 조직이 폭넓은 차원에서 전략적으로 사고 및 행동하기 시작했음을 인지해야 할 것이다.

이제 여러분은 미래를 설계하고, 공략 대상인 표적을 성공을 염두에 두어 선정하며, 승리를 위한 전역을 수행하고, 멋진 방식으로 종료한다는 '프로메테우스 과정'에 관한 4가지의 주요 사항을 알게 되었다. 이들을 준수하고 주요 법칙을 적용하는 경우 여러분의 성공 가능성이 획기적으로 높아질 것이다.

제14장 요약 : 주요 법칙들

　성공 가능성을 높이고자 하는 경우는 다음과 같은 프로메테우스의 주요 법칙들을 준수해야 한다.

- 건축가처럼 사고하라.
- 기획이 어느 정도 우수한 경우는 즉각 실행에 옮겨라.
- 공세적인 자세를 견지하라.
- 여러분이 구상한 기획을 상대방에게 강요하라.

　다시 말해 여러분이 기획한 바대로 상대방이 행동하도록 만들어라.

- 승리에 따른 대가(代價)를 과소평가하지 마라.
- 적군과 아군을 선택하라.
- 간접 접근 방안을 사용하라.
- '발칸'과 같은 상황에 빠져들지 않도록 노력하라.
- 주요 전력이란 개념을 적극 활용하라.
- 예비전력을 유지 및 활용하라.
- 미래에 초점을 맞추어라.
- 장애물은 피해가라.

'프로메테우스 과정'의 작동

Prometheus @ Work

*"지식은 보관할 목적의 것이 아니다.
이는 적극 활용해야 할 성질의 것이다"*

성공하는 조직의 경우는 신지식을 신속히 소화하고 있다. 이들은 나름의 도움이 되는 방식으로 지식을 활용하지 않는다면 이것이 별다른 의미가 없다는 점을 잘 알고 있다. 보다 나은 제품의 생산 및 과정의 개선에 도움이 되는 부분 또는 보다 우아한 형태의 기업 모델의 창안에 필요한 부분을 발견하는 경우 사람들은 이것을 실제 생활에 신속히 적용하고자 하는데, 이는 이 같은 이유 때문이다.

우리는 매우 빠르게 변화하는 오늘날의 세상에서 승리하기 위한 프로메테우스의 접근 방안을 여러분에게 소개하였다. 이제 여러분은 '프로메테우스 과정'을 시작하기에 충분할 정도의 지식을 갖게 되었다. 이 같은 지식을 즉각 적용할 수 있기를 우리는 간절히 바라고 있다.

적용 과정에서 '프로메테우스 과정'을 따라하기 바란다.

Design Your Future

여러분이 일하게 될 기업 · 경제 및 정치 환경을 폭넓은 시각에서 조망해볼 필요가 있다. 이 같이 하는 경우 여러분은 여러분에게 주어진 기회들, 여러분이 직면하게 될 장애물들 그리고 무의식적으로 간과하게 될지도 모를 경향들을 이해하게 될 것이다.

여러분은 분명한 형태의 그리고 그렇게 될 수밖에 없는 형태의 '미래의 청사진'을 그려내야 한다. '미래의 청사진'은 항해 과정에서 모든 관련 요원들이 참조해야 할 등대와 같다. '미래의 청사진'이 의미하는 바를 모든 사람들이 이해하고 있어야 할 것인데, 이는 매우 중요한 사실이다.

여러분은 조직의 '인도 지침'을 조직원들에게 각인 시켜야 한다. 행동과 관련된 이들 기본 법칙의 경우는 여러분 조직의 본질과 성격을 반영하고 있다는 점에서 진지하게 다루어져야 한다. 여러분이 신봉하지 않거나, 상대방에게 강요할 의사가 없는 형태의 '인도 지침'은 별 효용가치가 없다.

여러분은 전략적인 측면에서 정상 궤도에 올라와 있는 지를 말해줄 수 있는 '최상의 평가 방안(Measure of Merit)'을 설정해야 한다. 이들 차원 높은 수준의 평가 방안들이 '미래의 청사진'과 직접 연계되도록 하고, 이들 방안이 전술이 아니고 전략적 성격의 것이 되도록 해야 한다.

성공을 염두에 둔 표적 선정

여러분이 운영하게 될 시스템을 '5개 동심원' 모델에 근거해 사상 (寫像: Mapping)해 보아야 한다. 합리적으로 관리할 수 있는 가장 큰 규모의 시스템에서 시작하여 필요하다면 보다 작은 규모의 서브시스 템으로 내려가 일해야 할 것이다. 또한 '미래의 청사진'을 고려하여 시스템의 주요 중심(重心: Center of Gravity)들을 규명해 내어야 한다.

개개 중심에 대한 공략을 통해 얻어내고자 하는 바람직한 효과를 결정하고는 이들 효과의 달성 여부를 판단하기 위한 방안을 강구해야 한다. 모든 효과가 여러분이 염원하고 있는 '미래 청사진'의 실현과 직접 연계되도록 함이 중요하다.

성공을 염두에 둔 전역

측정 가능한 형태의 결과들을 가능한 한 신속히 얻어낼 수 있도록 정확히 초점을 맞춘 형태의 병행전역들을 구상해야 한다. 동일한 전 략 목표를 향해 다수의 전역들이 병행적으로 운용되는 경우 이들 전 역에 따른 시너지 효과가 획기적으로 높아진다는 점을 명심해야 할 것이다.

행정 또는 정치적인 편의가 아니고 성공을 염두에 두어 조직을 구 성해야 한다. 전역의 수행에 방해가 되기보다는 지원하는 형태의 조 직 구조를 만들어 내어야 한다.

멋진 종결

일의 종료를 위한 시점, 즉 이 시점을 초과해 일을 진행하는 경우 자금 회수가 감소될 것으로 생각되는 그러한 시점을 가능한 한 조기에 정의해야 할 것이다. 이처럼 하는 경우는 재정 이득이 극대화되고, 몇몇 사항이 제대로 작동되지 않는 순간을 신속히 인지해낼 수 있게 되며, 또 다른 노력의 시작에 가장 좋은 상황(재정뿐만 아니라 심리적 측면에서도)에서 게임을 종료할 수 있게 될 것이다.

전략 목표들의 달성 시점에서 여러분이 수행하게 될 일에 관한 기획을 구상해 보아야 할 것이다. 다음과 같은 주요 질문들에 답변해보자. 일의 종료 시점을 알기 위한 방법은? 현행 작전을 종결짓기 위해 강구해야 할 사항들은? 이득은 유지하면서 퇴보를 방지하기 위한 방안은?

'프로메테우스 과정'의 적용

APPLYING PROMETHEUS

'프로메테우스 경영전략(원제:Winning in FastTime)'이란 제목의 이 책에서는 조직 전반을 위한 주요 과정을 다루고 있다. 모든 차원에서 '프로메테우스 과정'을 적용하기 바란다. 이 경우 공통된 과정과 용어의 사용을 통해 많은 사람들이 함께 생각할 수 있으며, 분야와 조직을 초월해 전략적인 문제를 놓고 상호 대화할 수 있게 될 것이다.

이처럼 조직의 많은 사람들이 함께 생각하고 전략적인 문제에 관해 대화하는 경우 조직에 지대한 도움이 될 것이다.

맥도널드의 '프로메테우스 과정' 리더인 나겐 가스트(Ted Nagengast)는 '프로메테우스 과정'에 관한 놀라운 점이라고 생각되는 몇몇 사항을 주목하였다. 이들 과정의 어느 부분을 적용하는 경우에도 즉각적이고도 긍정적인 효과를 얻어낼 수 있다는 점을 그는 확인하였다.

예를 들면 우리의 고객 중에는 프로메테우스에 관한 브리핑을 단 한번 받은 직후 연례적으로 진행되는 예산 과정에서 '열린 기획(Open Planning)'이란 방식을 사용하기로 결심한 경우가 있었다. 그 후 며칠 뒤 모든 관리자들은 예산의 할당과 관련된 작업을 수행할 목적에서 한 방에 집결하였다.

이 같은 접근 방안을 적용함에 따라 다음과 같은 이점들을 즉각 얻을 수 있었다. 첫째, 예산 처리 과정에 소요되는 시간이 절반으로 줄어들었다. 둘째, 의사를 공개적으로 결정함에 따라 이들 결정에 대해 모든 사람들이 만족해하고 그 결과를 지원하게 되었다.

예를 들면 특정 부서에서 또 다른 부서로 예산을 전용하는 경우 거의 모든 사람들이 이 같은 의사 결정을 지원하게 되었다. 셋째, 이 같은 접근 방안의 적용으로 인해 긍정적인 동기가 생성되었다. 결과적으로 조직이 예전의 방식으로 일을 수행하지 않을 것이라는 점을 여타 조직원들에게 전달하는 효과가 있었다.

조직의 개개 차원에 있는 다수의 사람들이 '프로메테우스 과정'을 함께 배우는 경우는 이들 개념을 모두가 이해하기 이전에 이미 신속히 적용할 수 있게 되는데, 이 점을 우리의 또 다른 고객들이 주목한 바 있다.

일의 형태에 무관하게 전문성의 구비에는 나름의 시간이 소요된다. 그러나 '프로메테우스 과정'을 실제 상황에 적용해보는 과정에서 사람들은 나름의 지식을 얻을 수 있었다. 이처럼 실제 상황에 적용해보는 과정에서 사람들은 '프로메테우스 과정'에 관해 개인적으로 숙달되곤 하였다.

일의 수행 능력이 보다 더 발전하는 경우 전문성의 경지에 도달하게 된다. 이 경우 사람들은 이미 개개 단계를 생각하거나 반복적으로 이들 단계를 따라가지 않는다. 이들은 다수 사항들을 우아하게, 동시에 그리고 무의식적으로 수행하는 그러한 경지로 이동하게 된다.

대형의 조직에서 중간 관리자로 있는 한 사람은 자신의 경험을 다음과 같이 설명하였다.

'프로메테우스 과정'에 관한 개념들을 처음 배울 당시 이들 중 어떤 부분은 즉각 이해가 되었다. 중심(重心)과 같은 개념들은 완벽히 이해되지 않았다. 그러나 나의 부서에 중심이란 개념을 사상(寫像: Mapping)해보는 과정에서 모든 것이 분명해졌다. '전설의 전구'가 나간 경우를 여러분은 생각해볼 수 있을 것이다. 나의 경우는 갑자기 시스템을 인지하기 시작하였다. 또한 시스템의 변화를 위해 병행전역(Parallel Campaign)들을 합주해야 한다는 개념에 열광하게 되었다.

회고해보면 이는 자동차 운전을 배우는 것과 어느 정도 유사하였다. 처음에는 운전이 어느 정도 어색하게 느껴질 것이다. 그러나 얼마 지나지 않아 운전은 제2의 천성이 될 것이다. 예를 들면 어느 날 나의 경우는 또 다른 중심을 규명해내었다. 당시 내가 자신에게 던진 최초의 질문은 "이들 중심에 대한 공략을 통해 얻어내고자 하는 효과는 무엇인가?"란 것이었다. 다음 날 나는 '열린 기획'을 목적으로 참모들을 대동하고 갔다. 우리들은 중심들을 사상하고, 행위 기획을 만들어낼 목적에서 '5개의 동심원' 모델을 사용하였다. 당시의 일에는 1시간이 채 소요되지 않았다.

'탄성 한계'를 무너뜨려라
BREAKING THE ELASTIC LIMIT

우리의 고객 모두가 동의하고 있는 사항이 하나 있는데, 이는 프로메테우스의 경우 새로운 형태의 일 처리 방식을 요구하고 있다는 점이다. 최상위 차원에서의 확고한 형태의 리더십이 부재한 경우는 최초 의도한 바에 무관하게 종전의 일 처리 방식으로 쉽게 회귀하게 되는데, 이 점에 이들은 또한 의견을 같이 하고 있다.

조직의 '유전자 코드'에 프로메테우스 접근 방안을 깊이 각인시키도록 하는 과정의 초기에는 나름의 강력한 저항이 따르게 될 가능성도 없지 않다. 이 같은 저항을 극복해 가는 과정에서는 리더십이 필수적으로 요구된다.

바마 컴퍼니(Bama Company)의 '프로메테우스 과정'의 연주를 책임지고 있던 도나후(Denny Donahue)는 이 점을 다음과 같이 강조하고 있다.

리더의 임무는 조직이 '탄성 한계'를 극복할 수 있도록 하는 것이다. 이는 현 상황 중에서 '프로메테우스 과정'과 일치하지 않는 형태의 모든 활동에 의문을 제기함을 의미한다. 예전의 일 처리 방식으로 회귀하고자 나름의 이유를 들고나올 때마다 다음과 같은 메시지를 전달해야 할 것이다.

"향후 우리의 일 처리 방식은 이와 같다. 따라서 여기에 적응할 수 있도록 하라" 이 같은 메시지를 강조함은 중요한 일이다. 그 이유는 모든 사람, 또는 적어도 주요 대중들이 이 같은 의식 구조를 신속히 포용하고는 '프로메테우스 과정'을 적용할 수 있기를 여러분이 바라고 있기 때문이다.

이 같은 강력한 형태의 리더십은 얼마나 오랜 기간 필요한가? 조직 전반이 바람직한 방향으로 이동하고 있을 때까지는 이것이 유지되어야 할 것이다. 그렇지 않은 경우 '탄성 한계'를 깰 수 없을 것이다.

'탄성 한계'를 깨지 못하는 경우는 '프로메테우스 과정'이 맛만 보고 종료될 것이다.

DEMONSTRATING COMMITMENT

특정 조직에 '프로메테우스 과정'을 주입시키려면 이 기법을 이해 및 실천하는 다수 계층의 헌신적인 사람들로 구성된 주요 대중이 필요할 것이다. 이 같은 '프로메테우스 과정'에 대한 전념 내지 의지는 통상 상부 차원에서 시작된다.

한 최고경영자(CEO)가 말한 바와 마찬가지로

리더의 경우는 '프로메테우스 과정'이 전문가가 되겠다는 의지를 가질 필요가 있다. 나의 경우는 일찍이 이 점을 인지하고는 교육과 관련된 모임에 참석하고, 숙제를 하였으며, 가능한 한 모든 것을 배웠다. 최고경영자로서 나는 프로메테우스 접근 방안을 기꺼이 수용하였다. 나는 또한 이 과정을 살아서 숨쉬게 할 개인적인 책임을 절감하였다.

나에게 직접 보고하는 사람들의 경우도 상황은 마찬가지였다. 이들의 경우는 '프로메테우스 과정'을 학습하고, 그 원리에 자신들의 시간과 에너지를 투자하지 않을 수 없었다. 이들 모든 노력이 나름의 효과를 발휘하였다. 우리의 경우는 일관된 방식으로 질문에 답변하고, 의사를 결정할 수 있게 되었다. 우리는 새로운 행동들을 모델화 하였는데, 이는 가장 중요한 사항이었다.

'프로메테우스 과정'에 대한 헌신을 표명할 수 있는 방안이 다수 없지 않다. 전역을 위한 방을 마련해 놓고는 전역의 연주자를 지정해야 할 것이다. 또한 사람 및 자원들로 하여금 전략적인 문제들을 해결하고 전략적인 기회를 포착할 수 있도록 해주는 '교전규칙'을 창안해내어야 한다.

LEARNING THE LANGUAGE

특정 언어를 알고 있다고 함은 어휘를 어느 정도 구사하고 있어서 이 언어를 알고 있는 여타 사람들과 대화가 가능하다는 의미다.

프로메테우스에 관한 '필수 사항'과 '주요 법칙'에는 전략적인 문제에 관해 대화할 목적의 포괄적인 형태의 어휘가 내포되어 있는데, 이들은 조직의 모든 차원에서 적용이 가능한 형태의 것이다. 이들 어휘에는 단어와 정의, 개념 · 이야기 · 문장뿐만 아니라 '즉각적인 천둥', '행위의 시간가치(Time Value of Action)', "로마로 진격해 들어가라" 그리고 "발칸의 상황에 빠지지 않도록 노력하라"와 같은 비유가 포함되어 있다.

이들 어휘는 독특하고도 기억할 만한 형태의 것이다. 이들 어휘를 보강할 목적의 다수의 방안이 없지 않다. 예를 들면 우리의 고객 중 한 사람은 모든 사람들이 용어를 이해하고 의미하는 바를 인지하도록 할 목적에서 나름의 방식으로 프로메테우스 '대화'를 한 바 있다.

또 다른 고객들의 경우는 시각에 호소해 벽에 붙이는 포스터에서 시작해 지갑에 넣고 다니는 카드에 이르는 다양한 형태의 프린터 자료를 만들어낸 바 있다. 한 고객의 경우는 프로메테우스 개념을 확실히 할 목적에서 플래스(Flash)* 카드와 게임들을 활용한 바 있다.

---

*역자주: 학습 효과를 높일 목적에서 잠시 보여주고는 그 내용을 파악하도록 할 목적의 카드.

마지막으로 '프로메테우스 과정'을 적용하면서 이것의 통찰력과 위력을 보여주는 다음과 같은 사고 방식을 상기해보자.

- **쾌속 성공** – 희망하는 내일의 모습을 결정해내고는 여러분의 경쟁 상대와 비교해볼 때 이것이 보다 빨리 실현될 수 있도록 노력해야 한다.

- **'즉각적인 천둥'이란 개념을 사용하라** – 전략적으로 사고하고, 특정 사안에 초점을 맞추며, 신속히 행동한다는 21세기의 성공을 위한 공식을 기억해야 한다.

- **게임을 바꿔라** – 어제의 법칙에 따라 행동해서는 승리하지 못할 것이다. 승리를 염두에 둔 전략과 함께 나름의 법칙, 즉 '비전'에서 수행 단계를 거쳐 완성으로 인도하는 통합된 기획을 창안해 내어야 한다.

- **중심들에 초점을 맞춘다** – 모든 것은 특정 시스템 안에서 일어나며, 모든 시스템에는 나름의 중심(重心)이 있다. 이들을 상세히 규명하여 신속히 그리고 병행적으로 이들 중심에 영향을 끼쳐야 할 것이다. 시스템에 신속하고도 결정적인 형태의 변화를 유발하기 위한 비법은 바로 이것이다.

미래에 관한 사고

A FUTURE THOUGHT

이제 '프로메테우스 과정'을 활용하게 되면 여러분과 여러분의 조직에 과연 효과가 있을 것인가?란 본질적인 질문을 제기하지 않을 수 없을 것이다. 1991년도의 항공전역이란 격렬한 형태의 태풍에서 이것을 적용해 전쟁을 승리로 이끌었으며, 21세기의 전쟁터인 기업에서 이것의 효과가 입증된 바 있다. 첨단산업 · 유흥산업 · 재정산업 · 보건산업 그리고 식품산업 등과 같은 다양한 형태의 산업 조직에서 이 방법을 사용해 나름의 효과를 본 바 있다.

우리가 의도하는 바는 미래를 설계하고, 이것을 달성할 수 있도록 여러분의 사고를 이들 프로메테우스 개념들이 다듬어 주도록 하겠다는 것이다. 여러분과 여러분이 몸담고 있는 조직이 '쾌속 성공'의 측면에서 이름이 날 수 있도록 '프로메테우스 과정'을 신속히 적용하기를 우리들 저자(著者)는 간절히 바라고 있다.

정보화시대의 국방력을 건설해야 할 막중한 임무를 부여받고 있는 현역 장교들이 이 같은 책을 번역하게 된 것은 무슨 이유 때문인가?

이 책에서는 컴퓨터와 데이터통신의 등장으로 인해 가능해진 현대전 이론, 특히도 현대전의 기획 방식을 오늘날의 조직에 그대로 적용하고 있다. 조직은 일종의 시스템인데, 우리들 역자가 몸담고 있는 군도 일종의 조직이자 시스템이다. 따라서 본 책에 언급되어 있는 이론을 우리 군 곳곳에 적용해 군을 크게 개혁하고 효율적으로 만들 수 있을 것이다. 또한 전쟁 기획의 문제를 미군과 함께 해결하고 있는 한국군의 경우는 이 책을 통해 현대전의 기획 개념을 반드시 숙지해야 할 것이다.

한편 군은 사회의 일부분으로서 국민의 사랑 속에서 성장해야만 하는 조직이다. 오늘날에는 국가 경제가 제대로 발전될 때만이 국방력도 올바로 건설될 수 있을 것인데, 이 책이 국가 발전에 크게 기여할 수 있을 것이라고 역자들은 생각하고 있다. 부디 이 책이 우리 군과 우리 국가의 발전에 크게 기여할 수 있기를 기원하는 바이다.

본 책자를 번역하는 과정에서 미비한 점이 있다면 이는 역자의 잘못에 기인하는 것으로서 강호제현(江湖諸賢)의 질책과 좋은 의견을 접하게 되면 겸허하게 수용해 고쳐 나갈 것을 약속드린다. 본 책자의 원고를 감수해준 국방개혁위원회의 공군중령 강태원 박사, 공군본부의 공군중령 김기중 박사에게 그리고 본 책자의 출간에 기꺼이 동의해준 연경미디어 이정수 사장님께 심심한 감사를 드리는 바이다.

이은수, 권영근

'프로메테우스 과정'으로 발전하게 된 그 무엇은 몇 년 전에 시작 되었다. 이 책의 지적(知的) 측면에서의 근간은 미 공군사관학교의 역 사학 교관인 팍스(Roger B. Fox) 대령(당시 소령)과 안식년의 기간 중 텍사스공대(Texas Tech)에서 나에게 전략을 가르쳐주고 논문을 지도 해준 미 해군전쟁학교(Naval War College) 소속의 하트만(Frederick H. Hartmann) 박사에게 많은 부분을 의존하고 있다.

학창시절의 이들 두 사람에서 시작해 걸프전이 발발한 1991년도까 지의 기간 중에는 나로 하여금 보다 분명히 전략을 이해토록 하고 역 경 속에서 전략이 위력을 발휘토록 하는 방법을 가르쳐준 10여명의 사 람들이 없지 않다. 이들 많은 사람들에게 감사를 표명해야 할 것이다.

1991년도의 걸프전은 이 책의 핵심 사상들을 시험해볼 수 있도록 한 최초의 주요 시험장이었다. 당시의 전쟁 도중 그리고 그후 체득한 다수의 교훈으로 인해 오늘날 보다 더 능력을 구비하게 된 것은 사실 이지만 당시에도 이들 사상은 나름의 위력을 발휘하였다. 따라서 걸 프전에서의 항공전역(航空戰役: Air Campaign)을 창안해내고, 다듬었 으며, 외부의 저항으로부터 그 내용을 보호하였을 뿐 아니라 실행에 옮긴 남녀 모두에게 가장 큰 감사를 표명해야 할 것이다. 아래에는 내 가 직접 접촉(대통령은 제외임)하였을 뿐 아니라 특별히 감사를 표명 해야 할 사람들이 언급되어 있다.

◈ 정치권

- "이라크에 의한 침공을 용납하지 않을 것이다"는 약속을 충실히 이행한 부시(George Bush) 대통령.
- 나의 견해를 경청하고는 결정적인 방식으로 행동한 체니(Richard Cheney) 국방장관.
- 격렬한 반대에도 불구하고 항공력과 항공전역을 소리 높여 외쳐된 미 공군장관 라이스(Donald Rice).
- 군과 정치를 교묘한 방식으로 결합시킨 국가안보수석 하스(Richard Hass).
- 뛰어난 정보 작업과 정책에 대한 기여에도 불구하고 대중적으로 인정을 받은 바 없는 알렌(Charles Allen).
- 1990년 12월 대통령과 합참 요원들의 주요 회합을 주선한 룻왁(Edward N. Luttwak) 박사 그리고 페르시아만의 정책발전과 군사작전을 통합하는 과정에서 매우 중요한 역할을 수행한 바 있는 국가안보 참모요원인 하이든(Michael Hayden) 중장(당시는 대령이었음)이 여기에 포함된다.

◈ 고위급 군사지도자

- 1991년도 당시 걸프전의 모든 면을 지도 및 감독한 미 합참의장 파월(Colin Powell) 대장.
- 시작에서 종료에 이르기까지 걸프전이 그렇게 진행되지 않을 수 없도록 만든 20세기의 가장 우수한 군사지도자 중 한 사람인 슈워르츠코프(Norman Schwarzkopf) 대장.
- 미 공군과 미국을 위해 반드시 수행해야만 할 일을 하였던 미 공군 참모총장 듀간(Michael C. Dugan).

- 미 공군의 가장 어려운 시기에 전쟁 기획과 관련된 노력을 시작하고 지원한 공군참모차장 로(Mike Loh) 대장.
- 매우 중요한 두 번의 기회에 걸쳐 대통령에게 항공전역의 잠재역량과 이것에 대한 신뢰를 전달한 바 있는 미 공군참모총장 멕픽(Tony McPeak) 대장(그는 Dugan의 후임자임).
- 슈워르츠코프 대장 휘하의 고위급 항공인으로서 휘하 항공전력을 조직하였을 뿐 아니라 항공전역을 훌륭히 수행한 호너(Charles Horner) 대장(걸프전 당시는 중장이었음).
- 걸프전을 기획한 책메이트(Checkmate) 팀과 장기간 밤을 세우며 열정적으로 항공전역을 지원한 알렉산더(Minter Alexander) 중장(걸프전 당시는 소장이었음).

◈ 항공전역을 기획한 사람들

- 워싱턴과 리야드에서의 기획과 집행 측면에서 핵심적인 역할을 수행한 뎁투라(Dave Deptula) 준장(당시는 중령이었음).
- 당시의 항공전역을 창안해낸 한 사람인 하비(Ben Harvey) 대령(당시는 중령이었음). 그의 경우는 정보 집단 자산의 전반을 담당하고 있었다.
- 당시의 항공전역을 창안해내는 과정에서의 또 다른 한 사람으로서 그 후 그 내용이 보다 정밀해지도록 할 목적에서 부단 없는 노력을 경주한 바 있는 스탄필(Ronnie Stanfill) 대령(당시는 중령이었음).
- 나와 책메이트(Checkmate) 팀에게 보급품을 제공해주어 우리들이 일을 수행할 수 있도록 도와준 테일러(Dan Taylor) 소령(당시는 대위였음).

- 신화적인 형태로 임무를 수행한 바 있는 정보장교 출신의 작고한 키젤(Chuck Kissel).
- 당시의 기획 과정 전반에 걸쳐 나름의 방식으로 지대한 기여를 한 수백 명에 달하는 여타 장교들, 하사관 그리고 민간인들.

◈ 언론인

- 수십 억에 달하는 전 세계 사람들에게 당시의 전쟁에 관한 정보를 정확히 그리고 적시에 제공해준 CNN의 논평가인 스미스(Perry M Smith) 소장(예비역). 그가 정책 결정에 끼친 영향은 놀라울 정도였다.

◈ 전투원들

- 1991년도의 걸프전을 놀라울 정도로 완벽히 수행해 전쟁에서 새로운 시대가 도래하도록 한 남녀 모두.

공군에서 전역한 1995년도 이후 나는 벤츄리스트 주식회사(Venturist, Inc)를 시작하였다. 이곳에서 나는 '프로메테우스 과정'을 기업들에게 공급해주는 임무를 수행하였다. 창업을 도와 기업 운영에 기여할 목적에서 나의 딸 벳시(Betsy)는 뉴욕의 피텔리티 투자(Fidelity Investments) 회사를 그만두었다. 그녀의 도움은 놀라울 정도였다. 공군의 지휘참모대학(Command and Staff College)에서 나와 함께 근무한 바 있는 크라인(Mike Cline)의 경우는 선임 소프트웨어 설계사란 직분으로 우리 회사에 동참하였다. 프로메테우스 소프트웨어를 개발하는 과정에서 그가 보여준 업무능력은 인상적이었다. '폭풍의 심장(Heart of the Storm)'이란 제목의 걸프전 관련 책자를 저술한 레이놀드

(Richard Reynold)의 경우는 근 1년에 걸쳐 우리와 함께 일하다가 회사를 창업하였다. '프로메테우스 과정'에 관한 개념을 정교히 다듬는 과정에서 그는 많은 도움을 주었다. 나와 함께 공군 지휘참모대학에서 근무한 바 있으며 국방전쟁학교(National War College)의 장학생이었던 가일즈(Howard Guiles)의 경우는 3년 전부터 우리 회사에서 선임 재정 관리원이란 직분을 수행하고 있다.

전략적으로 사고할 수 있도록 도움을 주는 업무를 시작한 1996년도 이후 우리의 고객 중 다수의 사람들이 전략 과정을 개발 및 분명히 하는 과정에서 크게 기여하였다. 딜레(Flint Dille)의 경우는 나를 일렉트로닉 아트(Electronic Arts)란 회사에 소개시켜 주었다. 그곳에서 그는 일대 성공을 거둔 컴퓨터게임인 '소련 공격(Soviet Strike)'를 개발하는 과정에서 '5개의 동심원(Five Rings)' 개념을 사용한 바 있다.

프린트(Flint)와 나의 경우는 '초고속 전쟁(Hyper-War)'이라고 지칭되는 또 다른 게임의 개발을 위해 함께 일하였는데, 그 과정에서 나의 전략 사고가 보다 정교해졌을 뿐 아니라 분명해졌다. 텍사스 인스트루먼트(TI: Texas Instrument) 반도체 분야의 훈련 및 조직 효용성을 담당하는 부서의 책임자인 굼퍼트(Ray Gumpert)의 경우는 스미스(Perry Smith, CNN의 논평가, 저자, 전임 국가전쟁학교 학장 그리고 항공전역을 최초로 옹호한 인물임)와 나를 TI로 데리고 가서는 근 1년간 지도해주었다. TI의 전략 과정을 책임지고 있던 콘솔버(George Consolver)의 경우는 우리와 폭넓게 일하면서 다수의 좋은 제언을 해주었다. 자신이 설립한 Executive Consulting and Coaching Company의 책임자로 있던 데비스(Mary Davis)의 경우는 창업과 '프로메테우스 과정'에 관한 개념을 구상하는 과정에서 나름의 도움을 주었다. 우리의 고객인 프루덴셜 은행(Prudential Bank)이 나름의 전략을 개발해내는 과정에서 나와 그녀는 이 회사를 지원한 바 있다. 그 후 그녀는 파니매(FannieMae)의 회장이며, 스미소니언연구소(Smithsonian Institution)의 소장이 된 스몰(Larry Small)을 나에게 소개시켜 주었다. 스몰은 우리와 함께 이틀 동안 '프로메테우스 과정'을 연구하고는 다수의 유익한 제언을 해 주었다. 전략적인 사고와 집행의 중요성을 반영할 목적에서 우리의 과정을 프로메테우스로 지칭하게 된 것은 파니매(FannieMae)와 일한 직후다.

레란드 러셀(Leland Russell)과 나는 1998년도에 공조를 시작하였다. 네피림(Nefilim Associates)의 최고경영자(CEO)인 텐난트(Sandy Tennant)의 경우는 우리를 케쉬맨(Jay Cashman)에 소개시켜 주었으며 마케팅에 관한 다수의 아이디어를 제공해주었다.

케쉬맨은 '프로메테우스 과정'을 두 번에 걸쳐 사용하였는데, 그 중 하나는 자신이 소유하고 있던 대형의 건설회사에 그리고 두 번째는 인터넷 회사인 Dirtpile.com의 경우였다. 샌디(Sandy)의 권고에 따라 에솔랜(Gary Esolen)과 르블랑(Valerie LeBlanc)은 자신의 인터넷 신설 회사인 TravelPlace.com을 위한 전략기획을 목적으로 '프로메테우스 과정'을 사용하였으며, 다수의 도움이 되는 아이디어를 제공해주었다.

프로메테우스 전략 주식회사(Prometheus Strategies, Inc)의 최초의 고객은 EPS와 맥도널드였다. EPS의 스윈들러(Walter Schindler)는 다수의 좋은 아이디어를 제공해 주었는데, 혁신적 성격의 벤처기업인 Odyssey Strategic Partners를 설립한 이후 이 같은 관계는 지속되었다. 그 후 맥도널드의 공급체인 그룹의 책임자인 월프(Wayne Wolf)는 우리를 맥도널드에 소개시켜 주었다. 그곳에서 나겐가스트(Ted Nagengast)는 '프로메테우스 과정'이 대형의 다양한 회사를 위해 일할 수 있도록 하는 과정에서 발군의 실력을 발휘하였다. 나겐가스트의 도움과 조언은 가장 높은 수준의 것이었다. 그 후 Franchisee Relationships의 부회장인 보일즈(Monica Boyles)의 경우는 맥도널드의 Mike Roberts 서부 지부를 위해 '프로메테우스 과정'을 연주하는 사람이 되었다. 그녀의 아이디어 · 열정 그리고 지원은 어디에 비교할 수 없을 정도로 훌륭한 형태의 것이었다.

맥도널드와 함께 일하면서 우리는 또한 맥도널드에 디저트와 비스킷을 공급하던 바마(Bama) 회사와 함께 일할 수 있는 기회를 가졌다. 바마의 최고경영자이며 공동 소유자인 챱맨(Paula Marshall- Chapman)은 가장 효과적으로 그리고 열정적으로 변화를 유발하는 사람 중 한 명이었다. 그녀는 자신의 회사를 프로메테우스로 열정적으로 그리고 활기차게 몰고 가고는 최고경영자가 동참하는 경우 가능한 것이 무엇인지에 관한 다수의 아이디어를 제공해주었다. 바마에서 도나후(Denny Donahue)는 전역(戰役: Campaign) 연주자로 근무하였다. 그의 경우는 동기부여가 되어 있으며 우수한 사람이 수행할 수 있는 것이 무엇인지를 확실히 보여주었다.

바마 컴퍼니(Bama Company)에서 나는 레란드 러셀(Leland Russell)의 여동생인 데브라 러셀(Debra Russell)과 함께 일하는 영광을 가졌다. 바마와 여타 장소에서 데브라 러셀은 우리의 고객들이 '프로메테우스 과정'을 이해하고 수용할 수 있도록 도와주었다. 올림픽 스키코치를 역임하였을 뿐 아니라 세계적 수준의 컨설턴트인 아브라함(Horst Abraham)의 경우는 우리의 회합에 몇 번 참석한 바 있는데, 항상 날카로운 질문을 제기하여 우리의 사고가 보다 더 정교해지도록 하였다.

이 책이 세상에 빛을 볼 수 있었던 것은 앞에서 언급한 모든 사람들 덕분이다. 리더즈 다이제스트(Reader's Digest)의 편집장을 역임한 라브딘(Vivien Ravdin)의 도움과 제안에 가장 큰 감사를 표명해야 할 것이다.

내가 공군참모(Air Staff)로 근무할 당시 국가안보에 많은 기여를 하였던 죤(John)과 파이자(Ellen Paizza)의 경우는 이 책의 초안을 정리하는 과정에서 많은 도움을 주었으며, 이 책의 내용을 증진시키기 위한 다수의 획기적인 아이디어를 제공해 주었다. 물론 이 책을 출간한 출판사의 편집장인 시몬(Bill Simon)의 헌신적인 노력이 없었더라면 현재의 우리는 없었을 것인데, 그의 경우는 레란드 러셀과 나의 조직화되지 못한 노력들을 결집시켜주었다.

Venturist의 상임 부사장인(Executive Vice President)인 나의 딸 베시는 Director, Coordinator, Super-editor, mediator 그리고 motivator란 역할을 담당하는 단일의 사람이 없는 경우에는 일정에 맞추어 책을 끝내지 못할 것이라는 점을 인지히였다. 그녀의 경우는 새로운 소프트웨어 프로그램의 출현을 감독함과 동시에 이들 모든 직분을 담당해 주었다. 맥도널드의 소유자/운영자를 역임한 바 있는 메이네폼(Pat Mayneyfml) 또한 지대한 기여를 한 바 있다.

이 책의 공동 저자인 레란드 러셀(Leland Russell)에게는 감사를 마지막으로 유보하였다. 적절한 때가 되면 '프로메테우스 과정'에 관해 나름의 책을 저술해야겠다고 기획은 하였지만 나의 경우는 다수의 강연 내용과 원고 등을 정리해 책을 저술할 수 있을 정도의 시간적인 여유가 없었다. 레란드 러셀과 내가 '프로메테우스 전략 주식회사(Prometheus Strategies, Inc)'를 구성한 1999년 후반 이후 내가 실무에 치중하는 반면 레란드 러셀의 경우 이 책의 저술에 집중할 수 있도록 하자고 우리는 결심하였다. 그 후 1년 반의 기간이 지난 뒤 이 책은 현실로 나타났는데, 레란드 러셀의 헌신과 노력이 없었더라면 이것은 가능하지 않았을 것이다. 감사합니다 레란드 러셀 !

— 존 *와든(John A.Warden)*

감사의 글(Leland A. Russell)

'Winning in Fast Time'이란 제목의 책을 저술하는 작업은 나름의 흥분되고도 보람있는 일이었다. 작업 과정에서 다수의 훌륭한 사람들을 만날 수 있었는데, 이는 가장 추억에 남는 일이다. 나의 경우는 동업자이자 이 책의 공저자인 와든(John Warden)에게 가장 먼저 감사를 표명해야 할 것이다. 자신이 최초로 창안해낸 개념을 근거로 이 책을 저술하라는 임무를 부여해주는 등 나의 경우는 와든으로부터 너무나 많은 것을 배운 바 있다. 동업을 시작하는 순간부터 우리들의 관계를 연결시켜주는 과정에서 와든의 딸인 베시(Betsy)가 지대한 기여를 하였다. 원고를 최종 정리하는 단계에서의 그녀의 헌신적인 도움이 없었더라면 이 책은 출간되지 못했을 것이다.

이 책은 팀 차원 노력의 결정체다. 이 책의 원고가 완성될 수 있기까지 다수의 유능하고도 헌신적인 사람들로부터 조언과 창의적인 지원을 받은 바 있는데, 이 같은 도움을 받을 수 있었던 우리는 매우 행복한 사람들이다. 이들의 노력에 진정 감사해야 할 것이다.

유명 작가이자 Global Business Book Award 수상자인 시몬(William Simon)의 경우는 인내와 관용이란 측면에서 성경에 등장하는 욥(Job)과 비교해도 전혀 손색이 없는 사람이다. 이 책이 출간되기 이전의 얼마 동안 와든과 나는 빌(Bill)의 전자메일 박스에 다수의 수정 사항을 전달하였는데, 그의 경우 이들 모두를 감내했다는 점이 놀랍기만 하다. 빌이 보여준 통찰력, 판단 그리고 조용하고도 확신을 갖고 업무를 추진하는 그의 스타일로 인해 이 책의 품질이 크게 높아졌을 뿐 아니라 쉽게 읽을 수 있는 형태가 되었다.

이 책을 저술하는 과정에서 우리는 경영과 국가정책 분야의 유능한 저술가 및 편집자이자 리더스 다이제스트(Reader's Digest)의 편집장을 역임한 바 있는 라브딘(Vivien Ravdin)에게 도움을 요청하였다. 그녀의 경우는 이 책의 핵심 부분에 대한 독특하고도 거시적인 시각을 제시해 주었다. 1991년도의 걸프전 당시 그리고 그 후 그녀는 국방장관의 연설문 작성 책임자로 근무한 바 있다. 변화 관리에 관한 나의 모델뿐만 아니라 와든이 선도한 전략적 사고에 대한 깊은 이해를 갖고 있던 그녀는 우리들 두 사람의 사고가 결합되어 프로메테우스란 나름의 위력 있는 산물이 출현하도록 하는 과정에서 크게 기여하였다.

나름의 열정과 창의적인 기여가 영감의 수준으로까지 올라간 바 있는 두 명의 사람들에게 가슴속 깊은 곳에서 우러나오는 감사를 표명해야 할 것이다. 즉 예비역 공군대령인 피아자(John Piazza)와 그의 부인인 엘랜(Ellen)의 경우는 이 책에 나와 있는 다수의 아이디어를 분명히 하는 과정에서 커다란 도움이 되었다. '프로메테우스 과정'의 태동기에 피아자는 와든과 함께 일한 바 있는데, 이 개념을 비영리 단체에 적용하여 엄청날 정도의 성공을 거둔 바 있다. 그의 부인인 엘랜의 경우는 단어를 절약해 사용하는 유명 작가인데, 아이디어를 발굴해내고 토론하는 과정에서는 매우 열정적이었다. 그녀의 경우는 발견에 불을 당기고는 나름의 연구·인터뷰 그리고 학문을 동원해 원고의 초안을 밝게 비추어 주었다.

'쾌속 성공'을 향한 나의 최초의 길은 1990년도에 시작되었는데, 당시는 "미래를 창조하라"는 개념이 나의 가슴속에서 불타오르기 시작한 시점이었다. 장기간 동안 나의 동업자였던 워커(Gordon Walker)와 나의 친구인 샤프트너(William Shaftner)에게 감사한 마음을 평생동안 잊을 수 없을 것이다. 이들의 경우는 '미래의 하루(A Day in the Future)'란 제목의 리더십 포럼과 '벽을 허물어라(Tearing Down the

Walls)'란 제목의 비디오프로그램을 생산해내는 과정에서 부단 없는 지원을 아끼지 않은 바 있다. 이들 프로젝트를 통해 나의 경우는 새로운 현실뿐만 아니라 성공에 필요한 새로운 형태의 사고에 눈을 뜨게 되었다. 한편 '변화 관리'와 '전략 배치'란 분야에서 내가 새로운 인생을 시작할 수 있었던 것도 이들 덕분이다.

변화에 관한 프로그램들을 연구·저술 및 생산해내었던 지난 10년의 기간을 통해 다수의 사람들이 나의 지식 기반을 마련해 주었는데, 이 책을 저술하는 과정에서는 이들 지식이 커다란 도움이 되었다. Executive Development Associates의 회장인 볼트(Jim Bolt)의 경우는 어린 시절의 은사님인데, 간부교육(Executive Education) 분야의 다수의 선각자들과 벨사우스(Bellsouth), 선마이크로시스템(Sun Microsystems), 휴렛팩커드 그리고 텍사스 인스트루먼트(TI: Texas Instrument)를 포함한 다수의 고객들을 나에게 소개시켜 주었다.

TI의 전략개발 책임자인 콘솔버(George Consolver)와 간부교육의 책임자인 바움(John Baum)에게 심심한 감사를 표명해야 할 것인데, 이들은 우리들의 능력이 상호 보완될 수 있는 성질의 것이라며 나를 와든에게 소개시켜 주었다. 리더십과 전략 사고에 관한 무한한 지식을 제공해준 바 있는 TI의 Office of Best Practice에 근무하는 바이어(John Byers)에게도 감사를 표명해야 할 것이다.

건강포럼(Health Forum)의 최고경영자인 내 친구 존슨(Kathryn Johnson)의 경우는 지난 10년의 기간 동안 나를 지원해주고 나에게 나름의 영감을 불어넣어 주었다. 그의 경우는 첨단의 리더십 개념과 보건 분야에 관한 다수의 개념을 접할 수 있도록 해주는 등 나에게 끊임없이 불을 당겨주었다. Institute for Healthcare Improvement의 공동 창업자인 버윅(Don Berwick)과 비소그나노(Maureen Bisognano) 또한 나름의 지식을 제공해주고 도움을 주었다는 점에서 특별히 감사해야 할 것이다. 만난 기간은 길지 않았지만 나에게 '시스템 차원의 사고'란 분야를 소개해준 센게(Peter Senge)에게도 감사를 표명하고자 한다. 와든의 '5개 동심원' 모델이 엄청날 정도의 위력과 중요성이 있다는 점을 내가 즉각 인지할 수 있었던 것은 '시스템 차원의 사고'에 관한 지식 덕분이었다.

지난 10여 년 동안 다수의 성공적인 리더들과 첨단의 사고(思考)를 구비하고 있는 요원들로부터 많은 것을 배울 수 있었는데, 나의 경우는 이들에게 엄청날 정도의 신세를 지었다. 이들 중 가장 두드러진 사람에 엥겔바트(Doug Engelhart)가 있다. 그는 컴퓨터 화면 앞에 앉아서 놀라울 정도의 속도와 융통성을 갖고 자신의 아이디어를 구상 및 조직화 할 수 있는 정보공간을 날아다니는 사람들의 모습을 이미 1950년대에 구상한 바 있다. 정보기술의 과거와 미래를 이해하는 과정에서는 도우(Doug)가 커다란 도움이 되었다. 우리시대의 가장 위대한 과학기술 공상가(워드프로세서와 마우스 그리고 그래픽 컴퓨터의 아버지이며, 인터넷을 발명한 사람임)와 개인적으로 대화를 나눌 수 있었다는 점은 배움이란 측면에서 매우 훌륭한 기회였다.

GE의 관리교육(Management Education)의 리더를 역임하였을 뿐 아니라 기업에서의 창조적 사고란 개념을 최초로 선도한 바 있는 작고 하신 허만(Ned Hermann)은 인간 발전과 변화를 정복하는 과정에서 이것의 이해가 중요하다는 점을 나에게 인지시켜 주었다. 엄청날 정도의 연민뿐만 아니라 사고와 학습 스타일, 두뇌의 기능 그리고 개인 및 집단 창의성에 관한 허만의 지식은 나에게 지울 수 없는 감명을 주었으며, 이 책의 곳곳에 지대한 영향을 끼치고 있다.

1997년도 이후 나의 우수한 친구이자 동료인 아브라함(Horst Abraham)의 경우는 Personal Mastery, Mental 모델 그리고 행위 학습이란 분야에 관한 해박한 지식을 아낌없이 공유해 주었다. 프로메테우스의 컨설팅 모델을 구상하고, 지난 1년 동안 이 책의 원고를 작성하는 과정에서는 홀스트(Horst)의 도움이 지대하였다.

지난 몇 년간 우리들은 우리의 고객을 통해 다수의 실질적인 사항들을 경험할 수 있었는데, 1991년도의 걸프전에서의 교훈들을 21세기의 전쟁터인 기업에 적용할 수 있었던 것은 이 같은 경험 덕분이었다. 이들 모두를 여기서 거론할 수는 없을 것이다. 이 책을 저술하는 과정에서 특히 감사해야 할 사람에 모빌(Mobil)의 North American Operation의 책임자를 역임한 바 있는 베이커(Brian Baker) 씨가 있다. 그의 경우는 엄청날 정도의 이윤을 창출해준 전략적 성능 평가방안에 관한 자신의 경험을 우리와 공유한 바 있다. 이외에도 프로메테우스 개념을 적용해보고, 이 책을 개발하는 과정에서 우리에게 끊임없는 조언을 아끼지 않은 맥도널드의 경영진과 이곳에 물건을 납품하던 다수 사람들에게도 감사를 표명해야 할 것이다.

와든과 내가 컨설팅 회사를 시작할 당시 동서 연구(East West Studies)의 회장인 므로쯔(John Mroz)는 우리의 최초 고객이었다. 1998년 4월 크루게(John Kluge) 소유의 버지니아 별장에서 그의 경영진들과 함께 보낸 주말은 우리가 하는 일의 전도가 매우 밝다는 점, 그리고 프로메테우스 개념이 나름의 위력이 있다는 점을 보여준 사건이었다. 우리가 회사를 시작할 당시의 또 다른 고객인 에틸랜틱케어 메디컬센터(Atlanticare Medical Center)의 최고경영자인 리델(Andy Riddell)의 경우는 걸프전에서 사용된 바 있는 기획 과정이란 혁신적인 개념들을 보건 분야의 문제를 해결할 목적에서 기꺼이 사용하였는데, 여기에 감사해야 할 것이다.

이 책을 저술하는 도중 장시간에 걸친 인터뷰에 기꺼이 응해준 사람들이 적지 않은데, 이 책에는 또한 이들의 지혜와 통찰력이 반영되어 있다. 모토롤라의 Office of Leadership의 부회장인 오그(Sandy Ogg)

의 경우는 많은 시간을 할애해 주었을 뿐 아니라 훌륭한 아이디어를 제공해 주었다. 워싱턴의 책메이트 기획팀에서 뿐 아니라 리야드에서 또한 기획 및 집행과 관련해 핵심적인 역할을 수행한 바 있는 뎁투라(Dave Deptula) 장군의 경우는 바쁜 일정에도 불구하고 흔쾌히 시간을 할애해서 '희망 효과(Desired Effect)'에 관한 개념을 우리가 분명히 이해할 수 있도록 도와주었다. 캔서스시티(Kansas City) 마약단속국, 뉴욕 경찰청 등에 '5개 동심원' 모델을 소개한 바 있는 정보 전문가인 아모리엘(Jason Amoriell)의 경우는 '5개 동심원' 모델이 보편적으로 적용될 수 있는 성질의 것임을 보여주었다. 게임을 설계하였을 뿐 아니라 저자이기도 한 딜레(Flint Dille)의 경우는 프로메테우스 개념들을 적용하는 과정에서의 자신의 경험을 함께 공유해주었다. 뿐만 아니라 그의 경우는 이 책의 서론에 해당하는 부분을 구상하는 과정에서 도움이 된 매우 훌륭한 아이디어를 제공해주었다.

 이 책의 원고를 검토하고는 내용의 개선을 위해 훌륭한 조언을 아끼지 않은 러닝네트워크(Learning Network)에 근무하는 나의 동료들에게도 감사를 표명해야 할 것이다. 하버드대학의 밀스(Dr. Quinn Mills) 박사와 퍼퍼다인(Pepperdine) 대학의 풀머(Robert Fulmer) 박사의 경우는 '프로메테우스 과정'에 초점에 맞춘 다수의 기업 관련 사례를 책에 포함시키라고 조언해주었다. 우리들은 이들의 조언을 경청하였는데, 그 결과 이 책의 내용이 크게 좋아질 수 있었다. 이 책의 집필을 시작할 당시 "The Female Advantage and The Web of Inclusion"이란 베스트셀러의 저자이자 나의 절친한 친구인 헬게센(Sally Helgesen)은 그 내용을 검토하고는 몇몇 구조적 차원의 제안을 해주었다. 이들 조언의 결과로 인해 원고의 전반적인 방향이 크게 영향을 받았다.

 1990년대의 어려운 시기, 내가 'Winning in FastTime'이란 제목의 책에 창의성을 발휘해 기여할 수 있도록 도와준 사람들에게 감사를 드리며 인사의 말을 끝내야 할 것 같다. 나의 오랜 친구인 웨버 (Elizabeth Weber)와 나의 사촌인 서톤(Tom Sutton)에게 심심한 감사를 표명해야 할 것이다. 이들의 경우는 수년 간 개인 및 기업 차원에서 변함없는 지원자였다. 다재 다능한 누이 동생인 데브라 러셀(Debra Russell)의 경우는 '프로메테우스 과정'과 나의 인생에 너무나 많은 영향을 끼친 관계로 인해 아무리 감사를 표명해도 지나치지 않을 것이다. 마지막으로 내 인생의 두 기적에 해당하는 나의 부인 멜리사 (Melissa)와 나의 아들 시몬(Simon)에게 감사의 기쁨을 표명하고 싶다. 이들의 인내 · 성실성 · 유머 그리고 관용이 없었더라면 이 책은 빛을 보지 못했을 것이다.

— *레란드 러셀(Leland A. Russell)*

□ CHAPTER 2 : INSTANT THUNDER

Atkinson, Rick. Crusade: The Untold Story of the Gulf War. Boston: Houghton Mifflin Company, 1993.

Clancy, Tom. Fighter Wing: A Guided Tour of an Air Force Combat Wing. New York: Berkley Books, 1995.

Gordon, Michael R., and Bernard E. Trainor. The generals' War: The Inside Story of the Conflict in the Gulf. Boston: Little, Brown and Company, 1995.

Hallion, Richard P. Storm Over Iraq: Air Power and the Gulf War. Washington, DC: Smithsonian Institution Press, 1997.

Palmer, Michael A. Guardians of the Gulf: A History of America's Expanding Role in the Persian Gulf, 1833-1992. New York: Free Press, 1992.

Powell, Colin L., and Joseph E. Persico (Contributor). My American Journey: An Autobiography. New York: Random House, 1995.

Reynolds, Richard T. Heart of the Storm. Maxwell Air Force Base, AL: Air University Press, 1995.

Schwarzkopf, H. Norman, with Peter. It doesn't Take a Hero. New York: Bantam Books, 1992.

Smith, Perry M. How CNN Fought the War: A View from the Inside. New York: A Birch Lane Press Book, 1991.

□ CHAPTER 3 : CHANGING THE GAME

Christensen, Clayton M. The Innovator's dilemma: When New Technologies Cause Great Firms to Fail. Boston: Harvard Business School Press, 1997.

Dell, Michael. Direct from Dell: Strategies That Revolutionized an Industry. New York: HarperCollins, 1999.

Freiberg, Kevin, and Jackie Freiberg. Nuts!: Southwest Airlines' Crazy Recipe for Business and Personal Success. Austin, TX: Bard press, 1996.

Hamel, Gary and C. K. Prahalad. Competing for the Future Boston: Harvard Business School Press, 1994.

"Signal Success," Forbes, March 22, 1999.

□ CHAPTER 4 ; CENTERS OF GRAVITY

Clausewitz, Carl von. On War. Translated and edited by Michael C. Howard and Peter Paret. Princeton, NJ: Princeton University Press, 1976.

Fuller, J.F.C. The Generalship of Alexander the Great. London: Eyre & Spottiswoode, 1958.

"Pokemon Fever Turns Into a Headache at Burger King," Los Angeles Times, November 12, 1999.

Sabbagh, Karl. Twenty-First-Century Jet: The Making and Marketing of the Boeing 777. New York: Simon & Schuster 1995.

"Satellite Venture Will Go Down in Flames, Literally," Los Angeles Times, March 18, 2000.

"Schwab, Merrill Plan Blue Industry Lines," Los Angeles Times,

November 28, 1999.

Senge, Peter M. The Fifth Discipline: The Art and Practice of the
Learning Organization. New York: Doubleday/Currency, 1990.

"Studio Built Victory 'One Brick at a Time,'" Los Angeles Times, March
27, 2000.

Wallace, James, and Jim Erickson. Hard Drive: Bill Gates and the
Making of the Microsoft Empire. New York: Wiley, 1992.

□ CHAPTER 5: THE ENVIRONMENT

Christensen, Clayton M. The Innovator's Dilemma: When New
Technologies Cause Great Firms to Fail. Boston: Harvard Business
School Press, 1997.

Dell, Michael. "Building the Infrastructure for Twenty-First-Century
Commerce" Keynote Address, Las Vegas, NV: May 12, 1999.

Cates, William H. Business at the Speed of Thoght. New York: Warner
Books, 1999.

Gilder, George. Gilder Technology Report. Housatonic, MA: Gilder
Publishing and Forbes, 1998-2000.

--------. Microcosm. New York: Simon & Schuster, 1989.

Groves, Andrew S. Only the Paranoid Survive: How to Exploit the Crisis
Points That Challenge Every Company and Career. New York:
Doubleday/Currency, 1996.

Harry, Mikel, and Richard Schroeder. Six Sigma: The Breakthrough
Management Strategy Revolutionizing the World's Top Corporations.
New York: Doubleday/Currency, 2000.

Kurzeil, Ray. The Age of Spiritual Machines. New York: Viking Penguin,
1999.

Moore, Geoffrey A. Crossing the Chasm: Marketing and Selling High-Tech Products to Mainstream Customers. New York: HarperCollins, 1991.

Toffler, Alvin, and Heidi Toffler, War and Anti-War: Survival at the Dawn of the 21st Century. Boston: Little, Brown and Company, 1993.

□ CHAPTER 6: THE FUTURE PICTURE

Aleinikov, Andrei. Mega-Creator, from Creator, from Creativity to Mega-, Giga-, and Infi-Creativity. Midland, MI: Northwood University, The McKay Press, 2000.

Altshuller, Genrich. And Suddenly the Inventor Appeared: TRIZ, the Theory of Inventive Problem Solving. Worcester, MA: Technical Innovation Center, 1994.

"An Eye on the Future," Time, December 27, 1999.

Kenney, Charles, Riding the Runaway Horse: The Rise and Decline of Wang Laboratories. Boston: Little, Brown and Company, 1992.

□ CHAPTER 7 : GUIDING PRECEPTS

Collins, James C., and Jerry I. Porras. Built to Last: Successful Habits of Visionary Companies. New York: HarperBusiness, 1994.

Dell, Michael. Direct from Dell: Strategies That Revolutionized an Industry. New York: HarperCollins, 1999.

Farrago, Ladislas. patton: Ordeal and Triumph. 2d ed. New York: Dell Publishing Company, Inc., 1970.

Freiberg, Kevin, and Jackie Freiberg. Nuts!: southwest Airlines' Crazy Recipe for Business and Personal Success. Austin, TX: Bard Press, 1996.

Fuller, J.F.C. The Decisive Battles of the Western World and Their Influence Upon History Volume I. London: Eyre & Spottiswoode, 1963.

--------. The Second World War, 1939-45: A Statistical and Tactical History. London: Eyre & Spottiswoode, 1948.

Jackson, Tim. Inside Intel: Andy Grove and the Rise of the World's Most powerful Chip Company. New York: Dutton, 1997.

McDowell, Robert L., and William L. Simon. Driving Digital: Microsoft and Its Customers Speak About Thriving in the eBusiness Era. New York: HarperBusiness, 2001.

Smith, Perry M. Rules and Tools for leaders: A Down-to-Earth Guide to Effective Managing. Garden City Park, NY: Avery Publishing Group, 1998.

□ CHAPTER 11 : PARALLEL CAMPAIGNS

Dupuy, Trevor N. A Genius for War: The German Army and General Staff, 1807~1945. London: MacDonald and Jane's, 1977.

□ CHAPTER 12 : ORGANIZING FOR SUCCESS

Christensen, Clayton M. The Innovator's Dilemma: When new Technologies Cause Great Firms to Fail. Boston: Harvard Business School Press, 1997.

"Inside Microsoft: The Untold Story of How the Internet Forced Bill

Gates to Reverse Course," Business Week, July 15, 1996.

Luttwak, Edward N., and J.F. Gilliam. The Grand Strategy of the Roman Empire: From the First Century A.D. to the Third. Baltimore and London: Johns Hopkins University Press, 1976.

"Technophobia Still Affects Some Americans," Wall Street Journal, July 26, 1993.

□ CHAPTER 13 : THE ENDGAME

Associated Press, "Marino Retires after 17 Seasons," March 15, 200, as posted on Sun-Sentinel online,

http://www.sun-sentinel.com/graphics/marino/ athlete/injuries.html.

Fuller, J.F.C. Decisive Battles of the Western World and their Influence Upon History. Volume Ⅲ. London: Eyre & Spottiswoode, 1963.

Groves. Andrew S. Only the Paranoid Survive: How to Exploit the Crisis Points That Challenge Every Company and Career. New York: Doubleday/Currency, 1996.

"It's All about Timing," January 12, 1998, Vol. 151, No. 1, p. 2, as posted on Time online,

http://www.time.com/time/magazine/1998/don9801112/ cover3.html

Korb, Lawrence J., "Defense Mega-Mergers Weaken the U.S.," Newsday, April 28, 1998, as posted on http://brookings.org/views/op-ed/korb/ 199980428.htm.

Peters, Tom. Thriving on Chaos: Handbook for a Management Revolution. New York: HarperCollins and Random House, 1987.

"Seinfeld Laughs All the Way to the Bank," September 8, 1998, as posted on Time online,

http://www.time.com/time/daily/0,2960,14674,00. html.

Slywotzky, Adrian J., and David J. Morrison. The Profit Zone: How Strategic Business Design Will Lead You to Tomorrow's Profits. New York: Random House, 1997.

Sun-tzu. The Art of War. Translated and with an introduction by Samuel B. Griffith. London: Oxford University Press, 1963.

Taylor, Telford. The Breaking Wave. New York: Simon & Schuster, 1967.

Warden III, John A. The Air Campaign: Planning for Combat. Rev. ed. http://www.iuniverse.com./marketplace/bookstore/:toExcel Press, 2000.